똑똑하고 ♥ 게으르게

똑게육아 올인원

똑똑하고 게으르게

이제 막 걸음마를 뗀 엄마들에게
엄마, 아빠가 될 나의 딸, 아들에게
그들 앞에 육아의 신세계가 열리길 바라며

같은 길을 걷게 된 _____ 님께
꽃길만이 펼쳐지기를...!
이 길이 조금 더 따뜻하고, 덜 외롭기를...!
이 길이 덜 막막하고, 더 빛나기를 바라며.

로리 *Juliet* 올림

프롤로그 Prologue 들어가기에 앞서　014

오리엔테이션 01 ——————————— 017
엄마 세계 입수 워밍업

♥ 살짝 느낌만 간보게 알려줘볼게
- 노 필터, 우리 친한 사이고 아끼는 사이니까 가감없이 말해줄게.

오리엔테이션 02 ——————————— 025
일터랑 업무 파악
"똑똑똑. 잠시만요, 거기 그 업무
디스크립션(job description)이 어떻게 돼요?"

- 이 일, 생각보다 훨씬 고난이도다.
  엄마라는 일, 감정은 줄이고 시스템은 키워야 한다.
- 육아를 해피하게 해내는 사고 전환법
  우리 이렇게 생각해보자~

인수인계서 족보 Part 1. ——————————— 035
(말을 job이 어떤 건지 알았다면)
업무환경 세팅하기

- 육아용품은 한 템포 빨리 적응시켜 수월하게 가자.
- 출산 전, 가족 인력을 분석하라.
- 방문객을 먼저 관리하라.
- 내가 여왕처럼 굴 수 없는 사람이면 관리하라.

인수인계서 족보 Part 2. ———————— 057

먹이기 업무

♥ 수유

- '언제 얼마큼 먹이지?' 그 막막함, 이거 모르고 수유하면 하루가 사라져요.
- 수유는 처음 해볼 때 죽어라 힘든데 아래의 내용들을 미리 알고 있으면 수월해져.
- 아니, 딱딱 시간 맞춰서 먹이란 얘기가 아니라,
  애가 우는 그 울음. 배고픈 건지, 다른 이유인지 어떻게 파악할 건데.

인수인계서 족보 Part 3. ———————— 095

먹이기 업무

♥ 이유식, 유아식 편 - 똑게육아 이유식

- 처음 먹이는 이 한 숟갈, 똑게육아가 가이드해줄게.
- 똑게식 업무분장론
  먹이기 업무, 누가 뭘 맡아야 할까?
- '먹이기' 업무, 여기서 다 배워.
  이유식 인수인계서 펼친다!
- 이유식? 그냥 먹이는 거 아냐.
  '똑게 방식'으로 배워야지!
- 수저로 먹여도 '셀프 피딩' 된다니까?
  똑게 이유식 마법, 보여줄게!
- 아직도 이유식 검색 중이야?
  진짜 핵심은 여기 있어.
- "그거 싫어"를 "더 줘!"로 바꾸는 한 끗 차이
- 나도 걸렸던 이유식 덫 이젠 똑게육아로 피해가자!
- 먹방찍는 아기 만드는 법! 먹는 환경, 이렇게 세팅해줘.

Smart & Lazy Consulting

인수인계서 족보 Part 4. ——————— 155

재우기 업무

- 💗 **알짜배기 에센스 지식 전수**

    이것만 알아둬도 덫은 피해가지!

    - 아기의 울음을 똑똑하게 이해하기
    - '똑게육아 수면교육'이란?
    - 똑게 용어부터 배우며 '기초' 다지기
    - 똑게육아 진정계단
    - 기질때문에 안 된다고? 진짜 이유는 따로 있어.

인수인계서 족보 Part 5. ——————— 187

재우기 업무

- 💗 **기획 단계**

    너에게 PM직을 줄게

    - 똑게 꿀잠 프로젝트! PM(Project Manager)은 누구?
    - [설계 단계] - '울음' 허들 넘기
      1:1 키포인트 과외, 주요 변수
      - 울리느냐 울리지 않느냐, 그것이 문제로다?
    - 온라인의 불안하게 만드는 부정적인 글들에 흔들려? 이걸 읽어봐!

인수인계서 족보 Part 6. ——— 215
재우기 업무

- 킥오프

  실행 단계

  - 울리지 않기 방법은 울음이 진짜 안 발생해?

  - 내 아이에게 가장 효율적인 자율학습 시간은 몇 분일까, 울음 시간/양 설정하기

  - 잠자리에서 발생하는 내 아이의 울음곡조 분석하기

  - 아이의 꿀잠을 응원하는 방법, 격려/위안의 타입 설정하기

인수인계서 족보 Part 7. ——— 249
재우기 업무

- 실행력 높이기 단계

  업무 매뉴얼 전수

  - 구체적 매뉴얼 전수

Smart & Lazy
Consulting

인수인계서 족보 Part 8. ———————————— 261
아기의 하루 운영 업무 족보

💗 **똑게육아 전매특허 잠텀, 깨시 전수**

- 스케줄이 너희에게 자유를, 아이에겐 안정과 건강, 애착을 줄 것이다.

- 육아 스케줄의 중심축, 깨시(=잠텀) 하루가 술술 풀리는 비밀
  깨시/잠텀 vs 먹 놀 잠
  신생아(Newborn) 아기 스케줄
  0-5주차
  6-12주 아기
  12-16주 아기
  영유아 단계 4~16개월

- 총 낮잠 수면시간을 낮잠 횟수를 감안해 분배해보기
  4개월 아기 스케줄
  5-7개월
  7-10개월
  10-14개월
  14-24개월

인수인계서 족보 Part 9. ———————————— 289
업무능력 향상 코스

💗 **울음에 대해 갖고 있는 너의 렌즈 세척!**
고정관념 타파! 잘못된 신념 타파! 애착에 대한 기본 마인드 정리!

- 울음에 대한 고찰 헛됨, 소용없음, 퓨틸러티(futility)에 대해 이해하기

- 이 눈물은 포기 아닌 깨달음이야. 그 눈물 속에서 진짜 성장이 시작된다.

- 울 수 있는 아이가 진짜 건강한 아이야 눈물은 멈춰야 할 게 아니라 흐르게 해야 할 것

- 불만 로터리 감정 운전법 울음을 멈추는 게 아니라, 감정을 돌아 흐르게 하는 부모의 기술

- 멘탈은 타고나는 게 아니라 만들어지는 거야. 마음이 무너질 때마다 꺼내보는, 내 안의 회복 기술

인수인계서 족보 Part 10. ——————— 323
놀아주기 업무

♥ 놀아주기가 고역이 되지 않으려면
- 붙어서 끊임없이 뭘 해줘야 한다는 착각, 이제 놓아도 돼
- 놀아줘야 한다는 강박, 시스템으로 갈아타. 네가 행복해야, 아이도 마음껏 자란다
- 혼자 노는 타임
- 아이와 함께 못 갈 곳은 없다
- 매직컬한 타임 '똑게타이머'의 신세계 속으로~!

인수인계서 족보 Part 11. ——————— 359
해본 자만이 말해줄 수 있는 살아있는 꿀팁들
- Hell Yeah~ 가 아니면 모두 No다
- 엄마는 조수석에 아기는 카시트

Epilogue 에필로그 370

참고문헌 376

Prologue
들어가기에 앞서

저는 제가 사랑하는, 이 여정을 함께하는 여러분께
더욱 직접적인 도움을 드리기 위해 '반말'로
말을 건네는 방식을 택했습니다.

반말체의 장점은 경어체에 포함될 수밖에 없는
불필요한 요소들을 없애고,
내용을 보다 명확하게 전달할 수 있다는 점입니다.

이 '육아'라는, 정신 없는 혼돈의 바다에 풍덩~! 빠져있는 상태에서
'책'이라는 것을 읽는다는 것.
그 자체가 사실 꽤 힘들다는 것을 잘 알고 있어요.
그래서 고민했어요.

더 잘 읽히고 재미있는 책으로 만들기 위해,
또 여러분들에게 더 친근하게 다가가고자
'반말 → 존댓말 → 반말' 정말 무한에 가깝게 바꿔가며
읽어보고 또 읽어보며
무엇이 더 효과적일까 계속해서 시뮬레이션 했습니다.
그렇게 그렇게... 매일같이 '똑게육아 올인원'을 정성껏 만들었어요.

자~ 이제 모두 잠시 눈을 스르륵~ 감아보세요.

이 책을 읽으면서 여러분이 애정하는 카페를 하나 떠올려보세요.
지금 가고 싶은 바로 그 곳! 이요.
그 분위기, 그 커피의 향긋한 냄새~
여러분이 좋아하는 음악... 이 흘러나오고..
바로 거~~기!!
여러분이 앉으신,
그 테이블의 맞은편에 제가 같이 앉아 있습니다.

여러분을 사랑스러운 눈으로 바라보며 도란도란...
제가 힘들게 터득하며 한자 한자 집필해온
육아 job의 '인수인계서 비책'들을 알려주고 있다고 생각하시면 돼요.

저는 이 책을 쓰는 내내
어디선가 마음 졸이며 하루하루를 버텨내고 있을
소중한 누군가의 얼굴을 떠올렸습니다.
정말 챙겨주고 싶은, 한 사람의 얼굴을 떠올리며
이름도, 표정도, 성격까지 구체적으로 그려가며
진심을 담아 한 줄 한 줄 써내려갔어요.

────── 야, 준비 됐지?

똑똑하고
게으르게

오리엔테이션 01

엄마 세계 입수 워밍업

살짝 느낌만 간보게 알려줘볼게

노 필터, 우리 친한 사이고 아끼는 사이니까
가감없이 말해줄게.

육아, 어떻게든 되겠지 (X)

→ 아니, 그냥 오직 너한테만, 네 어깨에만 다~~ 결국 온다. 누가 대신 해 주는 건 없어. (물론 친정·시댁 찬스가 가능한 경우도 있을텐데.. 이 언니는 그 운은 없더라. 넌 찬스가 가능하다고? 와~ 일단 부럽다고 한마디 할게.

근데 너 있잖아~ 찬스 가능해도 어쨌든 네가 이 job에서는 '1순위 관리자'라 넌 빠져나올 수 없어. 그런 의미에서 누가 대신해주는 건 없지. '어떻게든 되겠지..' 이런 무슨 이 세계 암것도 모르는 낭만적이면서 귀신 씨나락 까먹는 소리할 때가 아니야. 그게 다른 사람이 아니라 네 발등에 고스란히 떨어진다고. 누가 대신 해결해 주는 것도 없어.)

육아, 존버하면 되겠지 (X)

→ 아니, 육아는 달라. 존버하다 네 몸 다 상하고 영혼까지 탈탈 털린다. 문제는 다시 숨 가다듬고 몸 보신하고 할 새가 없어. 계속 다음 단계 퀘스트들 떨어진다. 계속해서 그 안 해본 것들을 해결해나가는 구조야. (근데 그러면서 너도 나이가 들어가며 체력곡선은 하강세를 타게 되지.)

현실이야. 정신 바짝 차려야 돼. 물론 요즘은 남편이 육아에 참여하기도 하고, 가족이 옆에서 조금씩 도와주는 집도 있어. 근데 이상하게... 뭔가 중요한 일, 꼭 챙겨야 하는 일은 결국 엄마 쪽으로 흘러오더라. 아무도 안 하니까, 보이지 않으니까, 우수수~ 다 내 몫으로 떨어지는 구조. 그게 바로, '육아'라는 job이야.
근데 또, 내 애니까. 사랑하니까. 우리 몸 바스러지고 병나가면서도 꼭 그걸 또 해낸다. 또 해내지.

아니, 애 낳은 사실 하나만 겪었을 뿐인데 하루아침에 왜 우리보고 다~ 하래? 왜 《회계 천재가 된 홍대리》는 있는데 《육아 천재가 된 김대리》는 없냐고... 답답해 죽을 지경이었지.

> '이게 뭐지?' '이게 뭐지?' → '아. 원래 이런 거구나.' '아. 그냥 엄마가 이런 건가봐.' → '왜 아무도 말을 안 해줬지?' → '아~ 우리 엄마도 결국 그냥 가만히 있다가 훅! 하고 당했겠네' '이걸 알고 엄마가 되는 사람이 있을까?'

뭐 이런 수순으로 결과적으로는 현실에 순응하게 되는 구조인데..

얘들아, 육아를 전문적인 job으로 접근해서 봐야 해. 죽어라 공부하란 말이 아니야. 이것도 엄연한 특수 돌봄 job이라고. 그 기술을 배우는 게 꼭 필요해. 이 '기술'이 필요하다는 말은 나만 하는 말이 아니야. 세계적으로 저명한 육아서를 집필한 작가들, 전문가들이 오래된 고전서에서부터 이 부분에 대해 강조하는 구절들이 곳곳에 있단다. 어렵지 않게 찾을 수 있어.

자, 하나의 예를 같이 살펴보자. 하임 G. 기너트 박사가 쓴 육아서의 고전, 『부모와 아이 사이』에 등장하는 예이기도 해. 네가 의사야. 수술대에는 네가 수술할 환자가 누워있고, 너는 메스를 들고 있어. 환자는 이제 마취약이 들어가면 잠들 것인데, 네가 이때 환자에게 이렇게 말하는 거야. "OO님. 저는 당신을 정말 사랑해요. 그러니 걱정하지 마세요. 그런데 저는 사실 수술을 해본 경험은 거의 없어요. 하지만 당신을 진심으로 사랑하기 때문에 제 상식에 의거해서 수술을 잘 할 거예요."
이렇게 말하는 상황을 한번 떠올려보라구. 만약 네가 환자 입장이라면, 어떨 것 같아? 이런 상황에 있다면, 환자는 너무 두려워서 마취가 되기 전에, 얼른 자리를 박차고 도망가지 않을까?

'육아는 사랑과 상식이면 충분하다'고 생각하는 사람들이 있어. 하지만 막상 현장에 들어가 보면, 그 마음만으로는 감당 안 되는 순간들이 수두룩해.

아이들의 끝도 없는 요구와, 하루에도 몇 번씩 예상치 못한 상황이 터지는 육아 현장. 이걸 매일같이 헤쳐나가려면 우리에게도 그에 맞는 '스킬'이 필요해. 이건 '감'이나 '사랑'만으로는 부족한 일이야.

우리가 똑게육아 공부하는 게 왜 중요할까? 이 아이를 키우는 것은 '심리 테스트'와 비슷하게 결국 엄마, 아빠라는 여러분의 타고난 성향대로 가게 될 확률이 매우 높기 때문이야.

> 예를 들어, 지금 어디 컴컴한 동굴에 들어갔어. 거기에 어떤 동물이 있어. 그 동물은 무엇일까? 네가지 보기 중에 골라봐. ❶ 곰 ❷ 사자 ❸ 원숭이 ❹ 토끼 뭐 이런 심리 테스트 말이야. 이런 질문을 받았을 때, 머릿속에 이유 없이 바로 떠오르는 그런 답. 이렇게 우리가 무릎을 망치로 쳐서 무릎 반사되듯, 그 무조건 반사와 같은 반응이 툭 튀어나오는 게 실제 우리가 육아 하는 흐름(flow)이라는 거지. 그런데 여기에다 더해 특히 처음할 때는 대개 즉흥적으로, 본능적으로 반응하게 되거든.

이번에는 너희가 판사 job을 수행한다고 생각해봐. 중요한 판결을 내려야 하는데, 어제의 신경쓰이게 만드는 그 일이 자꾸 떠오르는 거야. 위의 예시 안의 무조건 반사처럼 내가 맘이 가는대로 판결을 내릴 수 있을까? 아니지?

육아 job을 전문직으로, 그 인식만 바꿔도 달라져. 의식적으로 반응/대응을 선택해야 해. 느낌으로 일하지 마. 물론 나의 느낌을 관찰하는 부분도 중요하지만, 모든 일터에는 로직이란 것도 있는 거야. 네가 회사 오너야. 느낌으로만 일하는 사원 뽑고 싶어? 육아는 네가 오너이자 또 사원이야. (분신술 10명 이상 써야 할 걸) 너 자신을 복제해서 분신술을 써서 이 일도 하고 저 일도 하며 수십 개 이상의 일들을 해야 해. 네가 담당해야 할 직무나 파트들이 되게 많아. 각 직무에 맞게 행동하고 이 일에는 어떤 태도와 기술을 쓰는 것이 현명할지 사전에 꼭 공부해 두는 것, 중요해.

무슨 직종이든 떠올려봐. 너 하고픈대로 너의 본능에만 의존해서 수행할 수 있는 일이 있어? 어떤 일터이든 그 일터에 필요한 전문지식, 실무지식이 필요하지 않아?

물론 네가 너의 레쥬메를 지원해서 이 육아 job에 붙은 것은 아니라는 걸 아는데... 중요한 건 이 일은 말이야, 짱짱한 스팩 만들어도 경쟁이 치열해 합격하기 힘든, 그 어떤 최상위 직업군의 일보다 더 고차원적이고 힘든 일이라는 거야. 사람을 키워내는 일이기 때문에 그 가치와 의미 또한 타 직업과 견줄 수 없고.

자, 이제 우리가 새로 맡게 된 '엄마 job'을 여러 직업군 중 하나로 생각해보는 관점의 전환이 이루어졌다면, 이번엔 한번 그냥 일반적인 직업을 생각해보자. 이건 비단 이 '육아 job'이 아니고서도, 다른 직업 세계에서도 비슷하거든. 모든 일터든 사수가 있어. 업무 지침 매뉴얼도 있고. 인수인계서도 있거든.

똑게육아는 이 육아 일터에서 여러분의 직속사수가 되어줄게.

육아는 결국

육아 job 근무자의 인성 + 건강한 정신상태 / 가족의 화목한 기운 + 양육 기술로 잘 할 수 있다고 보면 돼.

육아 인수인계서 자세히 들어가기 전에, 한 가지 당부하고 싶은 게 있어. 자녀에게 물려주고 싶은 여러분의 정신세계를 한번 생각해 봤으면 해. 인품과 인격, 이 분야는 아이에게 각 잡고 가르친다고 되는 것이 아니거든. 겉으로 드러나는 약간의 피상적인 예의범절은 조금 가르칠 수 있겠지만 인성, 인품, 인격은 그냥 부모가 보여주는 것이니 말이야. 물론 나 또한 매 순간 노력을 기울이고 있는 부분이야.

아이가 커갈수록 피부로 느끼게 될 거야. 우리가 어떻게 살아가는지, 그 있는 그대로의 모습을 보여주는 사람이 바로 우리 아이들이라는 걸. 같이 살면서 우리 자신의 모습을 그대로 지극히 투명하게 보여주게 되거든. 아이의 말투가 고우면 좋겠니? 교양있는 언어를 사용하면 좋겠니? 아이 눈 앞에서 우리가 '내 아이가 이랬으면~'하는 그 모습 그대로, 직접 그렇게 살면 되는 거야.

가장 가난한 부모는 돈이 없는 부모일까? 아니라고 봐.

아이에게 물려줄 정신세계가 없는 부모라고 생각해. 어린 시절에 부모로부터 물려받은 정신세계야말로 자라서 사회에 나가서 하게 되는 모든 일에 있어 바탕이 되는 거거든. '육아'를 하게 되었으니 아이에게 물려주고 싶은 정신세계나 가치부터 점검해 보면 좋을 것 같아.

> **당신은 지금, 가정 기업의 가장 위대한 리더입니다**
>
> 프라이드를 높게 가지세요~!! 다른 그 누구보다 가장 위대한 일을 하고 있습니다. '당장에 급여는 안 나온다고 하더라도, 지금 이 시기는 가정 기업의 기반을 단단하게 만들어주는 집중 투자의 시간이다.' 라고 외쳐보세요.
>
> 📩 **우리끼리 속닥속닥**
>
> 생각해봐. 아무리 성공한다 한들 애를 잘 못 봐줘서 애가 아프거나 정서적으로 문제가 생긴다면, 그때 발견한 빵꾸는.. 가정기업에 있어 그때 가서 회복하려면 대책이 없어. 그리고, 그런 거 부럽든? 아무리 성공했다 해도 자기 자식한테 상처줘서 집안 콩가루 되고 애들 인성 파탄이고 등등... 하나도 안 부럽지. 지금부터 기반을 잘 다져. 매우 중요한 0순위 일이니까. 그걸 담당하는 위대한 job 종사자가 바로 우리고.. 우리의 인생에서, 세상에서 제일 중요한 일을 하고 있는 지금이라고. 스스로 프라이드를 가져도 돼. 남들의 인정 따위 필요 없어. 너랑 내가 아는 걸.

오리엔테이션 02

일터랑 업무 파악

"똑똑똑. 잠시만요, 거기 그 업무 디스크립션(job description)이 어떻게 돼요?"

이 일, 생각보다 훨씬 고난이도다
엄마라는 일, 감정은 줄이고 시스템은 키워야 한다

전에 애를 본 경험이 있다 치더라도, 이게 말이야. '내 애' 보는 것과 '다른 애' 보는 것은 또 달라... 느껴지는 것도 다르고.

지금 임산부의 신분이라면 실질적으로 다가올 '출산'밖에는 딱히 관심이 안 갈 거야. 근데 출산은 주요 이벤트지, 네가 일하게 될 일터가 아니야. 넌 이제 완벽히 다른 삶을 살게 된다니까? 아예 너의 0순위 job이 변해. 네가 지금 현재 무슨 일을 하고 있건 간에.

지금부터는 이 job에 대해 조금 더 와닿게 이야기를 해주려고 해. 먼저 이 일터에서의 신체 노동은 공사장 벽돌 나르는 인부 버금가. 아니 더하면 더했지. 4~11kg의 아기를 안고 바닥에 앉았다가 일어나며 직립하면서 멀티를 해야 하니까. 진짜 순간순간, 현타 오는 거 오진다. 얘들아~

생각해 보면, 우리가 이 직업군을 잘 몰라서 더 힘든 것도 있어. 학교에서 이런 거, 누가 알려 주기나 하냐고.

그런데 사실, **육아라는 job** 자체가 애초부터 **소방관**처럼 긴급 상황에 즉각 대응해야 하는 것처럼 느껴지는 순간들이 많아. 야간 **24시간 식당 직원**처럼, 밤에도 멈추지 않고 '주문(=밤수)'이 들어오고.
아기 5~6개월까지는 특히 더, 거의 매일 그렇지.

그뿐만 아니라, 낮에는 **연예인 매니저**처럼 24시간 풀 스케줄을 관리하고, **VVIP 고객 담당 직원**처럼 아이의 모든 요구를 맞춰 줘야 해. **호텔 컨시어지**처럼 사소한 것까지 세심하게 챙기고, **응급실 당직 의사**처럼 아이 컨디션을 실시간으로 체크하면서 즉각적인 조치를 취해야 하지.

여기에 집안일까지 병행해야 하니까, **가사 도우미 + 셰프 + 하우스키퍼 역할**까지 한 몸에 떠안고 있는 거야. 애 밥 챙기고(셰프), 집안일하고 빨래도 돌리고(하우스키퍼), 어질러진 거 정리하랴(호텔 룸 청소 직원), 하루 종일 쏟아지는 요구사항 다 맞춰 주랴(리조트 빌라 매니저)…
그야말로 **올인원 멀티태스킹 job**이지.

결국, 이걸 알고 시작하느냐, 아무 정보 없이 맞닥뜨리느냐에 따라 육아가 주는 당혹스러움은 정말, 천지차이야.

육아는 감정 노동, 판단, 기술, 체력, 전략, 이 all-in-one을 요구하는 완전한 풀타임 전문직인데도, 정작 누구도 그렇게 가르쳐주질 않는다는 게 문제야.

학교에서도 안 가르치고, 사회에서도 그냥 '엄마가 알아서 하는 일' 정도로 통쳐. 그러니까 정작 육아 시작하면 매뉴얼 한 장 없이, 맨몸으로 뛰어드는 수밖에 없는 거야. 이게 무슨… OJT도 아니고 맨땅 야전실습이지 뭐야.

> 자기 애 관련해서는 아무리 태생적으로 게으르게 태어났어도 모두가 좀 부지런해지기 마련일 거 아니야? 하지만 육아에서는 특히 처음 임할 때, '똑게'의 자세가 꼭 필요해. 똑게의 의미는 아래와 같아.

육아 job에 대해 A부터 Z까지 그래도 잘 알고 있어.

지금 네가 맡을 그 일에 대해
잘 알고 있다는 현명함을 뜻하는
똑똑함이야.
영어로 말하자면, Smart
보다는 Knowledgeable에 가깝지.
제대로 알고 있다는 뜻~!

똑 → 육아 job에 대해 현명하게 알고 있기

게 → 여유로움, 생산성 창출

일부러라도 게을러지려고 해봐.
특히 태생적으로 부지런한 사람들은 일부러라도 그렇게 해야 돼.
잘 모르면서 부지런하기만 하면, 그게 바로 멍부잖아? 어휴
니 몸, 관절만 다 상해~ 정신적으로도 우울증 온다~~~
'똑게'에서 '게으르다'는 것은 생산성을 창출하는 여유로움의 게으름을 뜻해.

잘 알고 있으니까,
'아~~~ 이게 뭐구나~~~'
'아~~~ 이게 이거구나~~~'
'아~~~ 나 이거 한번 해봤어~~~' 이런 거지.

아이돌들도 한번 무대 서본 경험들, 이런 게 쌓이면서
'아~~~ 저 카메라는 여기서 잡히는 거였지~~' 이런 걸 알게 되듯이
그 '알고 있음'이 진짜 중요해.
제대로 알고 있으니 '여유로움'이 가미될 수 있는 거고.
그 게으름을 뜻한다고.

똑게육아를 공부해봐. 그러면 상당부분 해결 돼. 그리고 '체력, 정신력, 초반 육아 환경 세팅'이 중요해. '나란 인간'에 맞게 한계를 스스로 설정하고 잔가지는 다 쳐내야 해. 처음에 이런 것들을 잘 설정해 놓으면 훨씬 수월해지는 법이야.

우리 스스로에게 휴식시간도 일부러 배정해서 줘야 하고.
그리고 이 육아라는 일은 말이야, 진짜 어떤 job보다도 **체계**랑 **시스템**이 잘 갖춰져야 덜 힘들고 덜 헤매. 안 그러면 진짜 하루하루가 정신줄 놓는 마라톤이 되거든.

진짜 알아둬야 해. 육아는 그냥 버티는 게 아니야. 참는다고 되는 것도 아니고, 감정만으로 밀어붙인다고 되는 것도 절대 아니야.

제대로 된 시스템, 내 몸도 챙길 수 있는 구조, 아이가 안정감을 느끼면서 하루가 술술 흘러가는 스케줄. 이게 갖춰졌을 때 비로소 육아가 숨통 트이기 시작해.

그걸 가능하게 해주는 게 바로 똑게육아야. 딱 네 스타일대로, 너한테 맞게 골라서 써먹으면 돼.

자~ 준비 됐니?
우리 같이 현명하고 건강하게, 육아 필드 입문해보자!

육아를 해피하게 해내는 사고 전환법
우리 이렇게 생각해보자~

코로나 독박육아 시절에 내가 인스타그램에 연재했던 내용인데, 무엇이든

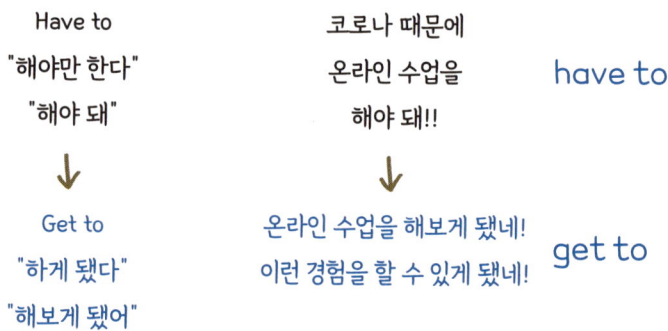

위와 같이, Have to에서 Get to로 전환해서 생각하는 것이 중요해. 지금 육아를 하고 있는 힘든 상황에서도 '이런 경험을 해보게 된 것에 감사한다'고 생각하는 마음을 가져보는 생각 전환! 꼭 매일 해봐.

그리고, 에너지 레벨은 의식적으로 올려야 돼. **원한, 원망, 미움, 분노** 이

런 거 느끼면 내 애도 그런 **낮은 진동수** 받으며 자라잖아. 의식적으로 에너지 레벨 위로 훅~! 끌어당기는 가장 쉬운 방법이 뭐게? 바로 **감사**야.

상위 에너지가 **감사, 기쁨, 행복**이잖아. **기쁨, 행복**은 조금 추상적이지만 **감사**는 작은 것이라도 감사하려면 얼마든지 할 수 있어. 감사하기로 너의 에너지 레벨 바로 팍! 상위로 끌어올려서 네 옆의 소중한 아기도 그 **상위 축복받는 에너지 주파수** 받게 해줘. 그게 육아 잘하는 거야!

> 힘든 일, 나도 정말 많이 겪지만 나는 매일의 하루가 신이 나에게 준 선물이라 생각하고 감사한 생각만 하며 살려고 의식적으로 노력하고 있어. 하루종일 부정적인 말이나 생각을 하지 않는 것에 도전해봐. 만약 자신도 모르는 사이에 부정적인 말을 하고 있거나 부정적인 생각을 하고 있는 것을 알아차렸다면, 그 말이나 생각 뒤에 바로 "하지만 나는 _____에 정말로 감사해" 라고 덧붙이는 거야.

 로리의 허심탄회한 고백

> 지금 너무 힘든 상황에 있다면, 아래와 같이 생각해봐.
>
> "내 생각을 뛰어넘는 더 큰 계획이 있다."
>
> "내가 여기서 배울 수 있는 게 뭘까?"
>
> "이렇게 됐기 때문에 더 잘될 거야."
>
> "다 신의 뜻이 있을 거야."
>
> "신은 나의 이해와 상상을 뛰어넘어 나를 위한 큰 계획을 가지고 계시지. 더 놀라운 곳으로 인도하기 위한 가치 있는 과정일 수 있어."

♥

똑똑하고
게으르게

인수인계서 족보 Part 1.

(맡을 job이 어떤 건지 알았다면)

업무환경
세팅하기

네가 너의 업무환경을 세팅해둬.

육아용품은 한 템포 빨리
적응시켜 수월하게 가자

육아헬에서 총칼과 같은 육아용품들은 미리 준비하고 사용법을 숙지해야 돼. 그래야 한 템포 빨리 써서 적응시킬 수 있거든. 시기에 맞는 육아용품들은 그 시기보다 '약간 먼저 사용해서' 타이밍을 놓치지 말아야 해. 상황을 한번 가정해 볼게.

정이 엄마: 하… 하루종일 안고 있어. 팔이 내 팔이 아냐.
준이 엄마: 'OOO 바운서' 써. 애 거기 앉혀놓고 눈치 보면서 샤워했잖아.
정이 엄마: 아 진짜? 나도 당장 살까 봐… 제발 우리 애한테도 먹혀라.

그런데 문제는 너무 힘들어 **이제 못 해먹겠다** 싶어서 그 수고를 좀 덜어줄만한 육아용품을 **'그때'** 찾아보면 이미 한 템포 늦은 거야. 그 한 템포 때문에 아이가 좋아할 확률이 확~! 떨어지게 되는 거지.

자, 애초에 왜 힘들었을까에 대해 생각해 보자. 앞의 예처럼 애를 도대체가 내려놓을 수 없어서 힘들었다고 가정해 볼게. 이 상황은 다시 말하면 이미 아기에게 거의 모든 시간을 엄마 품속에 안겨 있는 게 **'당연하고 정상인 걸로 학습'**된 거야. 엄마가 힘들어 죽겠는 상황은 **'아기에게 완전 그게 당연시되는 체제'**로 돌입된 것이고. 그 상태에서 사봤자 애에게 안 먹히는 건 당연한 거지.

좀 울려서 적응시킬 순 있을까? 한 템포 늦었다면 필히 아기가 싫다고 발악하는 시기가 과도기처럼 따른 뒤에 적응될 거야. 싫어하고 반항하고 저항하는데도 불구하고 <u>일관성을 가지고 꾸준히 적응시킨다면</u> 가능하긴 해. 그런데 이런 걸 떠나서 육아용품의 특성상 적응하는 과도기에 그 제품 사용 시기가 끝나버리는 것들이 있고.

그러므로 방법은 미리미리 육아용품을 딱 그 적절한 시기보다 **사알~짝 빠른 그 찰나**에 준비해서 사용하면 애는 자연스레 적응하고 **그 물건은 먹히는 물건이** 되는 거야! 그럼 엄마는 그 육아용품의 혜택을 누리며 한층 수월하고 행복한 육아를 즐길 수 있어. 처음 엄마가 되면 한 템포 늦게 물건을 구입하거나 적응시키게 되는 경우가 많거든. 육아헬에서 엄마가 어떤 물건을 사야겠다, 필요하다 느끼고 검색을 시작할 때는 <u>이.미.늦.었.다.!</u>

유모차는 중요도로 따지면 육아용품계의 갑 중의 갑이야. 첫째 때 물려받은 오래된 맥클라렌 유모차를 썼는데, 디럭스형이 아니었던 터라 아기가 5~6개월쯤 돼서야 처음으로 유모차에 앉혀서 외출을 해보게 됐어. 결과는? 전혀 유모차에 적응을 못하고 울어 젖히더라고. 10개월쯤 되니까 조금씩 앉긴 했지만, 백화점에 가더라도 유모차는 그저 짐차의 역할이지 애를 앉히지는 못하고 나는 항상 아기띠 신세였어. 그런데 둘째는 그런 뼈아픈 경험이 있었기에 애초부터 디럭스형 유모차를 구해놓고 신생아 시기(생후 3~4주)부터 앉혀서 일부러 아파트 앞뜰이라도 잠깐씩 외출을 나갔어. 유모차에 적응시키겠다는 생각으로. 또 나도 나가고 싶어서.

아기를 안아주지 말라는 게 절대 아니야. 아기에게 스킨십을 해주고 싶을 때 충분히 해줘. 스킨십 좋지~ 이거랑 별개로 **유모차를 유용하게 활용하느냐 못하느냐** 이게 정말 '육아 신세계' 진입의 관건이라는 뜻이야. 외출의 질이 달라지니까. 물론 '기동성'면에서는 '아기띠'를 따라올 수는 없지만 아기띠를 장시간 장착했을 때의 신체 부담을 아무래도 무시할 수는 없잖아. 상황과 목적지에 맞게 아기띠와 유모차를 적절하게 잘 조합해서 쓸 수 있는 게 좋아. 그래서 아기 낳기 전에 미리 구해놓고 사용법을 미리 익히라고 강조하고픈 육아용품이 **유모차**와 **아기띠**야.

아기띠는 인형을 가지고라도 몸에 장착하는 연습을 해보는 것이 좋아. 내가 첫째 초반기에 우왕좌왕 아기띠를 장착하는 도중에 애가 '왕왕~' 울어대니 혼이 빠져 그냥 맨손으로 안아주다가 '맨손 안아주기의 결정자'가 됐었거든. (하... 지금 생각하면 그거 정말 아무것도 아닌 거였는데, 왜 그땐 그리 애 울음에 벌벌 기게 되던지 말이야.) 미리 아기띠 장착을 몸에 익혔더라면 좀 나았을 거야. 사실 이렇게 미리 연습하지 않아도 '똑게 마인드'를 일찌감치 탑재하면 늦게 사도 꿋꿋하게 '나의 길'을 갈 수는 있게 돼. 애가 좀 울더라도 침착하게, 심지어 미소를 지으면서 아기띠를 천천히 장착해도 괜찮은데, 나도 처음 해볼 때는 그게 안 됐던 거지.

"우리 애는 스윙을 싫어해요."

"우리 애는 바운서 싫어해요."

"우리 애는 카시트 싫어해요."

"우리 애는 아기띠 싫어해요."

이것은 '그 육아용품을 처음 쓴 시기+그 용품을 사용할 때 엄마의 감정'과 관련이 있어. 애가 그걸 괜히 왜 싫어하겠어? 시도 때도 없이 안아주거나 젖 물리거나 하는 등의 특정 위안 행동들에만 익숙해져 있으니까 그게 편안하고 당연한 게 된 거지.

만약 이미 한 템포 늦어서 유용한 육아용품의 혜택을 못 보고 있다면? 그렇다고 해도 어쨌든 적응시킬 수는 있어. 그 물건이 사용 시기가 긴 정말 필수적인 육아용품인 경우라면 말이야. 한 3~4개월 동안만 사용하는 딱 그 시기에만 쓰고 마는 짧은 시기를 가진 물건이라면 그냥 포기하는 게 나아. 하지만 유모차의 경우는 연습을 많이 해봐. 적응이 잘 안 된 상태더라도 아이가 운다고 포기하지 말고.

아이가 기분이 좋고 컨디션이 좋을 때 태워서 살살 외출도 나가보고 아기가 낮잠 잘 시간 바로 전에 유모차에 태워서 카페에 가봐. 아기가 유모차에서 낮잠을 쌔근쌔근 자고 있는 동안 커피 한 잔 마시면서 혼자만의 달콤한 여유로운 시간을 보내는 것! 꼭 해봐야 할 행동 리스트에 올려놔.

> ✉️ **속닥속닥, 엄마들끼리만 아는 이야기**
>
> 아직도 육아를 '그냥 다들 하는 일'쯤으로 여기는 분위기가 남아 있어. 마치 원래 쉬운 일인 것처럼 말하는 시선들 말이야. 하지만 해본 사람은 알아. 이건 감정, 체력, 멘탈 총출동하는 하루 24시간 풀타임 노동이라는 걸.
>
> 모든 엄마가 완벽할 필요는 없어. 어떤 날은 느슨하게, 대충 흘러가도 괜찮아. 다만 중요한 건, 육아라는 일이 결코 가볍지 않다는 걸 서로 알아주는 것, 그리고 그 무게를 누구 혼자만 짊어지지 않게 하는 것이야.

출산 전,
가족 인력을 분석하라

애 낳고 나면 가족들 모두가 노동력으로 보이게 돼. '내 시간'이 분 단위로 아까워지거든. 하루 중 단 몇 분이라도 '내가 나로 있을 수 있는 시간'이 얼마나 귀한 건지, 몸으로 절절히 느끼게 돼. 그래서 아래와 같은 사람이 필요해져.

❶ 내 시간을 존중해주는 사람
❷ 내 숨통을 트일 수 있게 아기를 잠깐 봐줄 수 있는 사람
❸ 내가 아파서 쓰러질 때 잠깐이라도 쉴 수 있도록 아기를 봐줄 수 있는 사람

일명 '백업 인력'이라고 하지. 이런 사람들이 정말 필요하고 의지가 되는 '필수 비상 노동력'이 돼. 그러니까 아기 낳기 전에 잘 생각해봐야 해. '누가 비상시에 아기를 잘 봐줄 수 있을까?' 내가 심한 몸살에 걸려서 손가락 하나 까딱 못 하겠는 상황이 됐어. 이때 '내 집'에서 애기를 데리고 나가 '다른 집'에서 잠깐이나마 봐줄 수 있는 가족이 있다면 정말 여러분은 꽤 괜찮은 상황 조건에 있는 거야.

사실 아기를 보는 일은 '누구나 꺼리는 힘든 일'이고 이건 개인 성향과도 관련이 깊어. 그래서 꼭 철저히, 주도면밀하게 알아볼 필요성이 있는 거야. 처음부터 "나는 애 절대 못 봐준다"하면 헛된 기대나 오판단은 안 하는데 나 혼자 두루뭉술하게 백업 인력으로 마음속에 정해놨다가 나중에 패를 깠는데 아니었다면 그만큼 낭패가 없는 거야. 이건 결국 '이사'와 관련이 있는데

① 친정 근처
② 시댁 근처
③ 남편 회사 근처
④ 내(엄마) 회사 근처

이 4가지 옵션을 생각해 보긴 해야 해. 물론 지금 살고 있는 곳에 있어도 무방하지만 백업 인력을 하나 만들어놔야 하기 때문에 생각해보게 되는 부분인 거지. 사실 엄마가 되어보기 전엔 이런 건 죽었다 깨어나도 몰라. 며칠 밤새서 일한 것과도 비교가 안 되는 극한의 신체적, 정신적 노동! 나는 양가 어느 쪽에서도 아기 보는 것 관련해서는 딱히 도움을 받을 수 있는 상황이 아니었다고 했지.
그래서 당시 소원이 누군가 아이를 잠깐 봐줄 수만 있다면, 자는 것까지도 안 바라고, 큰대자(大)로 누워 하늘을 보고 눕는 것이었어. 딱 15분간이라도.
내 지인처럼 ①번(친정 근처)으로 갔다가 갑자기 엄마, 아빠가 귀농하시

는 바람에 아기가 돌도 되기 전에 ②번(시댁 근처)으로 방향을 수정하는 경우도 있어. 이런 식으로 예상치 못한 변수들까지 고려해서 전략을 세워놔야 해.

개인적으로 제일 추천하는 건 ③번 남편 회사 근처나 ④번 내 회사 근처야. 물론 이사를 꼭 하지 않아도 돼. 하지만 남편 인력은 꼭 육아에 포함시키는 게 좋아. 나는 다시 시간을 되돌리면 ③번 남편 회사 근처로 선택하면 어땠을까 생각해. 그랬다면 남편의 출퇴근 시간이 엄청 단축되어 아기를 같이 볼 수 있는 시간이 많았을 테니까, 우리끼리 단란한 시간도 더 많이 가질 수 있었을 것이고 독박육아 신세는 좀 면했을 것 같아. 당시 남편은 새벽 5시에 나가 항상 밤 9시 반 넘어서 오니 무용지물인 상태였거든.

여러분은 아기 낳기 전에 주변 가족 인적 자원에 대해 그들의 특성을 잘 분석해서 헛된 기대로 인해 상처를 받지 않았으면 좋겠어. 그 가족 인력의 특성과 상반되는 일을 맡겨서 서로가 피 보는 일이 없도록, 애초에 어떤 일을 도와달라고 하는 것이 그 인적 자원에게 맞을까 이것도 생각을 꼭 해봐야 해. (응. 엄마 job이라는 건 HR부서/인사부 일도 겸해야 하는 거야. 네가 다~ 할 순 없으니까)

장보기, 반찬 만들기 등 '가정 기업 프로젝트'는 참 많아. 그렇지만 아기를 낳은 뒤의 핵심, 코어(core)는 뭐니 뭐니 해도 **'애 보는 일'**이야.

특히 우리나라에서는 이 아이 보는 일을 '엄마'에게 전담시키고 있어. 엄마 보고 다 하라고 하지. 완전 잔인하게!

사람이 자고로 견딜 수 있는 한계치가 있는 거고, 애 낳고 엄마가 된 거지 하루아침에 초인이 된 것도 아닌데 말이야. 오히려 방해만 안 하면 다행이라고나 할까? 받는 사람 입장에서 필요한 도움을 줘야 도움이지, '필요하지 않은 도움'은 도움이 아니야. 산모는 죽음의 문턱에서 살아남은 환자와 같아. 그러한 환자가 하루 2시간 이상 푹 자지도 못한 채 막노동을 하고 있어. 그런데 왜 그 '환자'가 아기 하나 보기도 힘든 상황 속에서 남의 기분을 맞추고 헤아리기 위해 스트레스 받으며 육체와 정신의 고통을 극한까지 맛봐야 하는 걸까?

나와 아이. 딱 2가지를 중심으로 생각하고, 행동해. 그렇지 않으면, 결국 자신이 그토록 보호하려고 했던 아기가 피해를 보게 돼. 그래서 결론적으로 대체 인력이 남편밖에 없을 때는 더더욱 '똑게육아'를 더 심도 있게 공부해서 야무지게 육아를 해나가야 해.

방문객을
먼저 관리하라

출산 후, 1년 동안은 잠을 잘 못 자고, 내 몸이 내 몸이 아니라서 어느 누가 방문해도 정말 그 사람한테 눈 한번 주기가 힘든 상태야. 누가 방문하게 되면, 우리가 그 사람을 상대해주고 신경 써줘야 하잖아. 그 '신경 쓰는 행위' 자체가 너무너무 힘들어. 아무 말도 하지 않는다 치더라도 (최소) 눈은 마주쳐야 하잖아. 나중에 아기 낳고 나면, 남편과 대화할 시간 자체도 내기 힘들어져.

기본적으로 '내'가 잠을 못 자고, 못 먹고, 화장실을 못 가고, 일반적인 인간의 기본 욕구를 충족할 수가 없는 삶이 이어지기 때문이지. 친정 식구들은 와도 크게 불편한 건 없어. 물론 친정 식구들도 타이밍을 잘못 맞춰오거나, 애기를 봐줄 의사가 없는 사람이 와서 오래 앉아 있다면 힘들기는 매한가지겠지. 하지만 설사 눈치 없이 그런 상황이 발생한다고 하더라도 친정 식구이기 때문에 우리가 바로 말해버리면 그만이야.

"나 좀 쉬어야겠어. 그만 가줘."

"나 좀 들어가서 잘게. 그 동안 애기 좀 봐줘."

그런데 시댁 식구들은 조금 다를 수 있어. 아기가 보고 싶어서 예전과는 달리 집에 자주 오시거나, 아기를 데리고 오라고 하시는 경우가 있는데, 2가지 다 정말 엄마에게 무리가 가는 상황이긴 한 거지. 결국, 방문객은 크게 2가지로 나눠서 생각할 수 있어. 방문객 분들을 너의 머릿속에서 아래의 카테고리로 나눠 분류해봐.

❶ 산모를 쉬게 해주려는 목적으로 오는 사람
❷ '아기를 보기 위해' 자기 시간 될 때(즐거움을 위해) 그냥 들른 사람

결론은 ❷번 방문객은 관리에 들어가야 해.
그리고 ❶번에 해당되는 방문객이라고 하더라도 주의해야 할 점이 있어.

[01] 아이의 컨디션 살피기

'똑게육아'를 공부해서 좀 내려놓고 키우지 않았다면 기본적으로 아이가 자야 하는 시간에 방문객이 오면 참 난감해져.

[02] 저녁 시간 피하기

손님이 왔을 땐 방으로 데리고 들어가서 아무리 아기를 재우려고 해도 아기가 자극을 많이 받아서인지 쉽게 잠들지 못해. 엄마도 밖의 손님이 신경 쓰이고 마음이 불편한 건 마찬가지.

난 그렇게 친한 친구도 힘들더라고. 착한 나의 친구가 설거지하고 가겠다는데 제발 그냥 지금 가주는 게 도와주는 거라는 그 말이 머릿속을 맴돌더라. 너무너무너무~ 피곤해서 친구들이 가면 그냥 눕고 싶었거든. 내가 서 있든 앉아 있든 다 너~무 힘들었어. 지금 생각해보면 그럴 땐 그냥 누우면 되는데 말이야.

[03] 본인 컨디션 살피기

아이를 돌봐주거나 엄마에게 휴식을 주겠다는, 그 목적을 가지고 방문하는 여러분과 매우 친근한 관계가 아니라면?!

섣불리 초대하거나, 거절을 못 해서 타격 받는 일이 없도록 사전에 방지해야 해. 이거 정말 중요한 포인트야. 물론 친한 친구나 같은 동료 엄마인 경우, 성인/정상인과의 재미있는 대화를 하고 싶어서 우리 쪽에서 먼저 초대해서 같이 시간을 보내려 하는 경우도 있을 거야. 하지만 어떤 경우에도 제일 중요한 건 '엄마 본인의 컨디션'이라고. 지금 당장 필요한 1순위는 '잠'인데도 불구하고 손님이 오게 되면 손님을 치른 뒤에는 극도의 피로감이 쓰나미처럼 몰려오게 되어있어. 기본적으로 애를 보는 일만 해도 방전될 지경인데, 손님이 오면 생존을 위해 온몸 구석구석에 숨겨 두었던 에너지까지 다 끌어다 쓰게 되니 병이 나는 것이지. 내가 산증인이야. 나 친구 초대했다가 거기에 요리까지 직접해서 대접했다가... (분명히 내가 초대했었거든?) 나 다음날 토하고 완전 병났다. 이런 거 하지마. 뭐든지 쉽게 가. **너의 체력, 컨디션을 최우선 순위로 봐야 돼.** 안 그럼 어떻게 된다구? 너의 애들이 피본다. 너의 몸을 챙기는 게 너의 아기를 위하는 길이라는 것, 명심해.

내가 여왕처럼 굴 수 없는 사람이면 관리하라

시댁 식구가 아무리 며느리에 대한 사랑과 배려가 넘쳐흐르는 분이라고 해도 이 대명제는 바뀌지가 않아.
'며느리는 딸이 될 수 없다.'

슬프기도 하지만, 이 명제를 직시하면 현명한 대처법을 알게 돼. '산후우울증'이 아기 때문에 오는 것도 있지만, 이 시기 시댁과의 갈등이 겹쳐지면 정신적 고통까지 더해져 생애 처음 정신적 공황 상태를 경험하게 될 거야. 시댁 어른들도 손주, 손녀가 얼마나 보고 싶으시겠어. 이럴 때는 미리 꼭 사전에 약속을 잡고, 아기와 엄마의 컨디션을 봐서 방문하실 수 있도록 유도하는 게 좋아. 아무리 선한 의도로 도와주러 오셨다고 해도 예고 없는 방문은 정말 아기와 엄마에게 아무 도움이 되지 않거든. 이런 부분은 시댁에 며느리가 나서서 말씀드리기 매우 곤란한 부분이라서 남편을 통해서 어느 정도 세팅해놓는 것이 좋아. 갈등이 생겼을 때도 마찬가지고.

사실 이 시기 우리에게는 '애초에 말을 꺼내기도 힘든 그런 주제'로 진지하게 말씀드릴 시간적 여유, 정신적 여유도 없잖아. 그런데 이때 며느리가 아닌 당신 아들이 말하면 이런 것들을 다르게 받아들이실 수 있거든.

며칠 밤 우리가 고민하면서 노트나 폰 메모장에 대사를 쓰면서 몇 번이고 연습한 뒤에 '도저히 더 이상은 못 버텨!' 지경까지 가서 실전에서 연습한 대로 말씀드린다고 한들 단어 하나, 토씨 하나에도 예상치 못한 리스크(오해의 소지)들이 산재해 있어. 만약 여러분이 직접 이야기해야 한다면 길게 얘기할 것도 없이 짧고 간결하게 말하는 것이 좋아.

아기를 낳고 나면 어쩔 수 없이 **시댁과의 2막**에 돌입하게 되어있어. 모두가 겪는 일이야. (물론 아기 낳고도 도움이 되는 좋은 시댁이었다는 아름다운 스토리도 많아. 그냥 내 말은, 그 시기에 그런 일들 한 번쯤은 다 겪게 된다는 거야. 너만 그런 거 아니야.) 이때 시댁이나 친정과 어떤 문제가 발생하면 여자로서 제일 힘든 시기라서 상처받은 건 잘 잊히지가 않아. 따라서 건강한 관계를 위해서라도 전략을 세워야 해. 장기적으로 건강한 관계를 만들어나가기 위해서 정말 필요한 부분이야. 계속 참다 보면 '더 이상은 못 해!' 이 순간이 분명히 오기 마련이야. 한쪽의 희생을 계속 요구하는 관계는 어느 순간 끊어지게 되어 있거든.
그러므로 어떻게 해야 되느냐.

방문객(시댁, 친정, 친구 등)으로부터 자유로워지는 법

[01] 서로 이해하려고 노력하고 좋은 점만 생각한다.

오늘 들은 말 중에 설사 이해+납득이 안되는 부분이 있더라도 밤새 곱씹거나 되뇌지 않기. 바로 뇌 속에서 삭제! 실시! 이게 처음에 잘 안될 거야. 근데 연습하면 돼. 행복하기만 해도 짧은 내 인생을 안 좋은 생각으로 낭비하지 말자. 내 아이를 위해서! 그리고 우리 스스로 우리 자신을 좀 더 소중하게 대접해 주자고.

[02] 주변 사람들에게 기대감을 0으로 가지면 마음에 평화가 온다.

진짜 나에게 필요한 도움은 안 주고 오히려 피해만 주는 경우, 상대방에 대한 기대감을 아예 0으로 가지면 마음의 평화를 찾을 수 있게 돼. 결국 그 인력에 대한 심층 분석이 끝난 상황인 것이지.

[03] 직접적으로 필요한 도움이 뭔지 단도직입적으로 얘기한다.

2번과 대치되는 것 같지만, 본인이 직접적으로 필요한 도움이 무엇인지 단도직입적으로 요청을 해야 해. 혼자서 그 많은 일(아기 보기+눈치+집안일)을 다 할 수 있는 슈퍼우먼은 없어! 그렇게 하려고 하지도 마! 예를 들어, 싫다면 의사 표현을 정중하게 정확히 해야 해. 그래야 건강한 관계가 유지된다고. 이제는 가면 벗을 타이밍인 거야. 2막이 시작되었다고. 땡땡땡! 전략을 다시 짜야 돼. 이제는 '판'이 아기 낳기 전이랑 완.전. 달라. OK?

[04] 간격을 유지하고 서로 예의를 지킨다.

사람과 사람 사이에는 적정 간격이 중요한 거야. 거리를 두고 적당히 어울리고 싶다면 화를 내지 말고 상대방이 하는 말이나 행동을 대충 듣고 넘겨봐. 꼭 그 사람의 말대로 행동하거나 무례한 언행까지 받아주지 않아도 괜찮아. 일일이 반응하다 보면 끝이 없거든. 귀찮은 일이 생기지 않도록 적당히 듣고 넘기면서 가면 돼.

[05] '착한 며느리' 타이틀을 뗀다.

세상에 나쁜 며느리 되고 싶은 사람 없어. 하지만 여러분과 아기를 위해서라도 그 타이틀 떼어내자! 체력의 한계와 우울함의 환상적인 콜라보레이션은 생존까지 위협해. 착하다의 반대말은 '악하다'가 아니라 '자기표현을 제대로 한다'야. 마음을 단단히 먹었다고 하더라도 지금까지 '착한 며느리'라는 소리를 들었다면 현장에서 자꾸 과거의 습관이 나오고, 돌아서면 다시 자괴감에 빠지는 상태가 될 수도 있어. 그럴수록 '당당하게 거절하기'와 '요청하기'를 멈추지 말자.

(예) 하루에 한 번 시댁에 전화 및 성장 사진 보내는 것을 의무라고 생각하지 말기

'내가 이번 주에 전화 몇 번 했지? 오늘 전화했나?' 매일같이 전화하는 게 하루 미션이 되어버리면 정말 사람 미치게 돼. 처음에는 내가 좋아서 시작했다가도 어느 순간 '내가 왜 이러고 있지?' 이런 생각이 들기 마련이야.

애 뒤치다꺼리하랴, 내 몸 간수하랴 하루하루가 총알 날아다니는 전쟁 버금가는 상황인데 말이지. 이러한 마음을 내려놓도록 해봐. 매우 편안해질 거야. 이 일들이 결국 '육아'에서는 '스트레스의 한 축'이 될 수 있거든. 우리는 똑똑하게 잘 헤쳐 나갈 수 있어.

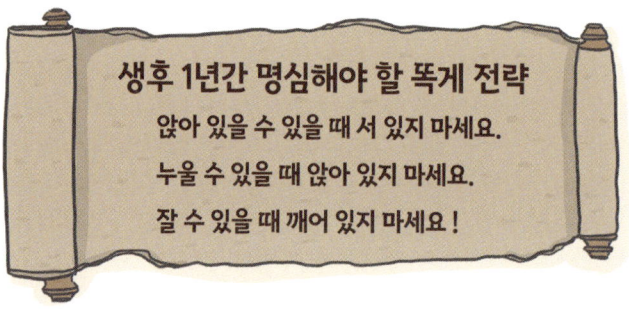

생후 1년간 명심해야 할 똑게 전략
앉아 있을 수 있을 때 서 있지 마세요.
누울 수 있을 때 앉아 있지 마세요.
잘 수 있을 때 깨어 있지 마세요!

이처럼 산후조리 기간에는 분명 방문객을 잘 관리하는 것이 생존 전략이 돼. 방문객이 왔을 때 체력에 한계가 오면 상대에게 상황을 솔직하게 이야기한 뒤 누워있도록 해. 그래야 여러분도 살고 아기도 사는 거야. 조금 더 디테일하게 설명해 볼게.

DDOKE식 방문객 관리법

❶ 디지털 도어락 비밀번호 사수
불편함은 기본, 자아정체성 및 자존감 상실 우려 (느낌 알지?)

❷ ❶번 전제하에 도어락 무음으로 바꾸기
도어락 번호 누르는 소리 무지 거슬려. 특히 항상 '머피의 법칙'처럼 피 말리는 전쟁 끝, 모든 상황이 종료되려는 그 순간 '삐삐빅~' 하며 그때 꼭 도어락 누르며 남편님 입장~

❸ 집 전화 없애기
애 재울 때 몇 번 울리면 엄마 손에 부서지니 그전에 없애는 게 좋아.

❹ 초인종 소리 원천 봉쇄
때에 따라 초인종은 건전지를 빼놓을 수 있으면 빼놓아도 좋아. 아이 재우는데 초인종 울리면 낭패! 혹시 모르니 택배는 초인종 누르지 말고 앞에 두고 가시라고 메모 적어두자.

로리의 노파심

방문객을 관리하라고 했다고 엄마와 아이 단둘이서만 계속 생활하라는 것이 아니야. 사람을 만나지 않고, 밖에 나가지 않고 엄마랑 아기만 딱 붙어 있으면 아이가 유독 낯가림을 많이 하게 될 수 있거든. 낯가림 자체는 발달의 과정으로 자연스럽게 생각할 수 있지만 심한 낯가림은 엄마나 아이가 사회활동을 할 때 불편한 요소가 될 수 있어. 가장 좋은 방법은 가까운 친지나 이웃들과 자주 왕래하는 건데, 이것 또한 현실적으로 쉽지 않은 핵가족화 시대지. '도심 속 독박육아'라는 말이 괜히 나온 게 아니야. 자~ 이럴 때는 아이의 기질, 상태를 파악한 뒤 스트레스를 주지 않는 선에서 아래의 활동들을 추가해 봐.

가까운 친지나 이웃의 역할을 평소 자주 접촉하는 분들 중 경비 아저씨, 슈퍼 카운터 아주머니 같은 분으로 대체해서 아이와 함께 자주 인사해 볼 수 있어. 또한 안전한 공원이나 큰 창문이 있는 카페와 같이 '나는 사람들을 관찰할 수 있지만, 그들은 나에게 상관 안 하는 장소'에 자주 나가서 불안함 없이 실컷 다른 사람들을 볼 수 있게 해주는 것도 좋은 방법이 되고.

혹시 지금 '방문객 스트레스' 때문에 힘들다면, 다음의 내용을 살짝 캡처해서 카톡으로 보내거나, 간접적인 포스팅이라도 해봐. 간접적으로라도 내 마음을 표현해야 상대방도 알아. 상대는 정말 선의로 행동했을 수도 있거든. 그런데 말 안 하고, 표현도 안 하면 상대는 절대 몰라. 결국 너만 끙끙~ 속으로 앓게 되는 거야.

**산모 집 방문 시,
센스 있는 사람으로 영원토록 남는 멘트**

3위 "얼마나 힘드니? 뭐 먹고 싶은 건 없어? 내가 사다 줄까?"
초반에는 외출이 쉽지 않으니 가능하다면 사다 주세요.
아기를 보면서 집어먹을 수 있는 음식이 좋아요.

2위 "지금이라도 좀 잘래?"
"너 할 일 없어? 내가 그동안 아기 봐줄게."

1위 "애기 보느라 고생한다.
내가 빨리 가야 너랑 아기도 쉬지."

 산모님 주변 가족, 친구, 지인분들께 올리는 말씀
(내 후배는 내가 챙긴다!)

이 시기 엄마는 몸이 회복되기 전이라서 극도로 예민하고 피곤함에 찌들어 있어요. 산모를 쉬게 해줄 목적이 아니라면, 산모와 정말 허물없이 친한 관계라고 생각되지 않는다면 섣불리 방문하지 마세요.

솔직히 친정 엄마를 제외하고는 모두 산모에게는 '손님'이거든요.

또한 털이 있는 니트나, 드라이클리닝 소재 옷 입고 오는 방문객은요. '난 애는 못 안아줘', '나는 애 보러 온 게 아니야' 이렇게 얼굴에 쓰고 오는 거랑 똑같아요. 여러분의 취지가 산모를 도와주고, 아기를 돌봐주러 간 것이라면 면 티를 입고 가세요. 니트 입고 애기 안아주면 '아기가 털 먹진 않을까'까지 신경 쓰이는 게 초보맘들의 마음이랍니다.

한 책에서는 신생아 시기의 수면 교육 부분에 있어 일단 아기가 '아프지만 않으면' 절반 이상 성공이라고 말하고 있어요.
왜냐고요? 애가 아프면 엄마 입장에서 너무나 애처로우니 안아 재우고 안달복달하면서 당연히 점점 유별난 잠습관을 가진 아기가 되기 때문이에요. 하지만 아기가 건강하다면, 그럴 확률이 줄어드니까요. 그래서 방문객이 오면 손님들 손 무조건 닦게 하고 하얀 면 박스 티를 구비시켜두고 입히라는 팁이 진지하게 여러 해외 육아서에도 많이 나와 있답니다. 또한 식당에서 아기를 최근에 낳은 사람을 만날 계획이시라면 필요하다면 애를 좀 봐주세요. 그녀가 편히 먹을 수 있도록이요.

기억하세요! 언제 어디서든 애 봐주는 사람이 가장 고맙다는 사실을요.
당신이 애를 봐주는 그 순간, 엄마는 그때서야 오롯이 그녀 자신이 될 수 있답니다!

♥

똑똑하고
게으르게

인수인계서 족보 Part 2.

먹이기
업무

수유

운명의 갈림길

자갈밭

아기를 위해
'내 몸과 영혼을 바치리' 다짐한
의욕만 충만한 초보맘들이 걷는
고행의 길

VS

럭셔리 진입

같은 flow를 두 번째 해보는 건
정말 느낌이 달라요.

제대로 어떤 건지 잘 알고 있어
처음 해보더라도 여유 있게,
베테랑처럼 걸을 수 있는,
엄마와 아이 모두 행복한 길

육아의 신세계
어떤 길을 선택하시겠어요?

첫째 아이 하나만 키울 때
보이는 제한된 시각

경주마가 양옆 시야를
가린 상황에서
누구나 흔히(똑게육아
알기 전 부모라면)
덫에 걸린 상황
-자갈밭 진입

경력직의 확 트인 시각으로
다시 똑같은
일터에서 일하다.
두 번째 해보는 바이브
-럭셔리 진입

사실 아이를 처음 낳으면 보통 자갈밭에 진입하게 됩니다. 아기의 눈물 한 방울을 사수하기 위해서라면 이 한 몸 바쳐 부서질 준비가 되어 있는 게 바로 우리 엄마들이거든요.
하지만 반드시 기억해야 해요. 지금 여러분은 예전에 이걸 '처음 해보던 저'처럼 **눈가의 양옆을 가린 '경주마'상태**라는 것을요!

이제 그 양옆의 넓은 시야를 가로막고 있는 것들을 걷어낼 타이밍입니다. 저와 같이 걷어냅시다~! 영.차.~!! 여러분의 행복한 육아를 위해서요~!

지금 육아가 너무 힘들다고 느끼는 분이 계시다면..
먼저 꼭 안아드리고 싶어요. 그리고 이 이야기도 전해드리고 싶어요.

힘든 시절이 있었기에
'똑게육아'도 만들 수 있었던 거예요.

제가 만약에 아이 낳고..
아무도 제 육아를 도와주지 않는 것 같다고 해서
'똑게육아'를 만들지 않았더라면,
지금의 저도, 똑게육아도 없었겠죠.

힘들더라도 밀고 나가야 해요.
'역경'을 뒤집으면 '경력'이 됩니다.
그 힘듦이 시간이 지나면 어느새 내 무기가 되거든요.

지금 힘들다고 거기서 멈추지 말길 바랍니다.
우리는 지금, 역사를 만들어가는 사람이니까요.
언젠가 우리 아이들이 엄마가 되고, 아빠가 되었을 때는
지금보다 더 편하고 따뜻한 육아 환경을 자연스럽게
누릴 수 있기를 바라면서요.

우리가 경험해 볼 수 있게 된
이 소중한 '엄마(부모)'라는 일터는,
결국 우리가 직접 일구어 나가야 하는 거예요.

'언제 얼마큼 먹이지?' 그 막막함, 이거 모르고 수유하면 하루가 사라져요

DDOKE 수유 비법 노트

❶ 아기의 기본 수유텀을 '관찰'하고 파악하라

수유텀이 너무 짧으면 엄마와 아기가 둘 다 지치고 스낵킹(snacking) 발생, 수유텀이 너무 길면 모유 생산 자극에 실패할 가능성이 있고 아기가 배고플 수 있다.

(주의: 수유텀에 강박을 가지지 마세요. 먹놀잠 순서에도 강박 가지지 마세요. 수유텀 길다고 좋은 게 아니에요. 예를 들어 3시간 텀보다 4시간 텀이 더 좋고 이런거 아니에요. 아기 하루 일과 운영은 '잠텀/깨시' Part 8을 참고해 주세요.)

❷ 젖 한쪽을 완벽히 비우는 시간

보통 한쪽 가슴에 10~15분, 모유(분유) 넘기는 소리가 나야 한다. (아이마다 차이가 있고, 처음 모유수유 마스터 시에는 40분씩 소요되기도 함. 깨워서 먹이는 게 일.)

❸ 완모를 하더라도 밤수 때 한 번은 일부러 유축을 활용, 젖병수유를 해서 아기가 젖병도 물 수 있게 연습해 보자.

❹ **비상시를 대비해 유축해둔다. – 유축팩, 유축기 준비**

젖양이 부족할 때 유축기를 사용하면 적당한 자극을 주어 도움이 된다. 모유를 먹이더라도 유축하여 젖병으로 먹일 수도 있고, 대체 인력 활용도 가능!

❺ **똑게육아 주차별·개월수별 스케줄을 확인하자**

요즘은 한 명을 많이 키운다. 한 명만 키우면 다른 아기와의 비교체험이 전혀 없는 셈이다. 하지만 이때도 '똑게육아'를 알고 있다면 말이 달라진다. 국제 통용 가이드는 물론, 나아가 이상적인 스케줄 모범답안지까지 알려주기 때문이다. 두 명 이상 키워보지 않더라도 '똑게육아 스케줄 가이드라인'을 활용한다면 내 아기가 현재 어떻게 먹고 있는지, 어떻게 자고 있는지 '객관적으로' 뙈악! 가늠해 볼 수 있다.

수유량 완벽 정리 신생아 분유량 계산법

몸무게 X 120~150ml

최소량을 구할 때는 아기의 몸무게에 곱하기 **120ml**를 해주세요.

예) 3.7kg X 150ml = 555ml

수유량은 하루에 1,000ml를 넘기지 않도록 주의해줘. 그 이상 먹으면 과체중이 될 위험이 있어서 그래. 이 방식으로 하루에 먹어야 하는 분유 총량을 계산한 다음, 하루에 먹는 횟수로 나눠주면 1회에 먹여야 할 양이 나와. (그렇다고 또 이 1,000ml에 강박 가지지 말자)

아이가 참 안 먹는다 싶은 경우도 있을 거야. 그럴 땐 아기 몸무게에 120ml를 곱해서, 그 이상은 먹여본다고 생각하면서 가이드 삼으면 좋아.

· 신생아 시기: 보통 1회 수유량 60~80ml

➡ 예를 들어 4kg의 신생아라면, 하루 분유 양은

4 × 120 = 480ml (최소량), 4 × 150 = 600ml 정도로 계산해볼 수 있어.

수유텀은 '수유 시작 시간부터 다음 수유 시작 시간까지의 간격'을 말해. 수유 끝난 시간부터 계산하는 게 아니야.
그래서 신생아 시기엔 수유텀이 2시간 간격으로 나온다 해도, 수유하는 데 30~40분이 걸리면 실질적인 텀은 1시간 남짓밖에 안 되는 거야. 그러니까 하루 종일~ 눈코 뜰 새 없이 지나가는 거지.
그림으로 그려보면 아래와 같아.

그렇다면 아이는 한 번에 얼마만큼 먹을 수 있을까? 건강한 아기를 기준으로, 생후 첫 7일 동안 한 번에 먹는 수유량은 아래와 같아.

날짜	1회 수유량 (ml)	수유 횟수
1일차	5~15ml	8~12회
2일차	15~30ml	
3일차	30~60ml	
4~7일차	45~90ml	

사실 아기를 출산한 뒤 초반 2주 정도는 조리원에 있을 수도 있고, 집에서 고군분투하고 있을 수도 있어. 유축기로 모유를 짜보면, 진짜 얼마 안 나온다는 걸 실감하게 될 거야. 모유가 잘 나오기 전에는 분유로 조금씩 보충하면서 아기를 먹여보는 것도 괜찮아.

다음은 아기 주차에 따라 남아/여아 평균 몸무게, 수유량, 수유텀, 수유 횟수를 정리해본 가이드야.

월령	2주	6주	2개월	3개월	5개월
평균몸무게 kg (남/여)	3.8 / 3.6	4.9 / 4.6	5.6 / 5.1	6.2 / 5.7	7.5 / 6.9
1회 수유량	~ 80ml	~ 120ml	~ 160ml	~ 180ml	~ 200ml
낮 수유텀	2시간~ 2시간 30분	2시간 30분	2시간 30분~ 3시간	3시간~ 4시간	4시간
총 수유량	몸무게 1Kg당 120ml ~ 150ml				700~900ml
수유 횟수	8~12회	7~9번	6~8회	5~7회	4~6회

아기 몸무게는 한 달에 약 600~900g, 그러니까 거의 1kg 가까이 늘어난다고 보면 돼. 돌 무렵이 되면 체중 증가 속도가 좀 느려져서, 한 달에 400~500g, 하루 기준으로는 6~13g 정도씩 늘 수 있어.

생후 6개월까지는 하루 평균 20~30g, 6~12개월 사이에는 하루에 10g 내외로 느는 경우가 많아. 물론 아기 체질이나 상황에 따라 조금씩 다를 수 있으니까 너무 수치에만 매달릴 필요는 없어.

다음은 참고용으로 아기 몸무게(kg) 백분위수표를 정리해봤어. 출생 당시 체중을 체크한 다음, 성장 곡선을 따라가며 아기가 영양을 잘 섭취하고 있는지 확인해보는 데 도움이 될 거야.

우리 아이 성장 상태가 궁금하다면, 질병관리청 성장 계산기에서 바로 확인해봐!

남아 연령별 몸무게(kg) 백분위수

개월(만)	몸무게(kg) 백분위수				
	1	25	50	75	99
0	2.3kg	3.0kg	3.3kg	3.7kg	4.6kg
1	3.2	4.1	4.5	4.9	6.0
2	4.1	5.1	5.6	6.0	7.4
3	4.8	5.9	6.4	6.9	8.3
4	5.4	6.5	7.0	7.6	9.1
5	5.8	7.0	7.5	8.1	9.7
6	6.1	7.4	7.9	8.5	10.2
7	6.4	7.7	8.3	8.9	10.7
8	6.7	8.0	8.6	9.3	11.1
9	6.9	8.3	8.9	9.6	11.4
10	7.1	8.5	9.2	9.9	11.8
11	7.3	8.7	9.4	10.1	12.1

*참고: 아이들은 항상 똑같은 속도로 자라지 않아. 백분위수라는 건, 같은 성별, 같은 개월(주차)의 아이 100명 중에 우리 아이가 어느 위치쯤 있는지를 알려주는 수치라고 생각하면 돼.
예를 들어 키로 생각해봤을 때, 백분위수가 1이라면 100명 중에서 키가 제일 작은 편, 99라면 가장 큰 편이라는 뜻이야.

여아 연령별 몸무게(kg) 백분위수

개월(만)	몸무게(kg) 백분위수				
	1	25	50	75	99
0	2.3kg	2.9kg	3.2kg	3.6kg	4.4kg
1	3.0	3.8	4.2	4.6	5.7
2	3.8	4.7	5.1	5.6	6.9
3	4.4	5.4	5.8	6.4	7.8
4	4.8	5.9	6.4	7.0	8.6
5	5.2	6.4	6.9	7.5	9.2
6	5.5	6.7	7.3	7.9	9.7
7	5.8	7.0	7.6	8.3	10.2
8	6.0	7.3	7.9	8.6	10.6
9	6.2	7.6	8.2	8.9	11.0
10	6.4	7.8	8.5	9.2	11.3
11	6.6	8.0	8.7	9.5	11.7

분유를 먹거나 젖병으로 먹이면, ml를 눈으로 확인할 수 있으니까 양을 가늠하기가 좀 더 쉬워. 아기의 몸무게(kg)와 주차/개월수를 함께 보면서, 적절하게 조절해서 먹이면 돼.

월령	몸무게(kg)	1회 수유량(ml)
0~0.5 개월	3.3kg	60~90ml
0.5~1 개월	4.2kg	90~120ml
1~2 개월	5.0kg	120~150ml
2~3 개월	6.0kg	150~180ml
3~4 개월	6.9kg	180~210ml
4~5 개월	7.4kg	180~210ml
5~6 개월	7.8kg	180~240ml

모유 직수의 경우에는 '아이가 충분히 먹고 있을까?' 하는 불안이 생기곤 해. 이럴 때는 신생아용 체중계를 사용하거나, 아기를 안고 몸무게를 재어 변화량을 확인하는 방법도 있어.

예를 들어, 수유 전에는 3.5kg이었는데 수유 후에 3.6kg이 되었다면, 대략 100ml 정도 먹은 것으로 볼 수 있어.

이 방법 외에도, 아기가 먹는 시간(몇 분 동안 먹었는지), 삼키는 모습이나 소리 등을 관찰하면서 수유 상태를 체크해볼 수 있어.

아기마다 양껏 충분히 먹는 시간이 다 다르기 때문에, 아기의 먹는 형태와 모습을 잘 관찰해서, 아이 스스로 충분히 먹었다고 느끼는 그 양상과 모습을 알아가야 해.

그리고 아기가 늘 잘 먹는 건 아니야.
잘 먹던 아기가 갑자기 안 먹고 짜증을 낸다면, 원더윅스 시기일 가능성도 있어.

원더윅스는 아이가 정신적으로 도약하는 시기를 말해. 급성장기가 몸의 성장이라면, 원더윅스는 뇌의 성장과 발달이 활발해지는 시기야. 그러니까 너무 걱정하지 말고, 조금 더 편한 마음으로 아기를 지켜봐 줘.

원더윅스 체크차트

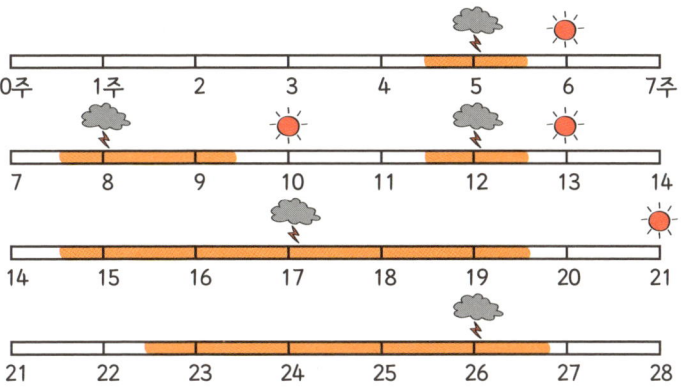

가이드를 그대로 다 따르지 않아도 상관없어. 중요한 건 방향이야.

무엇이든 아기마다 다 다를 수는 있어.
그렇지만 우리가 이 '엄마(부모)'라는 일터에 뛰어든 이상, 스스로 기준을 가지고 아기를 잘 관찰해서, 그 욕구랑 니즈를 파악하고 건강한 방향으로 반응해주는 거, 진짜 중요해.

특히 요즘처럼 핵가족화가 당연한 시대에, 한 명만 낳아서 키우는 경우라면 비교 대상도 없잖아. 그러다 보면 '이게 보통인가?' 하는 기준 없이, 아이가 원한다고 해서 다 맞춰주다 보면, 오히려 건강이나 습관을 해치게 되는 경우도 있어.

아이에게 진짜 필요한 게 뭔지를 알아채려면… 역시나 이 세계도 '아는 게 힘'이야.
거기에 실전 경험까지 더해지면? 무적이 되는 거지.
그때서야 머리에 띵~! 하고 깨달음이 오고, 눈이 떠지면서 '아, 이거구나' 하게 돼.

너도 생각해봐.
내가 이 아이의 먹텀을 어느 정도로 잡고 싶은지, 언제, 얼마나 먹이고 싶은지,
이 정도 먹으면 좋겠다- 같은 기준을 조금이라도 미리 생각해본 다음에,
지금 아이 상태와 욕구를 잘 관찰하면서 반응해보는 거야.

아무 기준 없이, 그냥 애가 원해서 다 해줬다고 말하는 건.. 그건 프로가 아니고, 애를 위하는 것도 아니야. 그냥 '몰라서' 애한테 선장 자리를 넘긴 거고, '나는 선장 역할이 너무 버거우니 너 따라갈게…' 하는 셈이지.

똑게육아에서 제시하는 가이드대로 못 해도 상관없어. 중요한 건, 내가 양육자로서 이런 내용을 '알고서' 기준을 갖고 움직이느냐는 거야.

내비게이션 켜고 운전하는 사람과, 그냥 아무 방향도 없이 운전하는 사람은,
같은 길을 가도 완전히 다른 길을 걷게 돼.

수유는 처음 해볼 때 죽어라 힘든데
아래의 내용들을 미리 알고 있으면 수월해져.

처음 해볼 때
모유수유의 늪에서 허우적허우적!

출산의 고통은 상상 초월! 모유수유의 고통은 출산 그 이상!
일명 헤어날 수 없는 '모유수유의 늪!'

　출산만 하면 일단 이 무거웠던 아기가 밖으로 나오니 다시 예전 몸으로 돌아갈 수 있다고 생각했어. 이 job세계 경험 전, 즉 해보기 전이라 다소 황당한 생각을 하고 있었던 것 아니었겠니~
'완모직수' 최소 1년을 결심하고, 첫째, 둘째 모두 목표를 달성하기는 했지만 결코 쉽지 않은 길이었어. 먼저 출산한 친구가 모유수유를 할 때 유두와 영영 이별할 뻔했다고 해서 조금 겁을 먹기도 했지만, (이 세계의 당연한 진리이지만) 이 역시 내가 직접 해보기 전에는 크게 와 닿지는 않더라.

그. 런. 데. 두둥~

잠도 못 자고 밤낮으로 하루에도 8~10번씩 수유해야 하는 줄은, 신생아는 한 번 수유 시 1시간씩 걸릴 수도 있다는 건 예상치 못했어.
수유와 유축이 이렇게나 고통이 따를 줄이야! 모유수유가 왜 이렇게 힘든 걸까? 좀 더 와닿게 구체적으로 설명해 볼게.

●● 끊임없는 유두 상처

유두에서 피가 나는 경우도 주변에 정말 많아. 나의 경우는 심한 편은 아니었지만 그럼에도 불구하고 처음에 젖 물리는 연습을 계속할 때는 유두가 까지다 까지다 닳아 없어질 것 같고, 수포처럼 뭐가 나면서 옷이 닿기만 해도 쓰라리고 아프더라고.
그래서 조리원에서 아기에게 젖을 물리지 않고 있을 때 산모들이 유두에 보호 크림, 심한 경우는 연고를 바른 뒤에 일회용 종이컵을 3분의 1 정도로 잘라서 가슴에 테이프로 붙여놓는 진풍경이 벌어지기도 해. 이렇게 해두면 옷이 유두에 닿지 않거든.

거기에다 땡땡하게 젖이 돌면서 차오르면 정말 아파. 아기가 잘~ 빨 수 있어서 먹어서 비워주는 것이 제일 시원한데, 그게 안 되면 유축기를 써서라도 빼내야지 안 그러면 유선염이 생겨. 특히 젖몸살은 몸살 걸린 것처럼 열나고 욱신욱신 뼈와 근육이 다 쑤시는데 그 와중에도 아기 밥 주는 일은 패스할 수가 없는 거야. 유선을 잘 뚫어주려고 조리원 선생님들이 마사지를 해주시는데 견딜 만은 해. 새어 나오는 '괴성'을 간신히 참는 정도? 다행히 시간이 지나면서 조금씩 나아져.

●● 몸이 회복되지 않은 상태에서 우주 최강의 근성 발휘하기

약 한 달간은 아기가 엄마 젖을 잘 물고 빨 수 있도록 서로 적응할 때까지 끊임없이 죽도록 연습해야 해. 젖꼭지만 물리면 안 되고, 유륜 깊숙이 물려야 모유가 잘 나온다고 하는데, 그 단순한 '유륜 깊숙이 물리기'가 실천하기 힘들거든.

한 손으로 젖을 들고 있다가 아기가 입을 크게 벌리는 순간 입에 쑥~ 재빠르게 깊숙이 넣어주면 되는 건데, 아기가 빠는 법을 모르니 계속 시도, 재시도, 그래도 시도, 처음부터 다시 시도~

그 와중에 유두는 최소 너덜너덜, 젖을 잡고 있는 손은 경련&경직 시작! 젖을 먹일 때 몸이 한쪽으로 기울어지니까 허리도 돌아갈 거 같고, 아이가 잘 물고 있나, 코는 안 눌리나 확인해야 되니 점점 등과 목은 구부러져만 가는 거지.

밑이 아파서 도넛 방석에 간~신히 앉을 수 있는 상황인데 이 노동을 밤이고, 낮이고 해야 되는 거야. 나는 당시 컬쳐쇼크도 받고 너무 힘들어서 '아니~! 이런 세계가 현존하다니!! 세상에 이런 일이!!'를 연발했지.

너무 힘들다 보니 한 달 정도 지난 뒤에는 누워서 수유를 시작했어. 이 자세도 물론 힘들기는 하지만, 앉아서 하는 수유에 비하면 수월했기에 그리 된 수순이었지. 그런데 결국 이 자세 때문에 첫째는 '젖=잠연관'에 걸려버렸어.

와앙~ 으앙~ 빽빽~

"엄마도 진짜 울고 싶다. 이 젖 물고 우리 서로 휴전 시간 갖는 거야, OK?"

그때는 몰랐는데 이렇게 나 편하자고, 아니 나 좀 살고 싶어서 강구해 낸 방법들이 어느새 내 발목을 잡은 덫이 되어 있더라고

누워서 수유하는 게 꼭 나쁘다는 것이 아니야. 누워서 하는 것이 맞는 사람들은 아기를 깨워서 먹이고, 트림도 잘 시키면 돼.

여기서 중요한 건 말이지. 먹다가 잠들지 않게 해야 하는 것. 바로 이거야. 이게 키포인트라고.

재우기 위해서 누워서 수유하는 건 정말 비추야! 이 덫에 걸리지 않으려면 더더욱이 초반에는 '수유하는 의자'를 만들어두고 거기서만 수유를 해서 '잠=수유' 연관을 피해 가도록 해.

수유 똑게템

❶ 수유 쿠션
사람에 따라서 D자형이 편할 수도 있고, C자형이 편할 수도 있어.

❷ 일반 쿠션
허리 뒤에 놓아 엄마가 편안하게 기댈 수 있어. 또 아기가 먹는 젖 쪽의 엄마 허벅지 위와 수유 쿠션 아래 사이에 쿠션을 하나 더 끼워두고 수유해 봐. 예를 들자면 왼쪽 젖을 먹일 때는 왼쪽 허벅지와 수유쿠션 사이에 베개를 하나 더 끼워 넣는 거지. 이 장치는 아기 입의 위치를 좀 더 올려줄 수 있어. 아기의 다리/발 부근보다 얼굴/가슴 쪽이 더 높아지도록 경사가 생기게 만들어주거든. 이렇게 하면, 아기가 좀 더 쉽게 먹을 수 있어. 여러모로 쿠션은 활용도가 높아.

❸ 수건
아기가 살짝 몸통이 옆을 바라보고 먹기 편하게끔, 또 아기가 떨어지지 않도록, 수건을 돌돌 말아서 등에 받쳐주도록 해.

❹ 수유 발판
아무거나 괜찮아. 네가 수유할 때, 발을 올려놓을 수 있는 것들을 꼭 활용하도록 해. 수유 발판을 사용해 엄마 무릎이 엉덩이보다 높게 오도록 하면 자세에도 좋고 수유하기도 편해. 꼭 뭘 사야만 하는 것은 아니고 수유할 때 발을 올려둘 수 있는 '발 디딤대용'으로 무엇이든 이용해보자.

❺ 가제 수건
아기 얼굴 아래에 받쳐놓고 시작하도록 해. 먹이기 전에 가제수건을 목

에 두르는 것은 먹이기 전, 일정한 의식 활동(아기에게 주는 먹 타임 시그널)이 될 수도 있어.

❻ 수유복, 수유 브라, 수유 패드
깔끔하게 수유하는 걸 가능하도록 도와주는 아이들이야. 여유가 된다면 이런 것들도 초반에 알아봐서 구비해두면 훨씬 낫긴 해.

❼ 수유 의자
푹신푹신하면서 양옆에 팔을 올려놓을 수 있는 팔걸이가 있으면 좋기는 하지. 수유 의자도 추천하는데, 영어로는 글라이더(Glider), 락킹 체어(Rocking Chair)라고 불러.

> 【장점】 수유하기 편하고 항상 여기서 수유하면 '젖=잠연관'에 걸릴 위험이 줄어들어. 거의 시간상 다 먹었는데 '앗' 서서히 잠들고 있다~ 싶으면 바로 가슴팍에서 떼어내서 살짝 깨운 뒤 아기 침대에 내려놓도록 하자.

> 【단점】 종류에 따라 자리를 꽤 차지할 수도 있어. 그래서 그런 게 싫은 사람들은 오히려 '간단한 수유 의자'를 사도 좋아. 꼭 큰 것을 사지 않더라도, 자신에게 편한 의자를 수유 의자로 만들면 되는 거야.

> 어떻게든 자신에게 편한 자세를 찾아서 몸의 부담을 최소화하며 수유하길 바랄게요. 여러분 모두 화이팅! ♥

●● 수유하는 동안은 내 몸이 내 몸이 아니야.

엄청 지루하고 따분한 노동이 이 모유수유라고. 모유수유 중에는 꼼짝하지 말고 (특히 초반에는) 약 30분~1시간을 '얼음자세'로 있어야 되거든. 편한 자세도 아니고 몸에 무리가 될 수밖에 없는 힘든 자세로 말이야.

> **수유 준비물**
> 핸드폰, TV 리모컨, 블루투스 이어폰, 블루투스 스피커,
> 오디오 리모컨, 물병, 가제수건

이것들을 꼭 옆에 세팅해놓고 직수를 시작하면 좋아. 만약 더운 날씨라면 에어컨 리모컨도 필요해. 수유를 하면 엄마와 아기가 둘 다 땀을 뻘뻘 흘리게 되거든. 그래서 집 안을 미리 좀 시원하게 해두는 것이 좋아. 수유하는 도중에는 오직 '눈'과 '귀'만이 자유롭거든. 나머지는 내 몸이 내 몸이 아니야. 수유 중간에는 가져오고 싶은 것들이 눈앞에 있어도 내 팔, 또는 다리 반경 밖에 있는 것들을 가져오는 것은 사치가 돼. 그러니까 처음부터 필요한 것들을 완벽히 세팅해두고 시작하는 게 좋아. 2~3개월까지는 아기 눈이 잘 안 보이기 때문에 TV를 틀어놓더라도 아기는 볼 수가 없어.

TV에서 멀리 떨어져 수유를 하면 전자파도 걱정할 수준은 아니고. 핸

드폰도 전자파가 나오기 때문에 아기 머리 근처에서 하는 건 좋지 않지만, 정~ 힘들 때는 거리를 약간 두고 노래라도 틀어놓는 것이 좋아. 이때 블루투스가 유용하겠지? 블루투스 이어폰, 가능하다면 블루투스 스피커까지 꼭 챙긴 뒤 수유하는 것 추천해.

여기에서 또 중요한 건 바로 물병이야. 작은 페트병을 여기저기 놓아두고 수시로 마실 수 있게 준비해둬. 이렇게 모든 준비가 끝나면 수유 쿠션을 딱 착용하고 즐겁게 수유할 수 있게 돼. 물론 수유하는 도중에 아기랑 눈 마주치고 대화하고 만져주는 것도 간간이 해주면서 말이지!

모유수유할 때, 엄마와 아기의 상호 작용이 중요하다고들 해. 그런데 수유를 마스터하는 초반에는 수유 한 번 하는데 30~40분 정도 걸리기 때문에 그것만 계속하고 있을 수가 없어. 구부리고 있으면 '목 디스크'가 올 것 같고, 정면만 응시하고 있으면 무료해서 죽을 거 같거든. 아기는 그 시기에 엄마랑 눈을 마주치면서 먹을 수가 없어. 젖을 보면서 먹을 때도 있지만 대부분 눈을 감고 먹기 바쁘거든. 간간이 아기에게 이렇게 말하면서 땀도 가끔 닦아줘 봐.

"정말 잘하고 있어. OO야!"
"OO야, 맛있어? 대단한데~ 많이 먹어."
"OO가 정말 열심히 먹고 있네. 엄마 기분이 참 좋다."

●● 옷을 입고 있을 수도, 벗고 있을 수도 없는 원시인의 삶

모유수유하면 젖이 잘 흐르는 데다 옷이 닿으면 유두가 아프기도 해서 정상적인 옷을 입고 있는 게 힘들어. 집으로 오면 그냥 내복 차림, 속옷 차림으로 많이 있게 되지. 아기가 한쪽 젖을 빨면, 빨고 있지 않은 반대쪽 젖도 자극이 동시에 되면서 '반대쪽 젖'에서도 같이 모유가 똑똑 떨어지며 흐른다니까? 유축할 때도 마찬가지고.

그렇기 때문에 그 반대쪽은 아기가 빨고 있지 않으니까 수유 패드나 뭘 대 놓지 않으면 엄청 젖게 되어 있는 구조야. 그래서 수유 후에 5~10분간 옷을 내리지 않은 채로 통풍을 시키면서 말려주면 오히려 더 시원해. 이렇듯 초신생아 시절에는 모유수유하면 엄마가 옷을 잘 못 입어. 옷을 입고 있어도, 입고 있는 게 아닌 셈이지. 기분 전환하려고 외출을 해도 아기와 함께라면 상황은 크게 달라지지 않아.

1~2년간은 드라이클리닝이 필요한 옷들은 못 입는다고 봐야 해. 아이가 얼굴을 부비적거릴 때, 모유수유할 때 옷의 디테일(단추, 레이스, 목걸이 등)들이 모두 거추장스럽게 느껴지거든. 면 티셔츠가 가장 무난한 외출복이 되는 것이 진리지. 지금 와서 생각해 보면 첫째 시절 수유를 처음 해본 그때, 수유복이랑 수유 브라, 수유 패드 야무지게 챙겨놔서 조금이라도 편하고 상큼하게 수유했으면 좋았을 걸~ 하는 생각이 들어. 갈아입을 시간도 없이 축축하고 늘어진 옷을 입은 채로 애 뒤치다꺼리하고 있다 보면 '하~!' 진짜 눈물이 핑 돌 때가 있거든.

●● **음식과 약의 제한!**

임신 기간에만 먹는 것을 제한하면 되는 줄 알았는데 모유수유맘은 이게 계~속 이어져. 오히려 임산부보다 더 철저히 식단을 신경 써야 해. 물론 초반엔 제대로 먹을 시간도 에너지도 없지만 말이야. 먹고 싶었던 커피나 초콜릿, 패스트푸드, 인스턴트 음식 등에 대한 제한은 계속 이어져. 술은 물론 당연하고! 그런데 몸이 그나마 성한 상태일 때(?) 먹고 싶은 걸 참는 것은 쉬운 편이야. 정~말 아픈데 모유를 먹는 아이에게 해가 될까 약도 못 먹고, 주사도 못 맞고 견디는 것에 비하면 말이지. 보통 이런 일을 처음 겪으면 그 기간 동안 모유수유를 중단(1~2주)하기 싫어서 일단 견디고 보거든. 그동안의 노력이 한순간에 날아갈 것만 같고, 젖이 바짝 마를 것만 같고, 애기가 엄마 젖 아니면 죽음을 달라~ 이럴 것 같으니까.

나도 첫째 때 수유 중 온몸에 두드러기가 나서 견디고 견디다 약을 먹고 잠시 젖을 끊으면서 비극의 여주인공처럼 펑펑~ 울었어. 사실 지나고 보니 며칠 젖 끊는다고 큰일 나는 것도 아니고, 적당한 시간에 유축기로 젖에 자극을 주면 되는데 말이야. 제일 중요한 건 마음이 평온한 엄마의 정신 상태라고!

두번째 해보는 엄마의 바이브
평온한 마음으로 모유수유의 늪에서 유유히 헤엄치다

둘째를 낳고 수유하면서 느낀 건 첫째 낳고 쓴 '모유수유하면서 지루하니 준비물 세팅해두고 시작하라'는 조언은 첫째 엄마들에게만 해당되는 것이더라고.(물론 이 엄마들에게는 유용한 스킬이야) 그런데 두 명 체제가 되니 현실은 둘째 젖 먹이면서 첫째 밥 먹이고, 둘째 젖 먹이면서 첫째 책 읽어주고, 둘째 젖 먹이면서 첫째랑 블록 쌓거나 얘기하면서 놀아주게 되더라.
이게 가능하냐고? 스킬이 버전 업돼서 완전 가능해져. 삶의 체제 자체가 그렇게 변하니까.

둘째 때는 솔직히 나랑 그 아이 단둘이 수유 의자에 앉아 쪽쪽 먹이는 밤중수유(밤수)할 때의 그 순간이 너무너무 소중해서 밤중에 깨는 게 힘들지도 않았어. 첫째가 하루 종일 같이 붙어 있고, 나의 관심을 끊임없이 요구하는 상황이라 둘째는 낮에도 혼자 노는 시간이 많았거든. 그런데 바로 그 부분이 육아의 세계에서는 긍정적으로 작용하는 포인트임을 하나 키울 때 놓치면 안돼! 알아서 잠도 너무 잘 잤고, 첫째 때는 상상하지도 못했던 상황들이 '둘'이라는 원천적인 체제/시스템 변경으로 계속 펼쳐지면서 내 뒤통수를 계속해서 '유레카'소리가 나오게끔 가격했어.

결국 이 job에서 제일 중요한 건, 잘 먹이고 잘 재우는 것이야. 수유와 잠이라는 2가지 영양분을 잘 주고 있다면 여러분은 이미 100점을 넘어선 엄마라고! 그러니까 첫째맘이라면 더도 말고 덜도 말고 지금 첫째에게 올인하고 있는 너의 그 관심 딱 반만 줄여도 성공할 수 있어. 없는 둘째겠지만, 지금 그 상황에서 아이가 한 명만 더 있다고 가정해서 한번 생각해 봐. 조금 달라질 수도 있을 거야.

그리고 무엇이든 처음 경험을 하면 요령과 기술이 따라주지 않으니, 삽질을 하게 되어 있거든. 삽질을 하면서도 끊임없이 마음에는 갈등의 폭풍우가 몰아쳐.
'내가 잘하고 있는 건가?', '애기가 잘 크고 있는 건가?' 하지만 이럴 때일수록 마음을 편히 가져야 해. 이게 정말 중요해! 별 백만 개~! 스트레스받으면 잘 나오던 모유도 잘 안 나오거든. 사실 '모유수유'할 때 엄마들이 힘든 부분 중 하나가 주변 사람들 때문이기도 해. 모유수유하면 누구보다 제일 힘든 사람이 누가 뭐래도 '엄마'인데 말이지. '정말 힘든 일을 하고 있구나' 이 '공감'만 잘 해줘도 큰 도움이 되는데 보통은 모두의 관심이 새로 태어난 '아기'에게 초점이 맞춰져 있어. 그래서 모유수유로 인해 만신창이가 된 엄마는 이렇게 느끼지.
'모유를 생산하는 젖소가 된 기분이야. 정녕 내가 하나의 인간이었나?'

모유수유를 못하는 경우

주변 왈, "모유가 애한테 제일 좋은데, 젖이 왜 안 나오니?"

사실 엄마보다 아기를 더 생각하는 사람은 없지 않을까? 사정상 그렇게 할 수밖에 없는 엄마들도 있는데 말이지.

모유수유를 하는 경우
주변 왈, "분유는 아예 안 먹이니? 모유가 모자란 거 같은데?"
정말 열심히 노력해서 완모 중인데, 이런 말 들으면 정말 허무해지지. 어떤 경우는 모유가 모자란 거 아니냐며, 울 때마다 분유 먹이라고 하는 경우도 왕왕 있다고 하더라고.

"젖 먹다가 애 코 눌린다."
"애 우는데 배고파서 그런 거 아니니?" (5분 전 먹임)

바뀐 환경에 적응하는 것도 힘든데 주변에서 계속 이래라저래라 하면 스트레스받아서 가벼운 산후우울증에서 중증으로 가뿐히 넘어가게 돼. 그냥 쿨해져. 그냥 한 귀로 듣고 흘려버리는 거지. **육아 잘하려면 한 귀로 듣고 흘려버리기 달인이 돼야 돼.** 나와 아기의 행복한 시간을 방해받고, 다른 누군가 때문에 기분이 나빠져야 할 필요가 전혀 없어. 바로 내 뇌를 리셋해버리고, 다른 기분 좋은 일에 몰두하는 습관을 가지면 돼. 걱정은 줄이고, 모유수유 마스터에만 집중하는 거야!

그리고 수유텀은 초반부터 신경을 쓰긴 해야 해. '텀을 꼭 지켜야 한다!!'라고 생각하기보다는 내 아기의 자연스러운 신호를 '관찰'해보는 것이 그 수유텀이란 거야. 내 아기를 잘 파악하는 것이 항상 우선이야. 초보맘은 울면 무조건 젖을 먹이는 경향이 있거든. 최소 '2시간 반'텀은 지키도록 노력해야 스낵킹(영양가가 덜한 전유(앞젖)만 짧게 먹고 짧게 쉬고 반복)하지 않게 되는 거야. '양껏 먹이기'를 해야 뱃구레가 커지고 애도 깊게 오래 자고 엄마도 인간 공갈젖꼭지가 아닌, 진짜 사람처럼 좀 살 수가 있어. 그리고 밤중수유는 도와주는 사람이 있는 경우 초반엔 꼭 한 번이라도 건너뛰어봐. 대체인력 한 번이라도 쓰란 얘기야. 그 여건이 되는 상황이라면 말이지.

젖병(모유 유축분) 빤다고, 분유 한 번 먹는다고 애기한테 큰일 안 나. 애기 놓고 어디 외출할 때도 그렇고, 다른 사람이 애기 봐줄 때도 그렇고, 애기 수유 시간 되면 볼일 보다가 신데렐라처럼 미친 듯이 집으로 달려가고 싶지는 않겠지? (아... 이건 첫째 때 내 얘기야.) 그 한 번 뛸 때 젖이 불기는 하겠지만 아주 아픈 정도가 아니라면 그냥 한 텀은 쉬면서 자는 걸 추천할게. 그러면서 체력을 회복해야 되거든. 한 달은 죽었다~ 생각하고 무엇이든 '긍정적'으로 생각하고 모유수유 마스터에 집중하다 보면 어느새 아기와 엄마는 수유 달인이 되어 있을 거야!

아니, 딱딱 시간 맞춰서
먹이란 얘기가 아니라,
애가 우는 그 울음.
배고픈 건지, 다른 이유인지 어떻게 파악할 건데.

**처음 해보는데 지식 & 경험 없고
의욕은 과다 상태**
아기가 울면 일단 젖을 물리거나
안아서 달랜다

    처음 엄마가 되면 아이가 울 때 원인 파악이 쉽지 않은데다 늘 노심초사 상황이라 수유복 뚜껑을 열고 젖 블로킹을 준비하거나 삐거덕삐거덕 소리 나는 무릎 뼈의 고통을 뒤로한 채 즉흥적으로 아기의 울음을 일단 멈추고 달랠 수 있는 방법을 취하게 되는 경우가 많아. 나 또한 그랬으니까. 내 새끼가 울기 시작하면 가엾고 애가 타 무조건 바로 반응하고 달래주어야 한다고 생각했었어.
그래! "애 배고파하면 그냥 먹여!"라고 주변에서 말할 수 있어.
그런데 말이지, 그렇게 모든 울음을 다 배고픔으로만 해석해버리면 아기의 하루 리듬이 다 꼬이게 되고, 그야말로 진짜 신호에 대한 해독이 안 되는 거야. 그냥 주먹구구식으로 반응하기에는, 우리가 살고 있는 환경이 완전히 달라. 고개를 좌우로 돌려서 네 주변을 한 번 봐봐. 우린 냇가에 아낙네들이 다닥다닥 모여 빨래하면서 애 키우던 원시 부족사회에 살고 있는 게 아니잖아.

이제 조금 시간 지나니까 감 오지? 이 육아 업계에서 네 애를 봐줄 단 한 명의 여성 인력도 쉽게 구할 수 없다는 현실... 알잖아. 사실상 너의 대타 찾기는 정말 어려워. 그 대타가 잠깐만이라도, 비상시에 쓸 단기 인력이라 하더라도 말이지.

그래서 우리는 아이의 하루 '먹·놀·잠' 사이클, 먹텀, 잠텀(깨시)을 파악해야 해. 이 틀 없이는 애가 우는 이유가 배가 고픈 것인지, 졸린 것인지 알 수가 없어. 잠을 못 자 머리는 멍~한 상태에서 단지 추측만 난무할 뿐인데, 그 추측을 바탕으로 본능적으로 반응했다가는 아이 안고 '헬 게이트'로 들어가게 되는 거지.

똑게육아 스케줄을 이해하려면, '잠텀' '깨시' 개념을 이해해야 해.

똑게육아 멤버십 회원님들 질의글을 보다 보면, 막연히 무작정 먹텀이 길면 더 좋을 거라고 생각하고 3시간 먹텀을 4시간 먹텀으로 늘린 뒤에 '먹 → 놀 → 잠' 순서에 신경쓰는 경우가 있어. 그런데 그러지말고 이렇게 한번 생각해봐. 아기의 신체에 이상적인 효율적인 잠텀(깨어 있는 시간, 깨시)을 알아낸 뒤, 하루의 선상 안에 잠을 적절히 배치 하는 거야.

그리고 각 낮잠의 수면 길이도 최적으로 배치하는 거지. 그렇게 되면, '잠'과 '잠' 사이에 '깨어있는 시간'이 각 구간별로 존재하게 되겠지? 그 깨시 구간 선 위를 죽~ 보면서 적절한 타이밍에 '먹'을 껴넣는 거야! 이게 바로 시야를 바꾸는 포인트야.

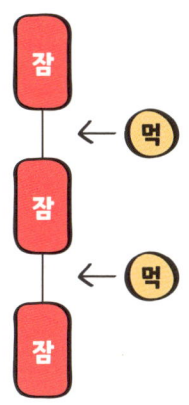

무작정 '먹-놀-잠'을 맞추려고 하지 말고, '밤잠'을 먼저 확보한 다음 낮에는 낮잠을 몇 개 넣을 건지, 각 낮잠의 길이는 어느 정도로 할 건지, 그 각 낮잠끼리는 어느 정도 간격을 둘지, 스스로 그림을 그려보면서 그 '잠'과 '잠' 사이에 '먹'을 넣어주는 방식으로 말이야.

럭셔리 진입
수유 시간 또는 졸릴 시간이 되면 미리 환경 및 분위기를 세팅해서 아이를 행복하게 꿈나라로 보낸다.

현재 내 아기의 주수, 개월수에 맞는 이상적인 스케줄을 알고 있다.

아이에게 '잠연관'만 건강하게 알려주고, '잠텀/깨시'에 대한 이해가 되어 잠텀으로 하루 설계가 가능한 눈이 떠졌음 그것만으로도 할렐루야! 인거야. '아침에 눈 떠 첫 수유하는 시간'이 '기상 시각' 즉, 네가 영업 셔터 올리는 시간이라고 생각하면 돼. 하루 영업 시작은 네가 정해.(물론 아이의 건강에 좋은 시각대로 하는 것이 좋겠지.)

그 뒤 '먹'시각과 '잠'들어가는 시각 그리고 '잠'에서 깨어나는 시각은 반드시 메모해 두라고. 먹텀과 잠텀(깨시) 사이클만 명확히 알고 있다면 애가 왜 우는지 파악하기는 정말 쉬워지게 되어있어.
예를 하나 들어볼게. 이렇게 하면 확 와닿을 거야. 일단 아이가 잠에서 깨어났다면 약 **'1시간 반'** 뒤에 졸려 하게 되어있다 가정해 볼게.

깨어있는 시간 = 깨시 = 잠텀

☑ 잠텀: 1시간 30분   ☑ 수유텀: 3시간

아침 7시, 애가 기상했어. 그럼 그 순간부터 아기 뇌 안에서는 '피곤찌꺼기'가 쌓이기 시작한다고 생각하면 돼. 머릿속에 모래시계 하나를 그려봐. 내 아이의 잠텀- 즉, 깨어나서 버틸 수 있는 시간이 약 1시간 반짜리 배터리라고 보면 되거든.
그럼 언제 졸릴까? 1시간 반 뒤인 8시 30분쯤, 졸리기 시작하겠지?

애들 풀장에 보면 큰 양동이 하나 매달려 있는 거 알지. 그 양동이에 물이 계속 차오르다가, 가득 차면 뒤집어지면서 팍~! 물이 쏟아지는 그 장면. 애들 꺄~ 하면서 그 물벼락 맞는 장면 생각나지?

바로 이런 걸 떠올려봐

그 장면 떠올렸다면, '피곤 물질'을 그 양동이 안에 차오르는 물이라고 생각해봐. 너의 애가 눈 떠서 일어나면 아이 뇌에 피곤물질이 차곡차곡 쌓인다구. 애 뇌에 그게 다~ 쌓이면, 양동이 물 팍~! 뒤집어 쏟아내듯 그걸 빼줘야 하는데 그걸 어떻게 빼준다구?

피곤 물질이
계속 쌓이면
빼내줘야 해~!
뭘로?

'잠'으로~!!

바로, 낮잠을 잠으로써 뇌 속에 쌓였던 피곤 물질을 빼주며 클린하게 청소해 주는 거야. **1시간 반짜리 깨시라 가정했잖아?** 그럼 '1시간 30분'이 지나면 아기 뇌 속 '양동이'가 피곤 물질로 가득 찬다! 이렇게 이해하면 돼.

이해됐지? 은근히 잠텀, 이 깨시 개념을 이해하기 힘들어하는 분들도 꽤 계시더라고. 몇 번이고 다시 읽는 한이 있더라도 잠텀/깨시 개념은 확실히 익히고 가자. '잠텀/깨시'는 똑게육아의 핵심 중의 핵심이니까. 똑게육아가 직접 만든 우리 스케줄 전체의 뿌리, 토대라고 생각하면 돼.

그러니까 꼭!
먹텀, 잠텀 이 두 가지는 노트 하나에 따로 정리해서 기록해보자.
한 줄씩이라도 쓰다 보면 흐름이 보이기 시작할 거야.

⭐ 눈뜨고 1시간 30분 지나면 졸리기 시작!
1시간 반짜리 깨시 후, 피곤물질 빼주는 타이밍!
☑ 일어난 시간: 7시 ☑ 다음 잠드는 예상 시각: 8시 30분

🔴 Case Study

실제 상황 안에서 같이 한번 똑게육아 먹잠표로 정리해보자.
아침 7시에 기상해서 바로 수유를 시작했다고 가정해볼게. 그럼 3시간 수유텀 기준, 다음 수유 시간은 10시가 되겠지.
아기의 잠텀은 1시간 30분이라고 하면, 8시 30분쯤에 졸리기 시작할 거야.

그래서 8시 15분쯤 간단한 수면의식을 하고, 아기를 잠자리에 눕혀 재운다고 생각해보자.

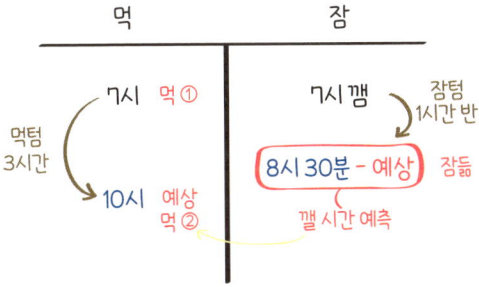

다음번 배고파질 시점이 10시니까, 아기가 10시쯤 깨어날 확률도 꽤 높아. 먹어야 하니까 자연스럽게 깰 수도 있는 거지. 그래서 이렇게 먹텀까지 고려하면, 다음번 깰 시각도 어느 정도 예측해볼 수 있어.
하지만 이 '낮잠'은 전략적으로 어떻게 끌고 왔느냐에 따라 달라져.

✔ 짧게는 40분 정도만 자고 일어날 수도 있고,
✔ 길게는 2시간까지도 푹 잘 때가 있지.

이건 스케줄을 어디에 포인트 두고 관리했는지, 그리고 잠연관 교육이 어떻게 세팅되어 있는지에 따라 많이 달라져.
또, 수유를 얼마나 효율적으로 했는지, 즉 먹는 방식과도 연결되어 있고 말이야.
그러니까 지금의 여러분과 아기의 상황에 맞는 스케줄 타입을 가이드 삼아 운영해 보면 돼. 물론, 큰 틀은 변함 없어. 똑게육아 스케줄의 기본 흐름은 아기에게 맞게 유연하게 적용해 나가는 거야.

그리고 이 '1시간 30분'이라는 깨시는 항상 똑같이 유지되는 게 아니라는 것, 꼭 기억해줘. 그날그날 하루 안에서 펼쳐지는 각각의 깨시는 전부 다를 수 있어.

어떤 낮잠은 '깨시'로 생각했던 1시간 30분이 지나도 바로 잠들지 않을 수도 있고, 앞선 낮잠의 질이 어땠는지, 또 그날의 다양한 변수들-

예를 들면,
✔ 놀 타임에 격하게 놀았다거나
✔ 갑작스럽게 방문객이 왔다거나
이런 것들에 따라서도 충분히 달라질 수 있어.

결국 아이의 생체시계를 파악해 내 아이의 사이클을 잘 알고 있으면 애가 울 때 이게 배가 고픈 건지, 잠자고 싶은 건지 그 욕구를 파악하기가 쉬워져. 이걸 모를 때와 비교하면 육아가 '식은 죽 먹기', '누워서 떡 먹기'가 되는 거지.

'둘'을 키우는 체제라면 둘째가 '깰 시간'을 미리 대비하고 '방어'에 들어가야겠지. 예를 들어, 둘째가 깰 시간이 다가오는데 첫째를 밥 먹이기 시작했다면 운영에서 낭패를 보게 되겠지. 이해 가지?

아기의 하루 패턴과 스케줄은 이 '잠'과 '수유'의 텀을 잘 파악해서 영리하게 조합해서 끌고 나가면 되는 거야. 내 아기에게 맞춰서!
머릿속 알람은 2번 켜면 돼!

> 알람❶ '수유 시작한 시간' 적어두고 '3시간 뒤' 한 번!
> → 다음번 먹을 시간
> 알람❷ '애기가 깬 시간' 적어두고 '1시간 30분 뒤' 한 번!
> → 다음 잠드는 예상 시각

다음번 수유 시간이랑 재울 시간을 미리 알고 있으면, 엄마/아빠가 그 사이에 쪽잠을 자든, 인간처럼 밥을 먹든, 진짜 '꿀 같은 시간'이 생기게 돼.

♥
똑똑하고
게으르게

인수인계서 족보 Part 3.

먹이기 업무

이유식, 유아식 편
똑게육아 이유식

처음 먹이는 이 한 숟갈,
똑게육아가 가이드해줄게.

　누군가를 먹여본 적 있어? 영양 관련 자격증이 있거나, 요리사거나, 서빙을 해봤거나, 음식점을 운영해본 경험이 지금 이 일에 도움이 될까? No, no~! (물론 아주 조금은 도움될 수는 있겠지. 하지만 그 업의 환경, 맥락, 목적은 우리가 지금 하는 이 '먹이기'와는 현저하게 달라.)
왜냐하면 지금 우리가 먹이는 대상은 이 세상에 태어나 처음으로 '음식'을 접하는 내 아기야. 분유나 모유 말고는, 진짜 '먹는 것'을 처음 경험하는 생애 최초의 순간이잖아. 이건 완전히 다른 차원의 이야기야.

굳이 비유하자면, 우리의 육아 job에서 메인 기능은 바로 '돌봄'이야. 그리고 그 돌봄의 1순위 인력, 보호자, 이 아기의 '최종 책임자'가 바로 우리 자신이지. 예를 들어 노인돌봄 분야도 먹이고 케어하는 일들이 있잖아? 하지만 아기 먹이기 업무는 그거랑도 또 달라. 완전히 새로운 생명에게 '처음 먹는 경험'을 직접 건네주는 일이니까. 그래서 이 분야도 우리가 맡은 이상, 그저 감으로만 할 수 있는 일이 아니야. 공부해줘야지. 이제부터 이 업무, 똑게처럼 제대로 배워보자!

똑게식 업무분장론
먹이기 업무, 누가 뭘 맡아야 할까?

이유식 업무를 시작하기 전, 가장 먼저 머릿속에 딱! 새겨야 할 게 있어. 바로 '누가 무엇을 담당해야 하는지', 즉 먹이기 업무의 업무분장이야. 이걸 확실히 알고 시작해야 헷갈리지 않고, 서로 충돌 없이 아이도, 너도 편하고 즐겁게 먹이기 루틴을 만들어갈 수 있어.

양육자가 할 일
테이블을 짜는 사람은 너야!

양육자가 담당해야 할 일은 다음과 같아.

- What - 무엇을 먹일지 정한다
- When - 언제 먹일지 스케줄을 세운다
- How - 어떤 방식으로 먹일지 결정한다
- Where - 어디서 먹일지 환경을 조성한다

이건 바로 전체 식사판을 기획하고 세팅하는 일. 너는 '테이블을 짜는 사람'이야.

아이가 할 일
먹는 건 아이의 몫!

반대로, 이건 아이가 해야 할 일이야.
- Whether - 부모가 제공해 준 음식을 먹을 것인지, 말 것인지
- How much - 먹는다면 얼마큼 먹을 것인지

> 우리의 업무 영역이 아닌 아이의 업무를 침범하거나 빼앗아가려 하면 거기서부터 '잘 먹지 않는 아이'가 될 수 있으니 꼭 유의하자. 쓸데 없는데에 노력/에너지 투입하지 말고, 위에 내가 말해준 부분(업무분장이 우리의 영역인 것)에서의 일을 확실히 하도록 해봐.

What - 무엇을 먹일까?
메뉴 선정은 너의 권한이자 실력 발휘 타이밍!

그래, 첫 번째로 중요한 건 '무엇을 먹일 것인가', 바로 이거야. 무슨 음식을 테이블에 올릴지, 어떤 재료를 가지고 어떤 형태로 서빙할지를 결정하는 건 철저히 너의 몫이자 권한이야.
이건 '내 아이'에게 맞는 식단을 직접 짜는 진짜 의미 있는 순간이기도 하지.
그런데 말이야, 이 '무엇을' 고르기 위해서는 알아야 할 것들이 꽤 많아. 아기의 개월수, 발달 단계, 섭취 가능한 식재료와 주의할 음식들까지 지금부터 하나하나 내가 전수해줄게.

'먹이기' 업무, 여기서 다 배워.
이유식 인수인계서 펼친다!

첫 한 입, 뭘로 시작할까?

1) 철분, 비타민이 강화된 베이비 시리얼부터 시작.

전통적인 의견이야. 아기가 6개월이 되면 엄마로부터 받았던 철분 저장량이 줄어들기 때문에 소화하기 쉽고 철분과 비타민이 강화된 베이비 시리얼로 시작하는 게 좋다는 의견이지.(여기서 베이비 '시리얼'의 시리얼은 우리가 흔히 생각하는 콘푸라이트 같은 시리얼이 아니라 가루야, 가루. 오트밀 가루 같은 곡물가루.)

2) '과일'부터 시작.

아기는 본능적으로 단맛을 선호하기 때문에, 이유식 초기에는 과일부터 시작하라는 의견도 있어. 실제로 국제적인 서적과 최신 가이드라인에서도 과일을 초기 식단에 포함시키는 경우가 많고, 부드러운 단맛의 과일은 아기에게 거부감 없이 첫 식사 경험을 긍정적으로 만들어줄 수 있거든. 제시되는 과일 퓨레의 종류도 대체로 비슷해. 예를 들면, 바나나,

사과, 배, 아보카도 같은 과일들이 대표적이야.

3) '야채'부터 시작.
아기가 단 음식에만 끌리지 않도록 야채를 먼저 먹일 것을 권장하기도 해.

4) 육류를 먼저 먹이자.
이것도 예전부터 전통적으로 있어 왔던 의견인데 철분과 아연을 추가해 주는 것이 중요하기 때문에 육류를 먼저 먹일 것을 권장하는 의견도 있어.

그런데 중요한 점!
이유식을 시작할 때 어떤 음식을 먼저 도입할지에 대해 고민해보고, 너희도 직접 조사해보면 알게 되겠지만, 그 순서가 중요하다는 증거는 거의 없어.
국제적인 소아과 의사들이 쓴 이유식 책들에서도 "순서는 중요하지 않다. 증거가 없다."라는 내용이 활자로 박혀 등장하거든.
예를 들어, 아기에게 야채를 먼저 주었다고 해서 평생 채소만 좋아하고 단 것을 절대 원하지 않을 거라고 생각하지는 않겠지?
No relationship(연관 없음)이라고!
아기의 식습관은 사실 나중에 네가 배달음식을 얼마나 덜 먹는지, 그리고 네가 어떤 식문화를 가지고 있는지가 더 중요한 영향을 끼치게 돼.

결국 한 가정 안에서 부모가 보여주는 식문화가 아이에게 절대적인 영향을 주는 거지.
이건 십대까지 아이를 키워보면 체감상 "아~ 정말 그렇구나" 하면서 고개를 심히 끄덕이게 될 거야. 미리 알고 시작하라고!

그러니까 그 제공하는 순서는 딱히 중요하진 않아. 그렇다면, 중요한 게 뭔지 알아? 아기가 다양한 취향에 익숙해질 수 있도록 여러 가지 과일, 채소, 고기를 제공하는 것이 더 중요한 부분인 거야.
그리고 변비 문제는 잘 관찰해보는 게 좋아. 더 자세히 말하자면 아기의 대변 상태를 살펴보는 거야. 어떤 음식은 아기한테 변비를 일으킬 수 있고, 어떤 음식은 반대로 변비를 완화시킬 수 있거든.
이걸 잘 관찰해서 음식의 균형을 유지하고, 아기의 배변 습관과 상황에 따라 이유식 식단을 조절해보는 것도 좋은 방법이야.

아기에게 변비를 일으킬 수 있는 음식	변비에 도움이 되는 음식
☐ 사과퓨레(과도하게 섭취 시), 바나나, 시리얼 (ABC foods)	☐ 배, 자두, 복숭아, 프룬 (P fruits)
☐ 섬유질이 적은 음식 (흰쌀, 흰빵, 파스타 등)	☐ 섬유질이 풍부한 음식 (오트밀, 현미 등)
☐ 우유로 만든 유제품 (우유, 치즈, 아이스크림 등)	☐ 소화가 잘 되는 요거트 (소량 섭취 시 도움)
☐ 분유 (모유 대비 소화 어려운 경우)	☐ 물 (6개월 이상 소량 섭취 시 도움)

첫 음식을 시리얼로 시작하기로 결정했다면 (이유식 1단계 오트밀도 권장해.) 1 테이블스푼의 시리얼과 4-5 테이블스푼의 분유 또는 모유를 섞

어서 묽은 스프 농도가 될 때까지 섞어주면 돼. (1:4 정도의 비율로 기억하면 좋아.) 그걸 1단계 이유식(음식)으로 시작할 수 있어. 1단계 음식을 시리얼 말고 다른 음식으로 퓨레를 만들어서 줄 수도 있어. **먹이는 방법(How)**은 퓨레(찌거나 익혀서 갈아주기) 혹은 갈지 않고 핑거푸드로 먹기 좋게 제공하기 등으로 생각하면 되는데 뒤에서 다시 알아볼 거야.

이유식, 언제 시작해야 돼?

최신 연구와 미국소아과학회(American Academy of Pediatrics), 세계보건기구(WHO)의 지침에 따르면 이유식은 생후 6개월부터 시작할 수 있어. 아기의 소화 시스템이 발달적으로 음식을 먹을 준비가 된 때가 바로 이때야. 예전에는 생후 4개월부터 이유식을 시작하라고 권장하기도 했지만, 최근 연구에 따르면 이유식을 너무 일찍 시작하면 당뇨병, 비만, 알레르기, 습진 등의 발병 가능성이 높아질 수 있다고 해.

아기가 이유식을 시작할 준비 신호는 크게 세 가지야. 스스로 앉을 수 있는지, 손으로 집은 걸 입으로 가져가는지, 그리고 6개월 전후 발달이 되었는지 보는 거야. 머리랑 몸통을 스스로 지탱해야 안전하게 삼킬 수 있어서 앉기가 가장 중요하고, 6개월에 완벽히 못 앉아도 1~3주, 길게는 7개월쯤까지 자연스럽게 발달하니까 너무 걱정하지 않아도 돼.

손으로 장난감을 입에 가져가는 건 좋은 징후지만, 이 행동만으로 준비 완료는 아니고 6개월 + 앉기 + 손으로 입에 가져가기 이 세 가지가 같이 충족돼야 진짜 시작 신호야. 혀로 음식을 밀어내는 건 6개월쯤이면 대부분 자연스럽게 사라지고, 음식 밀어낸다고 해서 준비가 안 된 건 아니야. 그냥 새로운 질감을 익히는 과정이야. 그리고 3~4개월에도 먹는 걸 쳐다볼 수 있으니까 그건 '관심'일 뿐이고, 앉을 수 있고 스스로 잡아보려는 6개월쯤의 관심이 진짜 준비된 신호야.

이유식을 시작할 때는 다음의 두 가지 측면에 더욱 중점을 두며 진행하면 좋아. 이때까지 아기의 인생에서 처음으로 모유나 분유가 아닌 ❶ 실제 음식을 먹어보는 연습. 이것과 아기가 경험하게 되는 ❷ 새로운 맛과 질감에 대한 노출. 이 두 가지에 신경쓰자. 아기의 주요 영양 공급원으로 모유나 분유는 여전히 돌 시기까지는 중요해. 아기가 만 1세에 가까워지면 모유나 분유를 덜 마시게 될 거야.

먹이는 것도 기술, 멈추는 건 더 큰 센스!

배고플 때 먹고 배부르면 멈추려는 아기의 욕구를 존중하는 것 또한 중요해. 아기가 배 부른데도 더 많이 먹을 수 있는데, 특히 스마트폰, 텔레비전이나 태블릿과 같은 장치를 사용하며 먹이지 않아야 해. 아기의 자연적인 배고픔과 배부르다는 신호에 따를 수가 없게 되거든. 그러므로 아기를 먹일 때 태블릿이나 스마트폰을 이용해 먹이지 않도록 유의해 줘. 또한 절대 강제로 먹이지 말아야 하는 부분, 이것 정말 중요하고. 하지만 아기가 여전히 배고픈 것처럼 보인다면, 이때는 아기에게 음식을 더 주는 것을 두려워할 필요는 없어. 이렇게 하면 건강한 식생활 습관을 기르는 데 큰 도움이 돼.

아기가 식사를 마쳤다는 것을 보여주는 신호로는 고개를 돌리는 것, 양육자가 음식을 더 주려고 할 때 입을 다물거나, 먹는 것에 흥미를 잃는 모습들이 있어.

6개월부터 이유식을 시작하면서 식단에 몇 가지 첫 음식들을 추가하게 되지. 그다음에는 요구르트, 그릭 요거트, 저수은 생선, 땅콩이나 견과류, 버터처럼 알레르기 가능성이 더 높은 식품도 적절한 타이밍에 도입해주는 것이 좋아.

아기에게 알레르기 발생 위험이 높은 음식을 주지 않아야 할까?

아기 이유식 시작하고 나면 "이건 먹여도 되나? 저건 아직 안 되나?" 헷갈릴 때 정말 많지?
특히 땅콩버터, 달걀, 조개류처럼 알레르기 유발 가능성이 높은 음식들은 돌까지 절대 금지! 라는 말을 수없이 들어왔을 거야.
근데, 모든 음식이 그런 건 아니야. 먼저, 돌 전에 피해야 할 음식들부터 짚고 갈게! 이건 아직이야! 돌 전엔 금지! X

돌 전에 먹이지 말아야할 음식 정리

- 우유
- 꿀
- 비살균 치즈 (예 : 고트Goat치즈, 페타Feta치즈)
- 델리 미트 (베이컨이나 소시지 같은 가공육)
- 설탕, 소금은 제한해야 함 : 정제된 백설탕, 아가베 시럽, 메이플 시럽, 꿀 등은 돌 전에는 제한. 소금도 제한해야 한다. 아기의 신장은 많은 양의 나트륨을 감당하기 힘들기 때문. 가공식품 등을 걸러내서 아기의 식단에 많은 양의 나트륨이 들어가지 않도록 유의하자.

그런데! 이거 알고 있어야 해. 우리가 알고 있던 "알레르기 유발 음식은 돌 이후에 먹여야 한다"는 공식, 지금은 바뀌었어.

미국소아과학회(AAP)가 개정한 최신 지침에 따르면, 일부 알레르기 유발 식품은 오히려 너무 늦게 도입하는 게 더 위험할 수 있다는 연구 결과가 쏟아졌거든.

상위 9개 알레르기 식품		
☐ 달걀	☐ 땅콩	☐ 간장
☐ 생선	☐ 참깨	☐ 아몬드, 캐슈, 밤, 피칸, 호두와 같은 견과류
☐ 우유	☐ 조개	☐ 밀

이 식품들, 오히려 돌 전 6~12개월 사이에 조금씩 식단에 도입하는 걸 권장하고 있어. 왜냐면 너무 늦게 시작하면 식품 알레르기뿐 아니라 습진, 아토피 같은 면역 관련 질환 위험까지 오히려 더 올라간다는 연구 결과들이 나왔거든.

그래서 어떻게 하냐고?
가족력에 특별한 알레르기 병력이 없다면, 형제자매도 잘 먹었던 식품이라면 6~12개월 안에 천천히, 조금씩 식단에 포함시키며 반응을 관찰해보는 것이 좋아.
알레르기를 피하는 게 아니라, 제때 적절하게 노출시키는 것이 요즘의 '똑똑한' 전략이야.

이유식? 그냥 먹이는 거 아냐.
'똑게 방식'으로 배워야지!

같은 음식인데 왜 반응이 다르지? 이유는 '이거'야

같은 재료로 이유식을 만들었는데 어떤 날은 잘 먹고, 어떤 날은 고개 휙 돌리고 거부하더라고? 도대체 왜일까?
바로 '어떻게 먹이느냐' 그 방식에 따라 아기의 반응이 완전히 달라질 수 있기 때문이야. 이제부터 '어떻게 먹이느냐'에 대한 핵심 카테고리들, 정리해서 알려줄게!

자, 이쯤에서 용어부터 살짝 정리해보자. '퓨레'라는 말은 그냥 '죽'처럼 간 음식을 생각하면 돼. 예를 들면, '사과 퓨레'는 사과를 간 것, '완두콩 퓨레'는 완두콩을 간 것이지. (우리 양식집 가면 나오는 매쉬드 포테이토 생각하면 될 것 같아. 물론 퓨레는 그보다 더 묽을 수도 있고, 되직할 수도 있고, 알갱이의 크기도 개월수에 따라, 또 아기가 먹는 음식의 질감 선호도에 따라 조절해줘야 해.)

① 첫 번째 구분 방법 – 이 각도로 생각해봐.

1. 자기가 먹냐 vs 먹여주냐
   자기가 자기 손으로 먹는 형태냐 vs 다른 사람이 입에다 넣어 먹여주냐.

2. 따로따로 하나씩 핑거푸드 형태로 서빙할 거냐
   vs 다 섞어서 (죽 형태로) 먹일 거냐
   더 간단하게 표현해 보자면, 하나하나 재료별로 제시해 줄 거냐 vs 다 섞어서 제시해 줄 거냐

3. 죽의 형태로 먹일 거냐 vs 재료 자체를 요리해 제시할 거냐
   (브로콜리를 갈아서 퓨레형태로) vs (브로콜리를 쪄서 쥐기 쉽게 만들어서 제시)
   3번은 2번이랑 비슷해보이지만, 우리가 죽의 형태로 먹이더라도 소위 '토핑 이유식'의 형태로, 즉 한꺼번에 섞지 않고 퓨레를 재료 하나하나씩 숟가락으로 떠먹여주는 형태, 이거랑 퓨레 하나하나를 죽 형태로 모두 한몫에 섞어서 전체가 섞여 있는 걸 숟가락으로 떠먹여주는 것과는 또 다른 거야.

② 두 번째 구분 방법 – 이 방법으로도 생각해봐.

✔ 테이블에 짜잔~ 하고 놓을 때의 서빙 방법
   (애 눈에 어떻게 보이게 플레이팅 할 것인지)

✔ 요리 및 다듬는 방법
   (재료를 섞을 건지, 재료 하나하나 떨어뜨려 제시할 것인지)

Mix(재료를 다 섞어)	믹스하다가 만..	하나씩만
죽	일명 섞다 말기 (얹어서 주거나)	재료를 하나씩만 서빙

❸ 세 번째 구분 방법 – 그림 선상에 어디에 위치해 있을지 가늠해 보기.

주체성의 차이

먹여주기 ●――――――――――――――● 스스로먹기

자, 이 정도가 큰 틀이야.

이걸 실전에서 해보면서 어떻게 했을 때 내 아이가 제일 잘 먹는지를 관찰해봐. 또 그 방법으로 수행시 너의 **'애 먹이기 노동 스트레스 지수'**가 제일 낮은 건지 너 자신도 점검해봐. 기준점들은 딱 정리해서 알려주려 노력했으니, 이제 여기까지 읽은 것만으로도 여러분 자신의 이유식에 대한 메타인지가 쑥~ 올라가 있을 거라고.

이유식에도 전략이 필요해.
'똑게 방식'으로 콤비 운영 시작!

이제 네가 요리할 때, 또 아기 식탁에 음식을 플레이팅할 때 어떻게 해야하는지에 따라서 네이밍해서 더 이해하기 쉽도록 업무 인수인계를 해줘볼게. 카테고리화하면 아래와 같아.

❶ 죽 이유식, 퓨레식 이유식
❷ 아기주도 이유식
❸ 아기주도 퓨레식
❹ 아기주도 이유식과 죽 이유식 콤비네이션

나는 죽 이유식과 아기주도 이유식을 같이 혼합해서 똑게 스타일로 제안할 거야. 왜냐하면 이게 현실에서 가장 실용적이거든! 이 먹이기 업무도 수면교육처럼 같은 선상에 있어서의 양 극단을 알고 있다면 실전에서 선택하기는 쉬워지는 법이야. 보는 눈도 넓어지고, 이처럼 양옆 가리개가 없어진 탁 트인 시각에서는 무엇이든 '나'자신이 나와 내 아기에게 맞게 맞춤형으로 해나가면 되는 거거든.

아기 먹기 스킬에 맞춰 서빙 전략 GO!

죽도 하고, 주도도 하고 셀프 먹기까지 단계별로 착착! 똑게 이유식 콤비 전략 더 자세히 들어가보자. 나는 언제든 아기의 안전을 최우선 순위로 보고 있어. 따라서 이유식을 진행할 때도 항상 아기를 잘 관찰해야 하고 아기의 먹는 것과 관련된 발달 진행 사항들을 기록하거나 살펴보는 것이 중요해.

이 이유식 업무는 6개월~12개월(돌) 무렵에 가장 중요하게 발생하는 과업이야. 이 시기에 아기는 이가 거의 없고, 씹거나 삼키는 능력을 배워나가는 단계이거든. 그래서 초반에는 부드러운 질감의 음식을 주는 것이 중요해.
점차 시간이 지나면서 아기가 스스로 먹는 능력인 일명 '셀프 먹기 스킬'이 발전해. 이 '셀프 먹기 스킬'의 발전 단계에 맞춰 양육자로서 점차적으로 좀 더 딱딱한 음식들을 제공해 보는 거야.

쥘 수 있어야 먹는다!
아기주도 이유식, 모양이 답이다

이유식 업무 지침에서는 아래의 내가 그려둔 아이의 미세한 운동 발달 능력을 가늠해보는 것이 중요해. 바로 '손바닥 전체로 움켜 잡기'와 '집게 잡기'인데 이 둘은 아이의 운동 발달의 주요 마일스톤에 해당돼. '손바닥 전체로 움켜잡기'가 먼저 발달되고 그다음에 '집게 잡기'가 발달되는 거야. 아이가 음식을 들어올려 입으로 가져갈 때, 어떤 잡기 스킬을 활용하느냐는 아기가 잡아야 하는 핑거푸드 음식이 서빙된 그 '크기'와 '형태'에 따라서도 달라져. 그래서 우리가 이 발달 단계를 잘 알고 있는 것이 중요하지.

●● 손바닥 움켜쥐기 단계

    손바닥 움켜쥐기 단계에서는 음식이 아기의 손바닥 길이보다 길어야 해. 왜냐하면 이 단계에서는 아기가 주먹 안의 음식을 따로 조절해서 접근하기는 힘들기 때문이야. 또한 이 단계에서는 부드러운 질감의 음식을 줘야 해. 적당히 소프트한지는 여러분의 엄지와 검지로 조리된 음식이 으깨지는 지를 테스트해 보고 서빙해주면 돼.

손바닥 잡기 스킬을 활용해 먹고 있는 모습

또한 똑게육아 이유식 스푼 포크를 이용해서, 스푼과 포크에 음식물을 얹어서 핑거푸드화하여 아기의 접시나 트레이에 올려서 서빙해봐. 아기가 직접 쥐고 입으로 가져갈 수 있거든.

> **Tip** 숟가락을 활용할 때, 요거트류의 액체류를 담을 땐 부스러기류를 섞어서 더 되직하게 만들어주면 아이가 쥐고 입으로 가져갈 때 스푼에 담겨있는 음식 내용물이 잘 떨어지지 않아. 물론 너무 되직함이 덜하고 묽다면 구멍이 송송 나있는 액체가 잘 묻어나는 똑게육아 이유식 스푼을 쓰는 것도 좋은 방법이야.

구멍 송송 이유식 스푼 사용 중   똑게육아 이유식 스푼 포크

● 집게 잡기 단계

숟가락을 제공해 주면, 아기의 잡기 단계에 따라 뒤 페이지의 그림과 같은 형태로 숟가락 잡는 모습을 볼 수 있을 거야. 이것도 숟가락을 같이 적절하게 서빙해주었냐 아니냐의 차이야. 또 가능하면 아이가

먹을 때 어른도 함께 식사하면서 롤 모델로서 어떻게 먹는지, 숟가락은 어떻게 사용하는지 직접 아이의 눈앞에서 보여줘봐. 아이가 배우는 데 큰 도움이 돼.

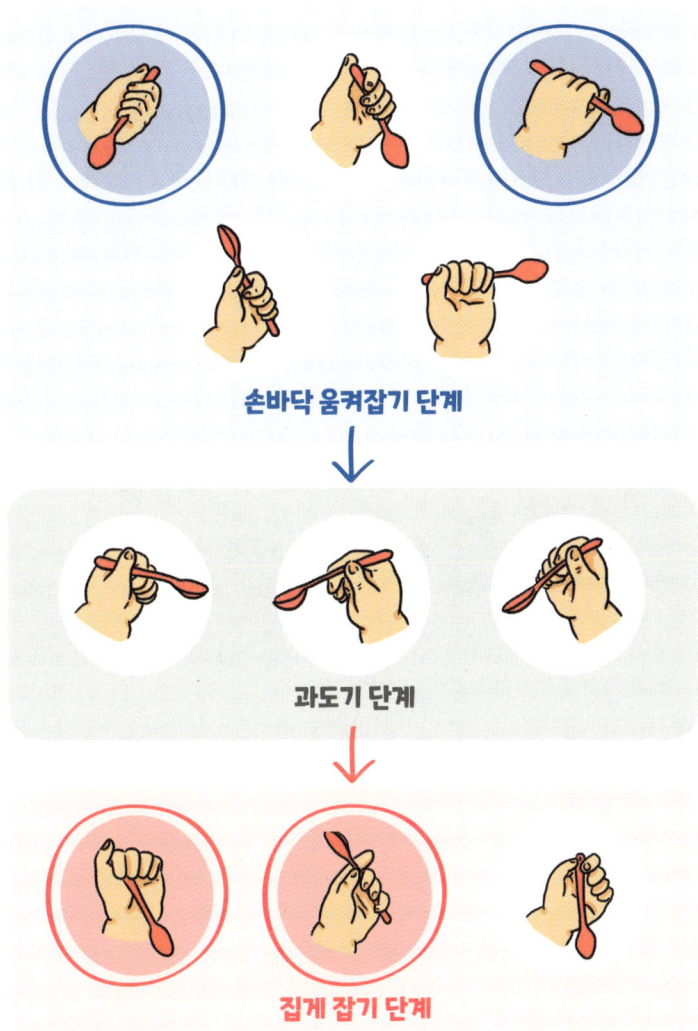

집게 잡기는 보통 9개월쯤 나타나는데, 나타나는 시기는 8개월에서 12개월 사이로 아이마다 차이가 있어.

'엄지+검지'가 딱 잡는 그 크기!

집게 잡기 능력이 생기면 음식의 작은 조각들을 엄지손가락과 집게손가락으로 잡을 수 있게 돼. 이 시기쯤에는 아이가 집을 수 있는 핑거 푸드류를 제공해 줘야 하는데 시리얼 중에 치리오스(Cheerio)라고 있어. 이 정도 크기로 제공해주면 좋아. 병아리콩 정도의 크기로 생각해도 좋고.

집게 잡기 단계에서
제공해주면 좋을 음식 사이즈

집게 잡기로 블루베리 잡는 중

예시로 '두부'를 가져와 각각의 단계인 **'손바닥 움켜쥐기'**와 **'집게 잡기'** 단계에서 어떤 형태로 제공해주면 좋은지 같이 살펴보자.

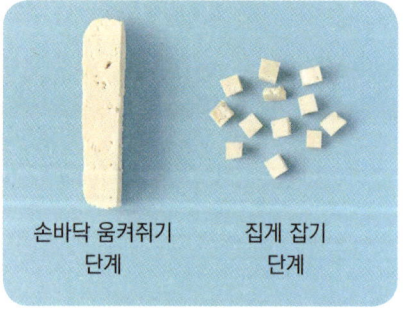

실사이즈로 보여줄게!
서빙 사이즈는 가이드대로, 입맛은 아기에게 직접 들어봐야지!

　다음의 그림은 말이지, '자'를 들고 일일이 음식 재기 힘든 엄마들을 위해 실제 사이즈로 바로 비교할 수 있게 만든 가이드야. 아기에게 음식을 제공할 때 딱 유용하게 쓸 수 있어. 실사이즈는 아예 뜯어서 냉장고에 붙여놔도 좋아. 그걸 기준 삼아 가늠하면 훨씬 간편해질 거야. 그런데 중요한 건, 어떤 사이즈, 어떤 모양이 내 아기한테 제일 잘 먹히는지는 결국 실전에서 이 가이드를 참고해 여러 번 서빙해보면서 관찰하는 수밖에 없어. 우리 손님(아기)의 취향을 직접 캐치해야 감이 와!

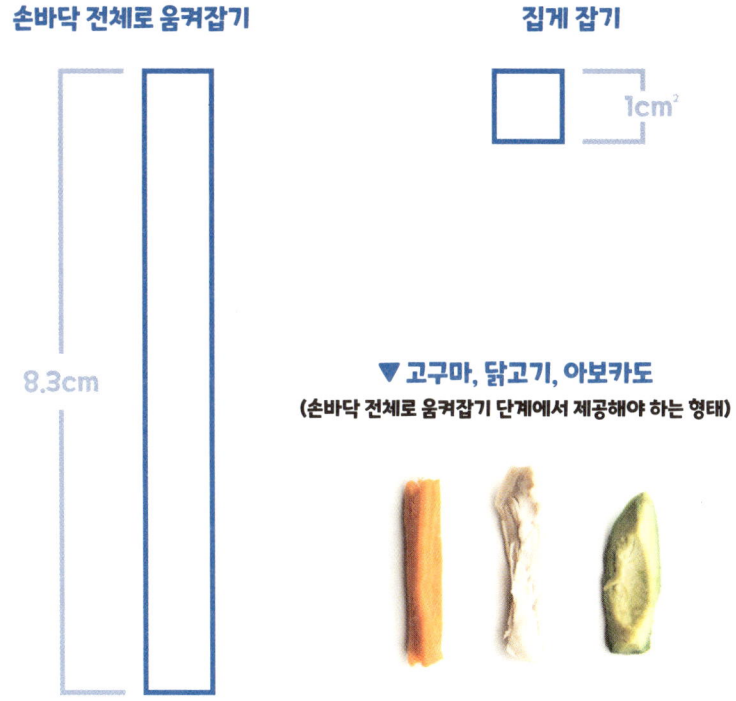

음식을 제공할 때의 유의점 복습

① 부서지는 퍽퍽한, 건조한 질감의 음식은 피해줘야 해. 예를 들면 크래커 같은 거! 이런 질감은 아기 입 안에서 부서지는 방식이 위험할 수 있어.

아직 씹는 능력이 충분히 발달되지 않았을 때는 입에서 잘 녹는 음식 위주로 제공해줘야 해.

그리고 하나 더! 동전 모양처럼 둥글납작한 형태의 음식은 목에 걸릴 위험이 있으니까 꼭 조심해야 해.

② 제공하는 음식은 '부드러운 질감'이어야 해. 근데 그 '부드러움'이 어느 정도냐면 말이지, 우리가 엄지랑 검지로 꾹 눌렀을 때, 쉽게 으깨질 정도!

이 정도는 되어야 아기가 입천장으로 눌러 으깨고, 삼키기 전에도 안전하게 처리할 수 있어. 그래야 질식할 위험도 훨씬 줄어들고, 아기 입속에서의 '씹는 연습'도 자연스럽게 이루어질 수 있거든.

③ 아기가 '손바닥 전체로 움켜쥐기'를 사용하는 시기는 보통 6개월에서 8~9개월 전까지야. 이 시기에는 부드러운 과일이나 채소를 아기가 쉽게 쥐고 먹을 수 있도록 적절한 크기로 만들어주는 게 중요해.
어떻게?
가로길이와 두께는 약 1.2cm,
길이는 약 7.6cm 정도! (애매하면 그냥 성인 손가락 크기 정도로 만들어줘도 좋아.)

옆의 그림 참고해서
실전 플레이팅할 때 활용해봐!

토스트나 팬케이크 같은 음식은 다른 재료들보다 가로 넓이가 조금 더 넓어도 괜찮아. 대략 2.5cm 정도가 적당한데, 감이 잘 안 오면 어른 새끼손가락 두 개를 나란히 붙인 너비라고 생각하면 돼.

손가락을 활용한 손바닥 움켜쥐기 사이즈 가늠법

그리고 초반에는 우리가 제공한 음식 전체를 아기가 다 먹을 거라고 기대해서는 안돼. 대부분의 아기들이 음식을 손바닥 전체로 쥐었을 때, 주먹을 쥔 손 위의 엄지 밖으로 나와있는 부분 정도를 먹는 식으로 관찰되고 있어. 초반에 고기류를 핑거푸드식으로 제공하는 목적은 아이가 고기 그 자체를 먹기보다는 철분이 많은 '고기즙'을 먹는 데에 있어. 그래서 처음 '아이주도 이유식'으로 핑거푸드를 제공해줄 때는 양육자가 세심하게 감독하고 있는 것이 중요해.

아기가 8~9개월 무렵이 되면, 부드럽고 쉽게 으깰 수 있는 질감의 음식을 제공해 주는 부분은 같지만, 제공해 주는 서빙 사이즈는 앞서 말한 것처럼 병아리콩 정도로 생각하면 돼. 이 단계에 큰 핑거푸드류도 계속 제공해도 좋은데 이때는 조금 더 부드러운 음식인 오믈렛이나 아보카도 같은 음식을 이용해줘.

6개월 이상
퓨레 형식으로 으깨서 제공
매쉬드 포테이토 정도의 으깸으로 제공

6-7개월
손으로 잡고 쥘 수 있게
잘라 서빙
미끄러우니 가루 등으로
코팅해서 서빙

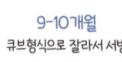

9-10개월
큐브형식으로 잘라서 서빙

하지만 고기류는 특히 조심해야 해. 8~9개월 무렵, 아기에게 커다란 손가락만한 고기 조각을 주면 질식 위험이 생길 수 있어.

어쩌다 아기가 고기를 크게 입으로 뜯어냈는데 그 큰 살점이 통째로 떨어져 나와 삼켜버리게 되면 진짜 위험해질 수 있거든.

그래서 고기류는 작게 잘라서 제공해줘야 해. 병아리콩만한 크기 정도! 집게 잡기 단계에서 아기가 스스로 집을 수 있는 사이즈로 말이야.

손바닥 잡기   집게 잡기

그 전, 손바닥 잡기 단계에서는 고기즙만 빠는 용도로 제공해주면 충분해. 만약 이때 고기 자체를 꼭 먹이려면 간 고기를 미트볼로 만들거나, 갈아서 퓨레처럼 제공하는 방식도 좋아.

생선은 언제부터?
계란은 어떻게? 딱 정리해줄게

● 생선

아기가 알러지 위험이 없다면, 생선은 6~12개월 사이에도 자주 먹여도 좋아. 일주일에 1~2번 정도면 딱 적당해.
추천하는 생선은?
✔ 수은이 낮은 생선으로!
→ 연어, 송어, 참치, 명태, 청어, 대구, 넙치/가자미/광어 등이야.
생선살은 대개 요리하면 부드럽게 잘 부서지니까, 아기에게 주기에도 부담 없지. 예를 들어 빵조각을 핑거푸드 크기로 잘라서, 그 위에 생선살을 발라주는 것도 좋아. 또는 생선살 + 후무스 또는 생선살 + 요거트 조합도 꿀팁이야! 이렇게 부드럽게 만든 조합은 똑게육아 스푼 위에 얹어 서빙해줘도 좋아. 그리고 아이가 '집게 잡기' 단계에 들어가면? 병아리콩 크기로 잘라서 제공하면 OK!

생선 살을 줄 때도 다양한 방법으로

숟가락에 얹어 놓아주면 아이가 스스로 숟가락 쥐고 먹어볼 수도 있어

소스류랑 섞어서, 잼처럼 빵에 발라줘도 좋아

●● 계란

계란은 철분도 있고, 단백질도 풍부한 영양 식재료야. 알레르기만 없다면, 노른자까지 꼭 먹일 수 있게 해줘. 단, 조리 시에는 반드시 완전히 익히는 게 중요해. 스크램블 에그, 오믈렛 등 다양하게 조리할 수 있어. 손바닥 잡기 단계에서는 삶은 달걀을 4등분 해서 주거나 오믈렛을 막대처럼 잘라서 서빙해봐. 집게 잡기 단계에서는 오믈렛, 스크램블, 삶은 달걀 모두 작게 잘라서 제공하면 좋아.

★ 조리법 팁!

찌기, 굽기, 삶기 등으로 부드럽게 익히는 것이 기본이고, 올리브오일, 버터, 파마산 치즈, 레몬즙 등으로 더 맛있게 양념하는 것도 두려워 하지마. 빵과 곁들여도 잘 먹는 조합이야. 아기에게 다양한 맛을 경험시켜주는 게 진짜 중요하니까, 참기름, 올리브오일, 코코넛오일 같은 좋은 지방도 적절히 활용해 더 영양가 있게 제공해 볼 수 있어!

●● 브로콜리

손바닥 잡기 단계에서는, 아기가 위의 브로콜리 꽃송이 부분만 먹었다면 줄기는 치워줘도 괜찮아. 줄기 쪽은 단단한 경우가 많아서 질식 위험이 있을 수 있거든. (물론, 줄기도 잘 다듬어서 부드럽게 - 예를 들면 손으로 힘을 주면 으깨질 정도의 질감으로 만들 수 있다면, 제공해도 괜찮아!) 집게 잡기 단계라면, 줄기까지도 활용할 수 있어! 단, 이때는 꼭 기억하자. '병아리콩 크기'로 잘라서 제공해야 해.
브로콜리도 단계별로 안전하게, 다양하게 활용하며 서빙할 수 있어. 서빙할 때 사이즈나 모양은 아래의 사진들 보면서 감 잡아봐. 실제 예시 보면 훨씬 쉽게 이해될 거야!

수저로 먹여도 '셀프 피딩' 된다니까?
똑게 이유식 마법, 보여줄게!

'죽 형태'로 먹이는데 아이주도가 가능하냐고? 응, 가능해! 바로 양육자가 먼저 퓨레를 숟가락에 떠서 아기에게 들게 해주는 거야. 아기가 아직 숟가락을 못 쓰는 시기라면 손으로 잡게만 해줘도 충분하고, 스스로 뜰 수 있는 시기라면 그 '기회'까지 주면 되는 거지!

두 방식 모두 아이가 스스로 입으로 가져가는 경험을 하게 되는 거니까, 그 자체로 셀프 피딩, 아이주도 먹기야.

**아보카도 하나만 봐도 실전 플레이팅이 이렇게 달라져!
아래 4가지 서빙법, 참고해봐.**

영양 부스러기 묻혀서, 잘~ 잡히게 만들기!

매쉬포테이토 질감 퓨레, 수저에 얹어서 서빙해줘!

껍질 살~짝 남겨서, 잡기 쉽게 서빙해줘!

아기가 손으로 잘 쥘 수 있게, 커팅해서 내줘봐

묽을 땐 되직하게! 실전 꿀팁

아기 전용 숟가락에 퓨레를 얹어서 플레이팅했는데, 자꾸 흐르고 떨어져? 그럴 땐 철분 강화 시리얼(곡물가루)을 살짝 섞어봐. 농도도 잡히고, 철분도 챙기고 일석이조지!

애기 손에 착! 퓨레도 술술~
똑게 수저는 다 계획이 있어!

똑게육아에서 직접 개발한 수저와 포크는 그냥 '귀여운' 도구가 아니야. 실전 최적화 도구야! 구멍 숟가락은 묽은 퓨레도 찍어 먹기 딱 좋고 손바닥으로 움켜쥐기 쉬운 구조라 아기 손에 착! 뭉툭한 포크는 집게잡기 시기에도 완전 유용해.

찍어 먹기, 발라 먹기, 떠서 먹기까지!

퓨레도 아이주도로 줄 수 있어.
❶ 스틱류에 찍어 먹게 하기
❷ 토스트에 스프레드 형식으로 발라주기
❸ 수저에 미리 얹어 핑거푸드처럼 제공하기

이 모든 걸 가능하게 하려면? 아기가 쥐기 쉬운 수저와 포크가 답! 양육자가 미리 올려주고, 아기가 집어들어 먹게 해주자!

단순한 콩·팥도 똑게식 한 끗 플레이팅으로 잘 먹게 하기!

직접 드는 그 순간, 주체성 레벨업

아기들은 치발기는 잘도 입에 가져가잖아. 그 동일한 방식으로 수저를 다루게 해보자.
고구마 으깬 것, 사과배 퓨레 + 치아씨드 콤보, 이런 거 똑게육아 수저에 담아서 예쁘게 서빙해줘.

직접 뜨는 건 언제부터?

이유식 중후반기쯤엔 아이가 직접 수저로 뜨는 것도 시도할 수 있어. 시간이 허락된다면, 함께 식사하면서 시범을 보여주는 게 최고야. 엄마, 아빠가 수저 쓰는 걸 보면서 아이는 어느새 따라하게 돼.

셀프 피딩이 불안하면 이렇게

아이주도 방식을 섞어봤는데 아기가 너무 못 먹고 뱉기만 하고, 양육자 입장에서 스트레스만 쌓인다면? 괜찮아!
초반엔 퓨레 형식으로만 제공하면서 떠먹여줘도 돼. 다만 내가 알려준 방식처럼, 미리 수저에 담아 아이 손에 쥐게 하는 시도도 병행해봐. 초반에는 퓨레를 만들어서 큐브화해서 얼려두면 용이해. 이걸 초반엔 떠먹여줘도 괜찮으니 아이주도를 믹스해서 이유식 진행하는 것이 가장 좋아~

아직도 이유식 검색 중이야?
진짜 핵심은 여기 있어.

요즘 이유식의 핵심은 '경험의 폭'이야

요즘 이유식 흐름의 핵심은 초반에 얼마나 폭넓게 경험하느냐야. 초기 단계에서 다양한 재료를 접할수록 아기가 새로운 맛을 받아들이는 폭이 넓어지고, 편식도 줄어드는 경향이 있어. 그래서 미국·영국·유럽 가이드라인에서도 여러 재료와 식감을 경험하게 하는 것을 권장해.

찌고 갈고 섞는 건 네 스타일대로

찌거나 익히는 과정을 조금 더 편하게 하려면 도구를 잘 활용해봐. 이유식 마스터기, 찜기, 냄비, 밥솥 등 네가 편한 걸로 선택하면 돼. 음식 가는 건 푸드프로세서, 핸드블렌더 다 좋고, 이유식 마스터기엔 찌기(스팀)+갈기 기능이 붙어있는 경우도 많아.

예를 들어 밥솥을 쓴다면, 밥할 때 고구마, 단호박, 감자를 같이 넣고 익힌 다음 갈아주면 되는데, 초기 이유식이 조금 지난 후엔 사과나 바나나 퓨레를 섞어줘도 좋아. 밥도 같이 섞어서 줄 수 있어.

외국에서는 보통 사과, 배 같은 과일 퓨레로 시작하는 경우도 많아. 물론 철분이 중요한 시기이기도 하니까, 철분이 풍부한 곡물가루, 고기류, 콩류도 초반부터 함께 도전해보는 게 좋아. 예를 들어 소고기나 닭고기 안심을 삶아서 위의 퓨레류랑 같이 섞어주는 것도 추천해.

섞을까, 따로 줄까? 고객님 반응이 답이야

이걸 다 함께 섞느냐, 하나하나 반찬처럼 따로 서빙하느냐는 실전에서 아기 반응을 보면서 결정하는 거야. 아이랑 함께 작은 레스토랑 운영한다고 생각해봐. 우리 고객님이 어떤 스타일을 좋아하는지 계속 관찰해봐야 해.
이게 정말 중요해. 이제 식당 영업은 남 얘기가 아니야. 너의 이야기야!

너는 지금 작은 이유식 식당의 사장이야
(큐브데이, 재고관리, 식단 루틴 잡기)

냉장고 재고 관리, 식단 메뉴 구성도 엄마의 중요한 업무야. 예를 들어 퓨레를 얼려두는 날을 '큐브데이'라고 부르는데, 이걸 어느 요일,

어떤 시간대에 할 건지도 네가 계획해야 해. 식당 운영 스케줄이 잘 짜여 있어야 네가 편하고, 아기에게도 안정적인 루틴이 만들어져. 물론 아기가 잘 먹는 방향으로 기술을 계속 연마해 나가야겠지만, 하다 보면 자연스럽게 익숙해져.

가장 중요한 건 이 영업이 끊기지 않고 꾸준히, 부담 없이 운영되는 것! 먹이는 시간도 정해두는 게 좋아. 24시간 영업은 누구라도 뻗는단 말이지. 똑똑하게 가자!

큐브데이에 큐브를 만들어두거나
퓨레를 만들어 저장해두어도 좋아.

퓨레 + 시리얼 = 죽보다 간단해

이유식을 시작하고 한 달쯤 지나면, 아이가 먹을 수 있는 재료들이 조금씩 늘어나. 이때 퓨레를 줄 때는 두 가지 방법이 있어.

❶ 퓨레만 단독으로 먹이기
❷ 퓨레에 + 곡물가루(유아용 시리얼) 섞어서 먹이기
예) 당근 퓨레 + 오트밀 가루 = 간단한 당근죽!

불 앞에 오래 서 있을 필요도 없고, 큐브 하나 해동해서
시리얼+분유/모유 섞으면 뚝딱!인 거야.

핑거푸드는 꼭 들어가야 해

핑거푸드도 마찬가지야. 구워내거나 찌기만 하면 끝! 사실 조리만 보면 퓨레보다 더 간단할 수도 있어. 처음으로 액체 아닌 음식을 먹는 연습, 그 자체가 중요한 시기니까 조급해하지 마. 재미있고 긍정적인 경험으로 만들어주는 게 포인트야.

사과를 핑거푸드로 서빙한다면 이렇게~!   사과를 먹는 연우 모습

내 방식이 정답! 너만의 시스템을 만들어

어떤 엄마는 저녁에 큐브 만들어두는 게 편하고, 어떤 엄마는 그때그때 요리해서 바로 주는 게 더 편하다고도 해.
직접 해보면서 네 방식 만들어가는 게 정답이야. 요리는 진짜 창의력 폭발하는 영역이거든.

예를 들어, 미끄러운 과일엔 씨앗가루, 철분 시리얼가루, 치아씨드 묻혀서 아기가 잘 잡고 먹을 수 있도록 코팅해주는 방법도 좋아.

바나나를 코팅해서 서빙

아보카도를 시리얼에 묻혀 서빙

바나나를 스틱모양으로 자른뒤 미끄러지기 쉬우니 깨가루를 뿌려서 그 립감을 좋게할 수도 있어.

깨가루를 뿌린 바나나

또한 묽은 음식(오트밀, 요거트, 으깬 아보카도)은 똑게 스푼에 미리 얹어서 서빙해봐.

영양도 놓치지 마! 단백질·철분 똑똑하게 챙기자

이유식 단계에서도 단백질, 철분 챙기는 건 필수! 고기류도 좋지만, 식물성 단백질 & 철분 공급원도 다양하게 있어

식물성 단백질/철분 음식 추천 〈8가지 비건 단백질 및 철분 공급원〉
- 콩류
- 병아리콩
- 파스타
- 완두콩
- 후무스
- 렌즈콩
- 견과류와 씨앗
- 통곡물, 두부

"그거 싫어"를 "더 줘!"로 바꾸는 한 끗 차이

퓨레 형식으로 7~8개월까지 하고 7~8개월 이후부터 핑거푸드 및 아이주도 이유식으로 들어갈 수도 있어. 또는 퓨레를 지속하면서 초반부터 핑거푸드 개념으로 아이주도 이유식을 제공해 줄 수도 있고. 상황에 맞게 해봐. 퓨레도 섞어서 줄 수도 있고, 하나하나씩 제공해 줄 수도 있고 그래. 이 토핑 이유식이라는 용어는 한국에만 있는 표현인데, 죽이나 밥 위에 얹어준다는 의미의 '토핑'에 더해서, '밥+반찬' 느낌으로 재료 하나하나를 음미하면서 먹어볼 수 있게 하자는 취지로 쓰이고 있어.

예를 들어,
- 덮밥처럼 메인 베이스 죽 위에 퓨레를 반찬처럼 올려주는 형태,
- 또는 식판에 죽과 각 토핑죽들을 반찬처럼 따로 담아서 주는 형태.

이렇게도 줘보고, 저렇게도 줘보면서 아기 반응을 잘 관찰해봐. 아이에 따라 골고루 잘 먹을 수도 있지만, 좋아하는 것만 골라 먹으려고 할 수도 있거든.

섞을까? 얹을까? 따로 줄까? 결국 답은 아이가 알려줘!

♥ '토핑이유식'이라는 말은 우리나라에만 있어. 이건 콩글리시도 아니고, 그냥 그런 단어 자체가 없어. 우리나라에서는 '이유식 = 죽' 위에 '얹었다 = 토핑했다'는 걸 의미하기 위해 만들어진 합성어라고 보면 돼. '얹었다'는 뜻인 '토핑'은 사실 영어로는 '토핑 토스트'라는 말을 많이 써. 서양에서는 토스트(식빵을 익힌 것) 위에 영양가 있는 식재료를 조리해서 얹어 먹이는 것을 의미해.

♥ 옆의 사진처럼 과일류를 크림치즈나 꾸덕한 치즈, 피넛 버터류, 또는 콩류나 아보카도 같은 퓨레류랑 함께 토스트에 발라서 얹어줘도 좋아.

♥ 옆의 사진처럼 토스트 위에 퓨레류로 토핑하는 방식이지. 아이디어는 무궁무진해~ 우리나라에서 쓰이는 '토핑 이유식'은 '덮밥'을 떠올리면 돼. 근데 그 덮밥도 다 섞인 덮밥이 아니라, 식재료를 조금씩 따로 얹힌 형태라고 보면 돼. 약간 하얀 팔레트 위에 물감 얹은 느낌처럼! 이유식 중후반기쯤에는 아래 사진과 같은 방식으로 줘보는 것도 나쁘지 않아. 정말 덮밥의 느낌으로 말이야.

♥ 그리고 여기서 중요한 건 아이의 성향을 관찰하는 것! 섞어서 줬을 때 잘 먹는지, 아니면 식재료를 하나씩 따로 줬을 때 더 잘 먹는지 이걸 잘 지켜봐야 해. 예를 들어, 아이가 각 식재료를 하나씩만 골라서 먹는 걸 좋아한다면, 굳이 흰죽 위에 색깔 퓨레를 토핑처럼 올려주는 것보다, 그냥 각 재료를 따로따로 접시에 담아주는 게 더 나아. 꼭 토핑 형식으로 줄 필요는 없는 거야. 하지만 플레이팅은 계속 다양하게 시도해보면 좋아. 죽 위에 각각 퓨레를 얹어서 아이가 섞어 먹게 해보는 것도 좋고, 죽과 퓨레를 따로따로 보여주는 것도 방법이야.

굳이 위에 얹어주는 '토핑'이라는 형식 자체가 이유식 공부해보면 결국 별거 아니라는 걸 알게 될 거야. 본연의 재료 퓨레를 1개씩 따로 놓아서 '밥+반찬' 느낌으로 줄 거냐, 그걸 섞어서 줄 거냐, 이 차이일 뿐이야. 그리고 이걸 플레이팅(애 눈에 어떻게 보여져야)을 어떻게 했을 때 잘 먹는지는 애랑 같이 현실 세계에서 부딪혀봐야 아는 거야. 만약 죽 위에 얹는 토핑식 플레이팅을 했을 때 아이가 잘 먹는다면, 그렇게 진행해도 되는 거고!

서빙 타입은 아이의 개월수, 잘 먹는 음식, 질감 유형 등에 따라 달리해봐. 앞에서 배운 서빙 방식들 기억나지? 아래 그림으로 한 번 더 복습해보자!

아보카도, 서빙만 다르게 해도 느낌 확 달라져!

한 접시, 네 가지 스킬! 고구마 플레이팅 샘플

다양한 방법들이 있으니까, 아이의 피드백을 즐겁게 관찰하면서 시도해봐. 사실 이유식이라는 게, 진짜 아기랑 함께 떠나는 배낭여행 같은 거야. 그 기분으로, 하나씩 차근차근 도전해보면 좋을 것 같아.

6개월부터 12개월까지, 이렇게 차근차근 플레이팅 해줘

플레이팅은 이런 식으로~! 참고해봐.

아이주도 이유식은 이렇게 똑똑하게 플레이팅 하면 정말 좋을 거야.

한눈에 보는 개월수별 먹이기 플레이팅 샘플

※ 단백질을 위해 고기들을 넣어줘도 좋아요.
사진은 여러분의 이해를 돕기 위해 예시로 만들어보았을 뿐입니다.

안 먹는 건 퓨레로 살~짝 섞어주기!
'스니키 쉐프' 전략

　이유식 쪽부터 시작해서 영유아 먹이기 분야를 깊이 공부하다 보면, '스니키 쉐프'나 '스니키 베지' 같은 프로그램들을 만나게 돼. 아이들이 잘 안 먹는 음식이라도 영양을 위해 꼭 먹여야 할 때가 있잖아. 그럴 땐 그 재료를 퓨레처럼 갈아서 다른 음식에 자연스럽게 섞어주는 방식을 쓰는 거야. 나도 먹이기 쪽에 워낙 관심이 많다 보니까, 관련 워크북도 꽤 여러 권 찾아봤고, 공부하다 보니 자연스럽게 관련 과정까지 밟게 됐어. 똑게육아 유튜브에서도 이런 프로그램 관련 서적을 소개한 적 있을 정도야.

'스니키(sneaky)'라는 단어 자체가 '몰래 한다'는 뜻이야. 물론 아이를 일부러 속이자는 건 아니고, 예를 들어 아이가 시금치를 너무 안 먹는다면 그럴 땐 '스니키 쉐프' 전략을 써보는 거야. 시금치를 갈아서, 맛과 향이 잘 어울리는 재료들과 함께 섞어서 아기에게 서빙해주는 방식이야. 예를 들면, 오른쪽에 있는 '바나나 시금치 팬케이크'처럼 말이지!

바나나 시금치 팬케이크

이렇게 맛과 느낌(비주얼)을 아이 입장에서 거부감 없게 어울리게 섞어주면, 훨씬 더 잘 먹을 수 있어. 근데 이걸 괜히 반찬처럼 하나하나 따로 갈아서 따로따로 서빙하면 오히려 거부 반응이 더 생길 수도 있는 거야. 그런 의미에서 보면, '스무디'도 스니키 방식으로 활용하기 참 좋아.

블루베리 스무디

나도 걸렸던 이유식 덫 💥
이젠 똑게육아로 피해가자!

처음 이 업무를 해보면, 이유식에서는 누구나 한 번쯤 빠지게 되는 덫들이 있더라. 보통 '5대 영양소가 들어간 이유식 한 그릇을 얼마의 시간이 걸리든 깔끔하게 아기에게 다 먹이고야 말겠어!!'라고 생각하기 쉽거든. 근데 그러면 안 돼. 먹는 건 아이의 job이니 침범하지 말 것! 서빙을 무슨 음식으로 할지는 너의 job영역이지만~

덫 ❶ 계속 죽처럼 만들어 주거나 다져서 주기 쉬워.
처음 이 업무를 해볼 때는 조금이라도 덩어리가 진 것은 애기 목에 걸리거나, 씹기 힘들 거라고 생각하게 되어있어. 계속해서 볶음밥처럼 밥을 질게 만들어 먹이게 되는 덫이 있지. 그런데 이 음식을 씹는 능력도 아이에게 그 씹을 기회를 많이 제공해 주었을 때 그 능력이 확실히 달라져. 씹는 능력 길러주는 것도 부모가 그 기회를 주었느냐 안 주었느냐의 차이라고. 애가 음식 질감에 적응을 하냐 아니냐는 적절한 타이밍에 변화를 주며 음식을 잘 제시해 주었느냐도 중요해.
이걸 잠에 비유해볼게. 아이가 성장할수록 '깨시'가 길어지니까, 우리가 아이의 성장 속도에 맞게 깨시를 조절해주는 게 정말 좋잖아. 예를 들어 아이가 성장하는 과정에서 '깨시'를 아기의 일상 스케줄에서 10분이든 15분이든 의식적으로 양육자인 우리가 조금씩 늘려주려고 노력하면 아이에게도 너무 좋고 그로 인해 하루가 달라지거든. 솔직히 이건 우리가 리드하는 것도 아니고, 간과하기 쉬운 아이의 커가는 그 성장 속도를 옆에서 잘 발맞춰주는 거야.

그런데 이유식도 똑같아. 너의 애는 컸어. 자랐어. 성장했다구! 근데 이유식을 만들 때 여러분의 마인드나 음식을 만드는 조리법이 아직도 아가시절에 머물러 있을 때가 있더라. 이걸 조심해야 해.

덫 ❷ 먹여주는 것 조심해.

아이 스스로 먹을 수 있는 기회를 줘야 해. 우리가 먹여주는 이유를 생각해보면 애기 옷과 주변이 더러워지면 일거리가 더 많아진다 생각하는 부분도 있어. 또한 우리가 직접 먹여야 애가 실제로 먹는 양도 제대로 체크할 수 있고, 최소한 '이만큼은 먹어야 된다'고 생각한 것을 다 비워야 '미션 클리어'라고 생각하는 그런 게 있어서 먹여주는 게 오히려 편한 체제라 생각되기도 할 거야. 하지만, 아이가 일단 '스스로 먹는 법'을 터득하게 되면 엄마는 굳이 옆에서 시중들며 안 먹여줘도 되니까 업무가 비교가 안되게 줄어들게 되고 애는 먹는 기쁨이 더 커져.

덫 ❸ 소근육 발달에도 좋다는 건 생각을 잘 못해.

자기가 음식을 쥐어서 자기 입으로 가져가는 이 행동은 간단한 것 같지만 눈, 입, 손가락, 혀, 잇몸 등 모든 협응력을 요구하는, 아기의 발달에도 도움이 되는 고차원적인 '운동'이야. 아이의 성장과 발달에 큰 도움이 돼. 애가 집어 먹으면서 손가락 근육을 많이 쓰게 되어 '손동작'과 '손재주'가 남달라질 거야. 소근육 발달이 아이의 뇌에 미치는 영향은 길게 설명하지 않아도 알지?

덫 ❹ 어른과 밥 먹는 시간을 분리하려고 해.

사실 식사시간을 분리하는 것보다 가능하면 어른과 같이 앉아서 먹는 게 좋아. 먹이는 임무를 누군가 볼모로 잡혀서 하게 되면, 같이 먹을 생각 그 자체를 좀처럼 하지 못해. 하지만 아기 의자 비싼 것도 필요 없고 그냥 튼튼하고 편리한 것 하나 잘 골라서, 거기에 내가 위에 말해준 방법들 잘 익혀서, 아기를 올바른 자세로 앉혀둔 뒤 자연스럽게 같이 식사하면 그 '같이 먹는 신'이 또 잘 연출이 돼. 함께 식사를 하면 아기도 더 즐거워하고, 엄마아빠가 먹는 모습을 보며 자연스럽게 수저 사용법과 식습관 등도 배우게 되거든.

덫 ❺ 외식가서 시중들까봐 외식은 꿈도 못 꾸는 경우가 있다.

아니야. 외식 도전해봐. 다 같이 앉아 먹는 게 되니 외식도 문제없어. 외식 나갔을 때, 엄마랑 엄마 친구가 티타임을 가지는데 아이가 조용히 기다려주는 것 부러워? 이게 된다니까. (핸드폰으로 붙잡는 것 말고!) 6개월 전에는 유모차에서 기다리게 하면 되고, 6개월 이후에는 자리에 앉을 수 있게 되니까, 준비해온 이유식(주먹밥)이나 쌀과자 같은 걸 아기 식탁에 올려놔주면 알아서 집어 먹으면서 주변 관찰하면서 평화롭게 잘 기다려. (물론 이러려면 똑게육아 스케줄을 좀 공부해서 건강한 하루 일과를 만들어 둬야겠지. 잠 영양분도 잘 주고.)

외식할 때는 밖에서 옷이 너무 더러워지면 안 되니까 턱받이를 꼭 챙겨서 해주고, 아기 의자에 딱 앉힌 뒤 가위를 달라고 해서 음식을 잘라주면 돼. (네가 작은 식용 가위랑 집게 하나씩 챙겨 다녀도 좋아.)

DDOKE 외식 Tip

준비물
실리콘 턱받이 or 이유식 방수 턱받이, 세균 없애는 소독젤+물티슈(식사 전 아기 의자 식판 닦기), 바닥에 깔 비닐(옵션), 식용 가위, 집게

식당 고를 때 체크사항
- ☑ 아기 의자가 구비되어 있는가?
- ☑ 식전에 아기가 먹을만한 무언가가 제공되는가?
- ☑ 입식인가? (좌식이면 아기가 기어다니거나 걷는 경우, 아기 붙잡고 다니느라 맛을 음미할 수 없어)
- ☑ 불판이 있는 곳, 무언가를 직접 구워야 하는 곳인가? (한식의 경우 밥풀 난장판 벌어질 가능성 농후하고, 불판이 있으면 위험해서 더 신경 써야 되므로 가능한 한 피하자)
- ☑ 수유실이 있는가? (아기가 매우 어릴 때에는 수유실이 있으면 유용. 수유실이 없을 때는 휴대용 수유 커버를 사용해도 좋아)

Solution
1. **엄마가 먼저 먹는다.** (뷔페의 경우 일단 먼저 한 그릇 먹고 애를 그 후에 받게 되더라도 받아야지 안 그러면 에너지가 없어서 애도 못 보고 기분도 우울해져)
2. **아기는 남편 옆에 앉힌다.**
3. **아이와 마주 보고 앉는다.** (남편이 엄마 대각선에 앉든 옆에 앉든 애를 마주 보고 앉히는 게 중요!)

둘째 낳고 보니 보이던 신기한 광경들

어느 날 백화점 식당가에 갔는데, 애 한 명을 두고 이모, 외할머니로 보이는 분들이 번갈아 가면서 한 명씩 안고, 돌아가면서 식사를 하고 있더라고.
그리 신생아도 아니었어. 한 15개월쯤, 그 당시 내 둘째랑 같은 나이대였거든.
그 당시 옆옆 테이블에서 나는..

애1   애2
나   애 아빠(남편)
이렇게 먹고 있었거든.

한 명 먹이는데 여성인력 3명 동원!
한 명이 볼모 잡혔다! →
그 다음 여성인력 투입 →
그 다음 또 다음 사람 투입
(거의 로테이션 근무처럼)
애는 한 명씩 돌아가며 보고,
애 안 볼 때 먹는 시스템이었어.

가능하면 위처럼 볼모로 3명이나
잡히지 말고 아이와 대각선으로,
혹은 마주 보고 앉아봐.

그때 봤던 저 쪽 애와 우리 둘째는 같은 나이였지만, 사실 그 상황이 이해 안 가는 건 아니었어. 나도 애 한 명만 키웠다면 딱 그러고 있었을지도 몰라.
그래서 그날 나는 속으로 생각했지.
"아, 이건 그림으로 무조건 알려드려야겠다!" 진짜 인상 깊었던 장면이었어.

애 둘 데리고 외식 나가면,
첨부터 자연스럽게 이렇게 앉기.
처음부터 이걸 기본값으로 해놓으면,
그냥 당연하게 굳어져.
별거 아닌 것 같지만
그 자리 배치 하나로 흐름이 달라져.

일상 속에서, 이런 식으로 뇌에 '청량하고 명쾌한 종'이 땡~! 하고 울릴 때가 진짜 많아. 그게 바로 '땡! 땡~! 깨달음'으로 오는 순간들이지. 나는 이걸 체계적으로 여러분들에게 꼭 전해주고 싶어서, 진짜 많은 시간과 에너지, 고민을 쏟아왔어.

내 뇌랑 마음을 꺼내서 보여줄 수 있다면 제일 좋겠지만 그럴 수 없으니, 내가 가진 최선의 능력과 진심을 담아서 한자 한자, 마음으로 써내려가고 있어. 이 글을 읽는 OO, 너도 내 진심을 꼭 느끼면서 읽어줬으면 좋겠어.

먹방찍는 아기 만드는 법!
먹는 환경, 이렇게 세팅해줘.

식사시간, 이렇게 하면 진짜 편해져!

아이주도 이유식을 하는 6~12개월엔 솔직히 '시간 제한 식사'가 잘 안 맞을 수 있어. 이 시기엔 아이가 음식을 만지고, 맛보고, 쥐어보고, 흘리면서 오감으로 탐색하는 게 핵심이라서 "20~30분 안에 먹자!" 이런 구조가 오히려 흐름을 방해하거든.
그래서 이때는 식사시간이 좀 길어져도 괜찮아. 탐색이 먼저니까.

근데 돌이 지나면서 이야기가 달라져.
이때부턴 아이가 식사시간의 시작과 끝을 딱 명확하게 아는 게 훨씬 좋아. 집중력도 확 올라오고, 루틴을 이해하는 힘도 생기거든. 그래서 식사시간은 **20~30분** 정도로 잡아봐.

시간이 흘러갈수록

- 10분 전엔 "이제 10분 남았어~"
- 5분 전엔 "곧 마무리할 시간이야~"
- 1분 전엔 "이제 거의 끝났어~"

이렇게 부드럽게 알려줘. 그리고 시간이 진짜 다 되면?
음식이랑 접시는 스무스하게, 말 없이 자연스럽게 치우는 거야.
당연한 듯 과감하게, 근데 친절하게! 알지? 그 느낌.

아이가 "배고파!"라고 하면
"곧 간식/식사 시간이야~ 금방이야!"
이렇게 알려주면 돼. (아직 어린 아기라면, 배고픈 신호 잘 관찰해서 필요하면 간식이나 이유식을 조금 당겨서 줘도 돼.)

중요한 건, "집중해!" "빨리 먹어~!" 이런 말이나 잔소리가 아니라 똑게타이머로 **똬악! 시각적으로 알려주는 거야.** 식탁 규칙도 똑게 시트지 코팅해서 한쪽에 붙여두면 말로 잔소리할 필요 없이 아이가 자연스럽게 보면서 익혀.

똑게타이머 안내

식탁 규칙 시트지

똑게타이머를 식탁 위에 올려두면 어느 순간에 식사 시간이 끝나는지를 아이도 시각적으로 쉽게 파악할 수 있으니까, 자신의 시간을 더욱 현명하게 사용할 수 있게 돼. 나에게 주어진 시간 동안 야무지게 먹는 것이 최선이라는 것을 스스로 알아낼 수 있게 되는 거야. 나중에 아이가 처음 접할 공동체 사회에도 아주 잘~ 무난하게 적응하겠지. OK?

거기에 하나 더!
시간 안에 잘 먹으면 줄 수 있는 인센티브도 생각해봐. (특히 18개월~3세 이후라면 더더욱 효과 있어!) 아이에게 식사 후에 무엇을 하고 싶은지 물어볼 수도 있겠지. 이런 전략이 그냥 대놓고 방치하는, 이건 뭐 길고 긴 식사 시간도 아니고 놀이 시간도 아니고, 간식 시간도 아닌~ 그런 테이블에 세월아 네월아 두 시간 정도 앉아 있는 그런 시간보다 훨씬 더 아이에게 교육적일 뿐만 아니라 흥미롭게 다가가는 법이야.

'셀프 피딩' / '페어런츠 피딩' 그 비율은?

아이주도 이유식을 간단하게 영어로 '셀프 피딩'이라고도 해. 스스로 먹는다는 뜻이지. 이 'self-feeding(셀프 피딩)'과 'parent-feeding(페어런트 피딩)' 부모가 먹여주는 것, 이 비율을 얼마로 가져갈지는 잘 공부하고 아기의 개월수에 맞게 적절하게 진행하면 되는 부분이야. 마치 뒤에서 알아볼 꿀잠 선물전략과도 비슷하지. '셀프 잠자기 비율'과 '부모가 재워주는 잠자기 비율' 이것을 어떻게 가져갈 거냐가 결국 **잠연관 설정을 어떻게 하냐는** 것과 비슷해. 그 비율을 어떻게 가져가느냐에 따라 교육 기획의 틀⟫이나 제공해 줘야 할 환경(먹이기 업무의 경우에는 제공해 주는 음식의 형태나 그 질감, 조리법 등)이 달라질 테니 말이야.

그러면 아이주도 이유식, 셀프 피딩에 이상적인 하이체어의 요소~! 그건 어떤 부분을 중점적으로 봐야할까?

먹여주는 방식인, '페어런트 피딩'은 이유식 초반기에 많이 발생할 텐데 그때 아기가 하이체어에 앉아 있기가 힘들다면 범보 의자류의 제품 위에 앉혀두고 먹이는 방법도 있어. 하지만 결국 하이체어로 가야 하고 이 먹이기 업무는, 아이가 앉아 있을 때의 그 자세가 편하게 나오는 부분이 정말로 중요해!

앉는 자세만 잘 잡아줘도 반은 성공이야.

하이체어에 아이를 앉혔을 때 엉덩이, 몸통, 팔뚝, 팔꿈치, 발 이 부분들을 잘 관찰해봐. 안정적으로 지지(서포트)가 되고 있는지가 관건이야. 이걸 나타내는 이 세계에서의 격언 'Kids need their feet to eat' 이라는 유명한 문장이 있어. 즉, 아이는 먹을 때 자신의 발이 필요하다는 뜻인데. 이게 무슨 말이냐고?

식사하기 위해 앉은 하이체어에서 발이 어딘가에 닿지 않은 채 달랑달랑 흔들리고 있다면, 아이는 앉아서 발을 차고 계속 이리저리 움직이게 되어있거든. 몸을 기울이거나 젖히게 되고 말이야. 그렇게 되면 이 **먹이기/먹기** 활동을 하기 힘들어지는 거야. 아이는 안전하게 음식을 삼키기 위해서, 가능한 한 수직으로 똑바른 자세로, 상대적으로 움직임이 없이 앉아 있는 것이 좋아. 먹는 활동과 관련된 움직임 스킬은 이런 환경적인 요소들이 잘 서포팅 되었을 때 쑥쑥 자라게 되는 거라고.

⭐ 이유식 업무를 수행하며 아기에게 길러줘야 할 먹는 것 관련 스킬(skill)은?
- ♥ 손바닥 전체로 잡기
- ♥ 집게 잡기 – 엄지손가락과 집게손가락으로 물건을 집어 올리는 기술
- ♥ 씹는 법 – 턱을 써서 으깨고 씹는 법
- ♥ 삼키는 법 – 안정된 자세에서 연습해야 안전

우리가 '꿀잠환경'을 노력해서 조성해 주었듯이 식사환경도 아이의 몸통과 발이 안정적으로 서포팅이 이루어질 때, 아이가 연습해서 식사능력을 잘 발달시킬 수 있는 거야. 극단적인 예로, 그저 아이를 품에 안은 채로 수저로 먹여주기만 한다면 아이는 위의 먹는 행위에 있어서의 스킬을 키울 수 없어. 기회가 잘 안 주어지니까.

잘 앉아야 잘 먹는다!

하이체어로는 아주 비싼 것도 필요 없어. 경제적인 것, 실용적인 것을 들이고, 집안 인테리어와 너의 디자인 취향에 맞는 예쁜 걸 고르

면 기분이 좋아질 거야. 그림으로 다시 주의해야 할 부분을 짚어줄게.

아이의 엉덩이, 무릎, 발목이 잘 정렬되어 있어야 하고, 그 각도는 90도로 되어 있어야 해. 아이가 앉아있는 게 불편하고 힘들면 당연히 먹는 것도 불편하고 힘들어져. 그래서 먹는 것을 자연스레 회피하게 되지.

만약 하이체어가 아기의 몸집보다 더 크다면, 수건을 돌돌 말아서 등에 받쳐주거나 옆에 끼워서 서포트를 해주는 거야. 그렇게 하면 안정감을 줄 수 있어. 발 받침대! 정말 중요한데, 발 받침대가 없는 하이체어를 이용하고 있다면, 박스나 발 받침대를 할 수 있는 물건들을 활용해봐. 이게 정말 큰 차이를 가져와.

그리고 아이가 수직으로 앉은 상태가 좋다고 했잖아? 아이를 경사진 비스듬한 곳에서 먹이지 않도록 주의해. 90도로 세워져서 앉게끔 해주는 게 좋다고 했지? 뒤로 눕는 자세보다는 오히려 앞으로 조금 숙여지는 것이 나으니 이 부분도 꼭 기억해 두라고.

또한 음식이 놓여지는 높이도 중요한 포인트야! 음식이 서빙되는 높이는 아기의 가슴 높이보다 높아서는 안 돼.

아래 그림 속 아기처럼, 아기가 하이체어에 앉기 위해 손으로 트레이를 잡고 있는 상황이 되면 안 돼. 손과 팔은 자유롭게 음식을 탐험할 수 있어야 해. 만약 자기가 안정적으로 앉아 있기 위해 트레이를 꼭 잡고 있어야 한다면, 양손이 자유롭지 않으니까 음식을 잘 먹을 수 없는 건 당연한 거지. 발에 미끄러지지 않는 양말을 신겨주는 것도 좋아. 발판도 잘 놓아줘서, 아기가 자기 발을 딱 디디고 몸의 중심을 잘 잡을 수 있도록 도와줘야 해.

이게 바로 똑똑한 환경 세팅으로 아기를 잘 먹이는 법이야.

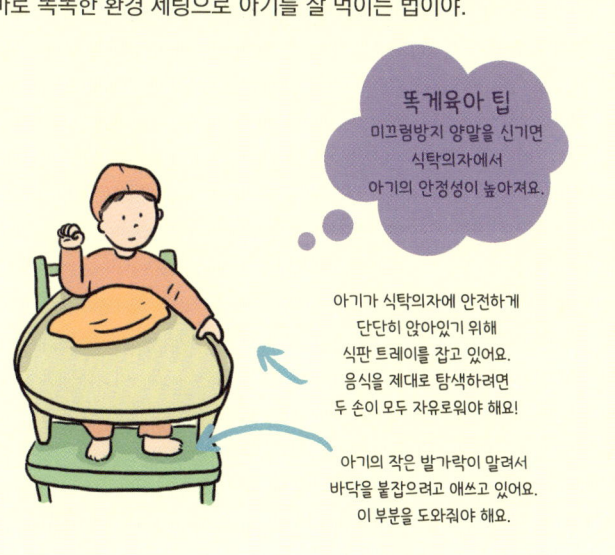

♥

똑똑하고
게으르게

인수인계서 족보 Part 4.

재우기 업무

알짜배기 에센스 지식 전수
이것만 알아둬도 덫은 피해가지!

※똑게육아 수면교육 강의실로 초대할게.

아기의 울음을 똑똑하게 이해하기

울음은 아이의 표현 방식일 뿐이야. '아이의 언어'로 이해해야 하는 거지. '울음'이란 춥다, 덥다, 배고프다, 똥 쌌다 등을 이야기하고 있는 아이의 주된 표현수단인 셈이야.

그래서 아이를 울리지 않고 키울 수는 없는 것이지. 하지만 덜 울릴 수 있는 방법은 여기 있어! 내가 알려줄게.

자~ 먼저 다음 문제를 간단하게 풀어보라구.

Q 아기가 울고 있어. 다음 중 어떤 리액션을 취할 거니?

〈리액션 1〉 아이가 울 때마다 바로 젖을 물리거나 안아 올려 무한 행군 실시

〈리액션 2〉 아이가 일단 왜 우는지에 대해 잠깐 생각을 해본 뒤 (급박한 상황이 아니라면) 거기에 대한 적절한 대응에 들어간다. (물론 생각하는 시간 동안 아이는 울고 있을 수 있습니다.)

선택했니?

아기의 울음소리를 행복하고 평온하게 받아들일 수 있는 부모는 없어. 하지만 육아는 절대 짧게 보면 안 돼. 길~게 보고 결과적으로 어떤 리액션이 '나'와 '우리 아기' '우리 가정'에 더 큰 행복을 가져다 줄 수 있는지를 생각해야 하는 법이야.

앞선 문제에서 계속 〈리액션 1〉로만 반응해 준다면, 아이와 올바른 커뮤니케이션을 하지 않고, 그냥 울음만 블로킹(blocking)하겠다는 이야기가 돼. 단순히 우는 입 막아버리는 그게 아이에게 좋을까?
아이의 하루 일과는 먹고, 놀고, 자는 거야. 초반에는 '놀'은 없고 '먹고, 싸고, 자는 것'이고. 이 세 가지 욕구가 기본적으로 자알~ 충족되면 자연히 덜 울고 덜 예민한 아기가 돼.

아이는 성인과 마찬가지로, **'깊은 잠-얕은 잠-약간의 깸'** 등을 반복하며 잠을 자. 성인들은 이미 '학습'을 통해 이러한 잠의 단계에 적응된 터라, '잠깐 깼다'라는 것을 느끼지 못하고 밤에 쭉~ 자지만, 아이들은 우리가 이 스킬을 가르쳐 줘야지만, 즉 이 스킬을 터득하고 배워야지만 잘 잘 수 있게 되는 거야.

잠자는 스킬 마스터~! 이것은 아래의 2가지 부분에 있어 여러분이 어떤 자세로, 어떤 전략으로 가르쳐줬느냐에 의해 결정돼.

❶ 입면시   처음 잠 도입 시에 잠에 빠져드는 방법

❷ 잠 연장시   잠 사이클 중에 '얕은 잠 – 잠깐 깨는 상태'일 때 다시금 스스로 잠에 빠져드는 방법

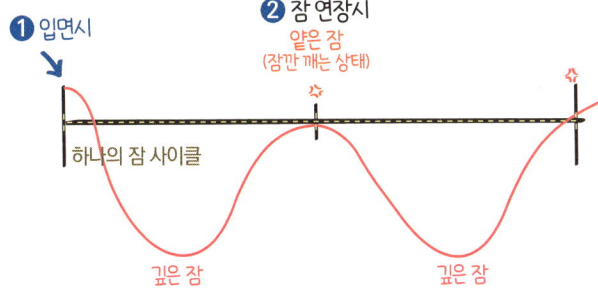

'똑게육아 수면교육'이란?

수면교육은 물론, 육아 전반에서 수많은 부모님들께 선택받아 온 『똑게육아』는 연재로 시작해 5년, 책으로 함께 10년, 총 15년에 걸쳐 현장에서 쌓아온 경험과 검증된 데이터를 바탕으로 만들어졌어. 특히 실제 변화가 입증된 두 가지 핵심 틀을 중심으로 구성되어 있어서, 처음 육아를 시작하는 부모님도 안심하고 따라갈 수 있어.

> ❶ 하나는 스케줄, 즉 재우는 타이밍이야.
> 아기가 '언제' 먹고, 자고, 노는 게 좋은지, 잔다면 얼마나 자는 게 좋은지를 파악해서, 내 아이에게 최적화된 하루 일과를 구성하는 방법을 알려주는 거지.
> ❷ 또 다른 하나는 진정 전략(재우는 방법, 즉 '잠연관'과 이를 교육시킬 때 제공할 위안/격려 행위 관련)이야.

아이를 재우는 타이밍(위의 ❶번 항목)을 알았고, 아이의 체내에 이 타이밍 부근에 잠이 잘 들 수밖에 없게끔, 아이 생체시계를 잘 조성해줬다면, 아이의 '수면'을 위한 판을 아주~ 잘 깔아둔 셈이야. 아이가 '잠 학습'을 잘 할 수 있게 환경 조성을 잘 해둔 거야. 한번 생각해봐. 졸리지도 않은데, 안 해본 방식으로 자보라고 하는 건 반칙이지. 안 그래? 그냥 냅다 울리는 거. 그런 건 똑게육아 수면교육이 아니야. 똑게육아 수면교육은 체내 환경부터 세팅하고 들어가. 배고픈데, 밥 달라고 우는데 자라고 하거나, 제대로 계~속 못 재워서 아이에게 피고니즘이 가득한데 이런 아이에게 뭘 새로 배우게 하면 당연히 힘들 것은 명약관화한 일이잖아.

수면교육을 다음과 같이 생각해봐. 초등시즌으로 진입해 네가 아이이게 수학을 가르친다~고 말이야. 네가 안 가르칠 거면, 돈 주고 학원 보내거나 과외샘 들여 가르친다~ 이렇게 가정해 보라고. 그러면 상황이 똑같아. (잠깐! 여기서 가르친다는 의미는 좋은 습관을 주는 것과 같아. 꼭 수학 개념을 안 가르쳐도 문제집 한 장 풀게끔 옆에 동기부여하며 붙어있는 거. 그게 초반 습관 형성에는 중요한데, 이것도 다 외주를 주려면, 그 role을 담당하는 인력이 있긴 해. 학원의 형태건, 방문 선생님의 형태건.) 사실, 잠 잘~ 못 자 피곤하고 배고픈데 돈들여 1:1 과외를 한다 한들 애가 그 과외(학습)를 하는 동안 머리가 잘 돌아가고 공부가 잘 되겠어? 또 집은 완전 쓰레기통 소굴이야. 도대체가 아이 입장에서는 자신이 펼친 책에 집중할래야 할 수가 없는 환경이라 가정해 볼게. 좀 맘잡고 공부해 보려는데 연필은 어딨는지 찾을 수가 없네. 또 주변은 왜 이렇게 시끄럽지?! 아이고 이 와중에 윗집이 공사 중이네.

위와 같은 '공부', '학습'과 적합하지 않은 환경들을 떠올려보라고. 우리는 양육자로서 아이가 자기주도적으로 공부에 빠져들게끔 학습 환경을 잘 조성해줘야 하잖아. 애 컨디션 관리해주는 것은 우리 업무에 있어 기본 중의 기본이구. 그러니까 잘~ 잘 수 있게, 아이가 잠 학습을 잘할 수 있게 판을 제대로 깔아주고, "이렇게 잤으면 좋겠다!" 싶은 그 '잠연관'을 교육시켜 보면 되는 거야. 아이는 잘 해낸다고!

결국 중요한 건 엄마(아빠)가 어떻게 판을 깔아주느냐에 따라 성패가 갈릴 뿐이야. 여러분의 아이도 충분히 그 능력을 가지고 있으니까, 믿고 가보자~ 자신감을 가져!

똑게육아 수면교육 목표 달성 위계 피라미드

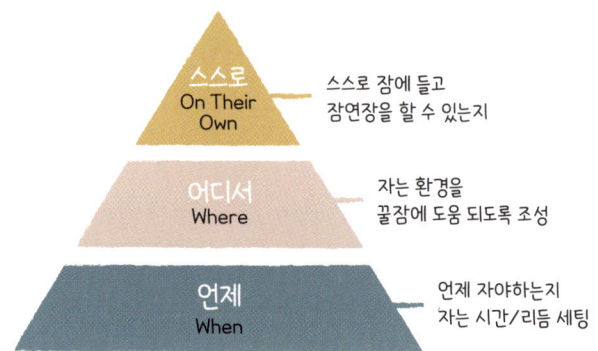

> ☕ **찐 후배와 나누는 로리와의 디저트 타임**
>
> 육아 job은 기본적으로 매니징 능력이 정말 핵심 역량(basic skill)이야. 매.니.저. Job이 그나마 제일 근접해 있어. 그런데 생각해봐. 아이돌이나 연예인, 운동선수 같은 사람들의 매니저를 떠올려보자고. 만약 네가 금메달리스트

운동선수나 인기 아이돌의 매니저라고 생각해봐.
그 사람 하나만을 위해서도 전담 매니저가 몇 명씩 붙어.

· 몸 만들어주는 개인 PT 매니저
· 스케줄 조정해주는 스케줄 매니저
· 영양 밸런스 챙기는 전담 요리사
· 부족한 걸 가르쳐주는 개인 과외 선생님
· 힘들고 우울할 때 상담해주는 심리치료사
· 이동을 책임지는 로드 매니저(운전기사 노릇 & 수행 비서 & 경호원)

이 외에도 끝이 없지. 그리고 이 모든 걸 조율하는 총괄 매니저도 필수야.
그럼 이제 한번 계산해볼까?
이 사람들만 해도 기본 7명은 넘지? 게다가 회계 담당자도 필요하고, 비용 처리하는 경리 직원도 있어야 하고… 으아, 이제 그만 말할게.(벌써 벅차지?)
그런데 말이야. 우리가 하는 육아 job을 보면, 사실 이 모든 매니징 업무를 혼자서 다 해내야 해. 그것도 임금도 없는 24시간 풀타임 job으로.
매니저 job 하나만 해도 엄연히 전문적인 직업군인데, 우리는 그걸 최소 7개 이상 하면서 동시에 살림, 청소, 정리까지 다 해내야 하잖아. 거기에 관리해야 할 고객이 '아기(아이)'라는 게 또 다르지.
성인을 관리하는 것보다 아기(아이)는 훨씬 더 많은 공과 노력이 들어가.
올림픽 금메달리스트가 해외 경기 나갈 때 수면 스페셜리스트가 따라가서 시차 적응을 돕고 컨디션을 최상으로 만들어주거든. 그만큼 '잠'이 컨디션과 직결되니까.
근데 잘 생각해봐.
내가 관리하는 사람이 내 소중한 아기야.
그럼 내가 하는 육아는 그 금메달리스트 수면코치랑 뭐가 다르겠어?
(아기의 수면 관리를 그래서 이 직업에 비유하는 예시들도 꽤 많아.)

똑게 용어부터 배우며
'기초'다지기

잠연관이란?

똑게육아 용어인 '잠연관'은 아이가 푹 잠들 때까지 지속적으로 행한 특정 행위를 말해.

'잠연관'과 '수면의식'을 헷갈리지 말아야 해. 수면의식은 아이가 푹 잠이 들 때까지 이어지는 행위가 아니라는 점에서 '잠연관'과 명확히 구분해야 해.

도움이 되지 않는 잠연관	도움이 되는 잠연관
□ 둥가둥가, 바운싱 □ 모유수유, 젖병수유 □ 아기그네(스윙) □ 진동 의자, 그 외 여러 기구들 □ 공갈 셔틀 잡힌 공갈젖꼭지 □ 유모차나 카시트 위에서 자기 위의 예시들은 이것을 아이가 깨어있을 때 수면의식으로 활용하는 것과는 다른 이야기야. 헷갈리지 말자.	□ 잠친구 인형, 이불 (위험하지 않은 것들로 준비) □ 수면의식에서 둥가둥가를 해주다가 잠들기 전에 내려놓기 □ 똑게 사운드(꿀잠&진정) 밤새 틀어두기 □ 손을 빠는 것, 이불을 빨거나 손으로 무언가를 만지는 것 □ 아이 자신이 좋아하는 자세로 움직여서 잠자세 잡기 □ 자기 잠자리에서 혼자 노래하거나 자기 자신에게 말하며 잠들기

우는 것을 허용함으로써 배울 기회 주기

와앙~와앙~
"아가야, 이 엄마가 1초 안에 날아간다!"
초보맘 시절에는 일단 아기가 울면 전쟁시 울리는 '재난 알람'이 울리는 것 같더라고. '일상시'가 아니라, '재난시'에 대처하는 마음가짐으로 아기의 울음에 임했던 거야. 문제는 도대체 왜 우는지를 모르겠는 거야. 그래서 일단 급히 아기를 들어 올려서 무릎 바운싱 스킬 들어가 준 다음에 이 스킬이 안 먹히면 젖을 물렸어. 잘 때도 젖, 자다 깨도 젖, 졸려서 울었는데도 젖, 자극을 이제 차단해달라 울었는데도 젖, 기저귀 똥 싸서 울었는데도 젖, 지루해서 울었는데도 젖, 추워서 울었는데도 젖젖젖.......
'그 울고 있는 입, 젖으로 다물라!'도 아니고 말이지. 나중에 생각해보니 그래서 루틴(하루 일과 스케줄)이 중요했던 거였어. '수유텀'과 '잠텀'이 잡히고 내 아기에게 맞는 스케줄을 알게 되면 애가 배고파서 우는지, 졸려서 우는지, 기저귀가 더러워져서 우는지, 더워서 추워서 우는지, 자극을 차단해달라고 우는지 알 수 있게 되거든.

울음에 대한 정확한 원인 파악이 안 되었을 때는 바로 반응하지 말고 차라리 기다려! 애가 어디 다쳐서 빡빡 울어 젖히는 상황(비정상적인 울음)이 아니라면 말이야. 아기는 말 대신 울음으로 의사를 표현하는 것뿐이라고.

사실 아기가 세상에 나오는 순간, 탯줄 하나로 보살핌과 영양분을 주던 그 체제는 사라진 거야. 물론 뱃속에 품고 있었을 때도 여러 가지로(말해서 뭐하겠나~ 싶을 정도로) 불편한 점이 많았겠지만.. 뱃속에 품고 있을 때가 천국이라는 말.. 이것이 실감될 거라고.

아기를 집에 데려온 그날부터 '아기의 니즈를 어떻게 만족시켜줄 것인가' 하는 매칭 작업, 즉 울음 코딩 분석 작업이 시작되는 것!

아기의 울음 코드를 해독해보자! 아래의 표처럼 말이야.

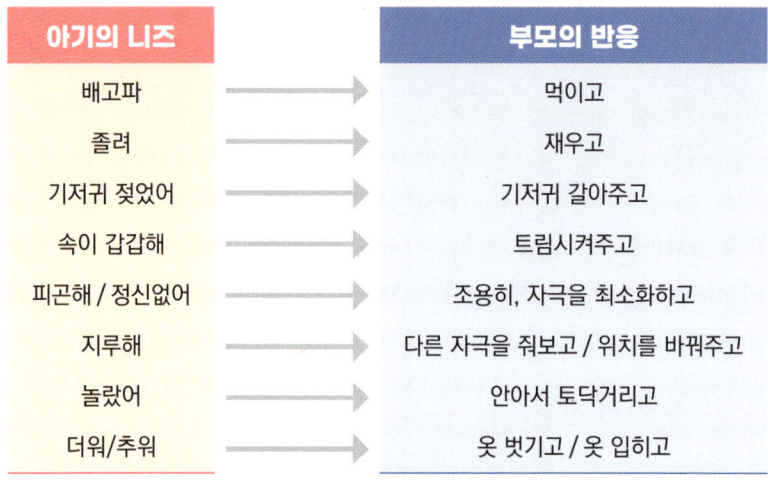

또한 작은 불씨(아기 울음)는 콧바람으로도 충분히 끌 수 있는데 처음부터 방화복 챙겨 입고 물대포 준비해서 달려오는 것은 완전 오버인 셈이라고! 아이가 배울 수 있는 소중한 기회를 날려버리는 것과 같은 거야. 그렇다면 밤중에 아이가 깨어났을 때, 아기에게 자극을 주지 않고 다시 푹~ 잠들 수 있게 하는 방법은 무엇일까?

똑게육아 수면교육을 차근차근 배워보자.

똑게육아 진정계단

이 방법은 아기가 4개월 전 시기에 가장 효과적으로 사용할 수 있는 방법이야. 어린 시기부터 빨리 시작할수록 좋아. 왜 4개월 전 시기냐고? 그 이후에는 애 머리가 굵어질수록 이런 자잘한 위안보다는 친무(친절한 무시)가 효과적일 수 있거든. (물론 '애바애', '양육자바양육자'겠지만)

진화 스킬 1단계부터 들어가면 돼. 이 방법으로 우리는 아기에게 반응을 하지만 오버해서 도와주지는 않을 수 있게 되지. 육아 처음 해볼 때 나도 모르고 한 과반응이 쥐약이 될 때가 많거든. 1단계부터 30초씩 진행해보고, 잘 안 된다 싶으면 다음 단계로 넘어가는 전략이야. 어떤 날은 등을 두드려주는 4단계에서 잠들고, 어떤 날은 노래를 불러주는 2단계에서 아기가 진정될 수도 있어.

그저 밤에 막바로 물대포(=수유)를 들고 급습한다면 이런 아기의 능력을 절대 볼 수도, 알 수도 없는 것이지. 아기가 밤에 일어났을 때 설사 지금 '먹일 타이밍'같다고 생각되더라도, 상황에 따라 먹이기 전에 똑게육아 진정계단을 쭉 밟아 올라가 볼 수도 있어. 아이가 기다림을 배울 수 있게 해줘. 아이는 왕이 아니야.

1단계 아기 근처에서 머무르기
(즉각 대응하지 말고, 아기가 왜 우는지 상황 및 원인 파악)

2단계 아기에게 말 걸어주기
(응원 : 아가야, 너는 잘할 수 있어! 잘하고 있어!)
노래를 불러주기, 입으로 쉬쉬~ 소리 내주기
평온한 분위기를 유지하는 것이 중요

3단계 위안/진정 도구들
잠과 관련된 물건들을 활용해보기

4단계 간단한 스킨십
등 두드리기, 가슴이나 배, 머리 쓸어주기 등

5단계 아기가 누워 있는 상태에서 이리저리 움직여준다.

6단계 아기를 안아 올려 부드럽게 둥가둥가,
바운싱 등을 해준다.

7단계 젖 먹이기

단순히 이 행위만으로도 너는 아이가 발전할 수 있는 공간을 제공해준 셈이라고. '밤수유텀'은 자연스레 넓어지고, 결국 밤수유를 아기 스스로 끊게 될 거야. 아기는 자연스레 점차적으로 밤에 덜 먹게 되어 있는데, 이것은 네가 어떤 밤수 전략을 가지고 반응해왔느냐에 달려있어.

똑게육아 진정 사다리 하나씩 오르기

- 먹이기
- 픽업 (안아올리기)
- 움직여보기 (누워있는 상태에서)
- 터치
- 위안/진정 도구들
- 여러분의 목소리
- 여러분의 존재

기질때문에 안 된다고?
진짜 이유는 따로 있어.

수면교육, 기질 때문일까? 핑계일까?
"우리 애는 기질상 수면교육이 안 돼요." 이 말, 딱 잘라 말하면, 절반만 맞는 얘기야. 기질은 분명 고려해줘야 해. 하지만 진짜 중요한 건 양육자의 성향, 수면교육을 대하는 태도, 그리고 가정 분위기야.
수면교육은 아이만의 일이 아니라, 아이를 맡은 PM(Project Manager), 즉 양육자의 역할이 훨씬 더 커.

"우리 아이는 기질상 너겟만 먹으니 그것만 먹이며 '먹' 영양소를 줄게요~"
➡ 네? 정말요?

아이가 식사 시에 '너겟'만 먹어대. 그것만 먹겠다고 하고 말이지. 다른 건 다 안 먹는 거야. 자~ 그럼 너는 이 상황에서 아이가 너겟을 좋아하니 이것만 주며 영양보충을 해주려고 할까? 아이가 그것만 먹고 그것만 찾으니까? 한번 각자 스스로 대답해보길 바랄게.
이때도 "애가 기질상 혹은 애 성질상 너겟을 너무 좋아하고, 너겟만 먹겠다고 해 어쩔 수가 없다." 이렇게 말할 수 있을까? 다른 것도 아니고 아이 건강과 관련된 부분인데 말이야. 너무 무책임하지 않아? 물론 이때도 입이 선천적으로 짧은 아이가 있을 수 있고 먹는 것에 예민한 아이는 있기 마련이야. 하지만 그렇다고 해서 '너겟'만 먹일 거냐 말이야. 그건 아니라는 것을 우리 모두 너무나 잘 알고 있잖아. 어려울 거 없어. '잠'도 딱 그렇게 생각을 해봐. 아이들에게 '잠'이라는 우리 신체에 필수적인 영양소를 어떻게 먹게 하는지, 이것을 가르쳐 주는 것인데 말이야.

"우리 애는 기질 때문에 안 돼요"라고 너무 빨리 단정짓지 마. 기질 핑계보다는, PM으로서 지금의 방식과 태도를 찬찬히 되돌아볼 때야.
기질보다 더 중요한 건, 이 시기에 부모가 어떤 마음가짐으로 아이를 이끄느냐는 거지. 수면교육이 가장 잘 먹히는 황금 타이밍인데, 그 마인드 하나 때문에 그냥 흘려보내기엔 진짜 너무 아깝잖아.
이제부터는 아이에게 어떤 학습법과 위안법을 쓸지, 어떻게 메시지를 전달하고, 어떤 방식으로 가르쳐줄 건지, 그걸 고민해 봐야 해.

기질 맞춤 수면교육 전략 (3개월 이후~)

수면교육 방법을 선택할 때는 아래의 세 가지 요소를 체크해봐.

❶ 아기의 개월수에 적절한지
❷ (네가 생각하는) 아기의 기질에 적합한지
❸ 양육자인 네가 지속할 수 있는 방법인지

먼저, 우리 아기의 기질이 어떤지 한번 체크하며 생각해 보는 시간을 가지면 좋아. 하지만 이 '기질'은 아직 어린 영유아 시기 단계에서는 '객관적'으로 진단하기가 다소 힘들다는 건 유념하자.
그래서 이때 테스트해 볼 수 있는 좋은 방법은 먼저 양육자인 엄마, 아빠를 기준으로 한번 각자의 성향에 대해 체크해 보는 거야. '나'와 나의 '배우자'는 서로 다른 존재일 것이고 서로가 어떤 부분이 다른지에 대해서는 각자가 이미 잘 알고 있는 경우가 많으니까.

아기의 '기질'을 체크할 때는 무언가 한 항목에 대해 서로 비교할 대상만 있어도 조금은 객관적으로 점수를 매길 수가 있거든. 물론 이 경우에도 어느 정도 가미되는 주관성은 무시할 수 없지만 말이야. 하지만 이 과정을 통해 양육자인 '나'와 다른 아이의 기질 속성에 대해서도 인지해 볼 수 있다고. 그로 인해 우리 아이를 바라볼 때, 기존의 나의 기질적 성향이 묻어있던 렌즈를 벗고 아이 고유의 타고난 기질 특성을 그대로 존중해 주며 바라볼 수 있는 렌즈를 장착하게 될 거야. 또한 어떤 기질의 특성은 신생아 단계, 돌 이전 육아에서는 특히 판단하기가 힘든 항목들도 있어. 만 18개월 이후나 만 3세 이후에 잘 구별되는 항목들도 있기 때문에 대략의 느낌만 참고해도 좋아.
또한 지금 네가 기질이라고 여기는 그 성향도, 우리가 어떻게 이끌어주느냐에 따라 반응도, 방향도, 얼마든지 달라질 수 있어.

이제 아기의 기질 체크시 중요한 9가지 항목을 먼저 소개해 볼게.

9가지 기질 분류

❶ 활동성 (activity level)
- 아이가 활동적인가요? 아이의 움직임이 많은가요, 적은가요? 외향성으로 생각하셔도 좋습니다.

❷ 규칙성 (regularity)
- 아이가 본래 좀 규칙적인 편인가요? 신체적인 먹고 자는 사이클, 배변은 어떤가요?

❸ 새로운 것에 대한 반응 (approach/withdrawal) (다가가는 성향 / 회피하는 성향)
- 아이가 새로운 사람이나 환경에 어떻게 반응하나요?
  다가가나요, 회피하나요?
- 아이가 새로운 사람을 만나는 것을 즐기는 편인가요?
  아니면 새로운 환경에서 그저 뒤에 머물러서 관찰하는 편인가요?
  ❶번 항목인 활동성/외향성과도 관련이 있는 항목입니다. 사회성 지수와도 관련이 있어요.
  아이가 새로운 것에 대한 두려움 없이 적극적으로 다가가는 편인가요?

❹ 적응성 (adaptability)
- 아이가 어떠한 변화에 있어서 얼마나 빨리 적응하는 편인가요?
  스케줄이 바뀌었을 때 바로 적응하나요, 화를 내나요?
- 처음에 부정적이었던 기분에서 얼마나 빨리 극복할 수 있나요?
- 아이가 한 활동에서 다른 활동으로의 전환에도 잘 적응하나요?

❺ 반응의 강도 (intensity of emotional response)
- 좋은 것이나 나쁜 것을 경험했을 때 그에 대한 감정의 반응도가 어떠한지요?
  센 편인가요, 약하게 반응하나요?
- 이 항목은 아이가 표출하는 기분의 정도를 말해요.
  슬프거나 기분이 상했을 때 아주 동네 떠나가라~ 울어대면 반응의 강도도 센 편인 거죠. 반대로 기쁠 때는 '좋아서 날뛴다'는 표현처럼 밖으로 그 자신이 느끼는 감정의 정도를 많이 표출하는지 적게 표출하는지를 생각하시면 돼요. 반응의 강도가 센 아이들은 모든 감정을 크게 표출합니다. 또 모든 것을 크게 느끼는 경향도 있습니다.

❻ 민감성 (sensitivity threshold)

- 외부 자극에 아이가 얼마나 민감하게 반응하나요?
  쉽게는 주변의 자극에 아이가 민감한지 아닌지를 생각해 보면 돼요.
  우리의 오감을 떠올려보시고요.
- 촉감, 맛, 질감, 소리, 냄새, 온도, 주변의 사람들 등에 아기가 어떻게 반응하나요?

❼ 주의 전환, 산만한 정도 (distractibility)

- 예상치 못한 자극(다른 소리나 활동)에 아이가 얼마나 쉽게 주의를 빼앗기나요?
- 주변에 의해 쉽게 주의 집중력이 분산되는 아이는 이 산만성 지수가 높아요.

* 한국어로 이해를 돕기 위해 '산만'이라는 단어를 활용했지만 사실 '기질'이라는 것은 좋고 나쁜 것이 없는 하나의 고유한 특징일 뿐이에요. 따라서 '산만'이라는 단어가 가지고 있는 약간의 부정적인 뉘앙스는 취하지 마시고, 이 항목의 기질 특성을 이해하는 데에만 활용해 주세요.

❽ 자기가 하고자 하는 고집, 끈기, 지속성 (persistence/attention span)

- 자기가 하고자 하는 바대로 꼭 해야 직성이 풀리는지 그 정도를 말한다고 생각하시면 됩니다. 한국어로는 '고집'이나 '자기주장을 굽히지 않는 정도'로 생각하셔도 이해가 빠르게 되실 거예요.
- 또, 어려운 일이나, 하기 싫은 일을 포기하지 않고 계속 지속할 수 있는 힘을 말하기도 해요. 영어로는 '퍼씨스턴스'라고 해요.
  이 퍼씨스턴스 레벨이 높은 아이는 외부에서 시킨다고 해서 하지 않아요.
  또 지시한다고 해서 하던 일을 바로 그만두지 않는답니다.

❾ 기분의 질 (quality mood)

- 원래가 행복하고 기분 좋은 아이들이랄까요. 소위 주변에 긍정적으로 보이는 아이들이 있어요. 영어로는 이런 아이들을 해가 반짝반짝 빛나는 Sunny(써니)라는 용어로 지칭하기도 해요. 주변을 봐도 써니 스타일의 아이들!이 있지요. 그런데 이런 아이들이 있다면 또 당연히 다른 성향의 아이도 있는 법! 원래부터가 기분이 조금 다운된 듯한 모습, 신중한 듯 보이는 아이, 크리티컬하기도 하고, 크게 기분이 신나 보이지 않는 아이들도 있습니다. 이러한 아이들을 '노을'을 의미하는 Sunset(썬셋)이라고 표현하기도 해요.
- 여러분의 아기는 기분이 좋고 신나 보이는 긍정적인 상태가 더 많은가요, 짜증 내고 슬퍼하는 부정적인 상태가 더 많은가요?
이 항목은 ❶번 외향성(활동성)과 ❸번 새로운 것에 대해 다가가는 정도 ❹적응성과도 어느 정도 관련이 있어요. 흔히 외향성이 높고, 새로운 것들과도 금방 잘 익숙해지는 아이들이 기분도 행복한 듯 많이 웃고 긍정적인 성향을 보이기도 합니다.
아이가 방긋방긋 많이 웃고, 소셜한지 생각해 보면 판단이 쉬워질 수도 있는 항목이에요.

이제 위에서 알아본 9가지의 기질 특성을 바탕으로 아래의 세 가지 유형으로 다시 구분해 볼게. 이렇게도 많이 나누거든.

❶ 쉬운(easy) 아이 : 새로운 환경에도 긍정적으로 잘 적응하고, 행복한 써니(sunny) 무드를 가지고 있어. 어떠한 자극에도 큰 반응 강도를 보이며 표출하지 않아.

❷ **어려운(difficult) 아이** : 새로운 낯선 환경을 회피하는 아기, 천천히 느리게 적응하는 기질, 부정적이고 다운된 듯한 시큰둥한 다소 뚱~한 느낌, 강렬한 감정 표출, 극도로 민감한 아기의 경우 '어려운 아기' 카테고리에 속해.

* '까다로운 아이'라고 불리기도 해. 역시 단어가 주는 부정적 뉘앙스에 조심하라고. 기질은 그 어떤 것도 옳고 그름이 없어. 그저 아기가 나와 다르다면, 그걸 양육자가 색안경 끼고 바라볼 수 있는 것.

❷ **천천히 워밍업 하는(slow to warm up) 아이** : 활동성 레벨은 낮고, 감정의 반응 정도는 낮아. 낯선 환경에 대해서는 회피하는 경향이 있고, 적응이 느린 편이야. (천천히 적응하는 게 단점은 아니야.)
또한 좀 더 다운된 분위기인 썬셋 무드인 경우가 많아. 조심스럽고 진중한 모습을 보여.

* '느린 아이'라고 불리기도 해. 역시 단어가 주는 부정적 뉘앙스에 조심하라고.

아이의 약 40%는 쉬운 아이(Easy Child)에 속해. 10%가 어려운 아이(Difficult Child)에 속하고, 15%는 천천히 적응하는 아이(Slow to Warm up Child)에 속하지. 그렇다면 이제 산수를 잠깐 같이 해보자.

<쉬운 아이> <어려운 아이> <천천히 적응>
100% - 40% - 10% - 15% = 30%

잠깐, 그러면 나머지 30%는 뭘까?

30%는 위의 세 가지 유형 중 어느 것에도 속하지 않는 아기들의 퍼센트를 의미해.

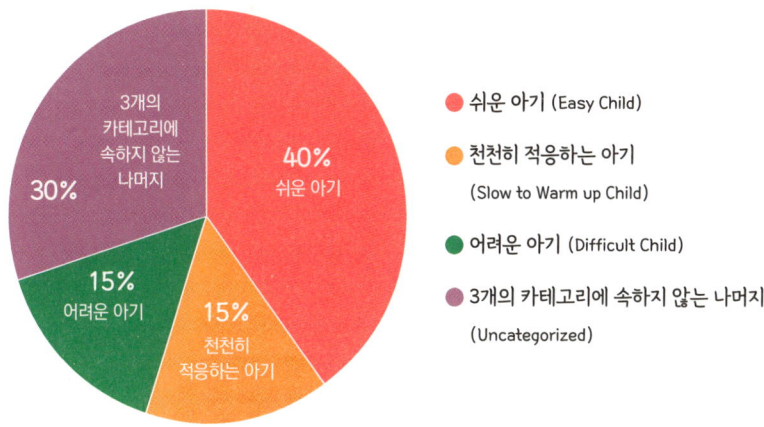

다음의 똑게육아 기질체크 워크시트에 아이의 기질이 해당된다고 생각하는 곳에 펜으로 점을 찍어봐. 부모의 기질을 체크하는 경우라면 '나'와 '배우자'의 기질에 해당된다고 생각하는 부분에 점을 찍어줘. 아이, 나, 배우자 각자 다른 색깔의 펜으로 각각의 기질을 잘 드러낸다고 생각하는 곳에 점을 찍어줘.

♥ 너 자신의 기질은 아이와 얼마나 잘 맞니?
♥ 이것이 너와 아이의 상호작용에 어떤 영향을 미칠까?

양육하고 있는 아이가 두 명 이상이라면, 다른 아이의 기질에 해당되는 곳에도 다른 색깔로 구분되도록 점을 찍어봐.

똑게육아 기질체크 워크시트

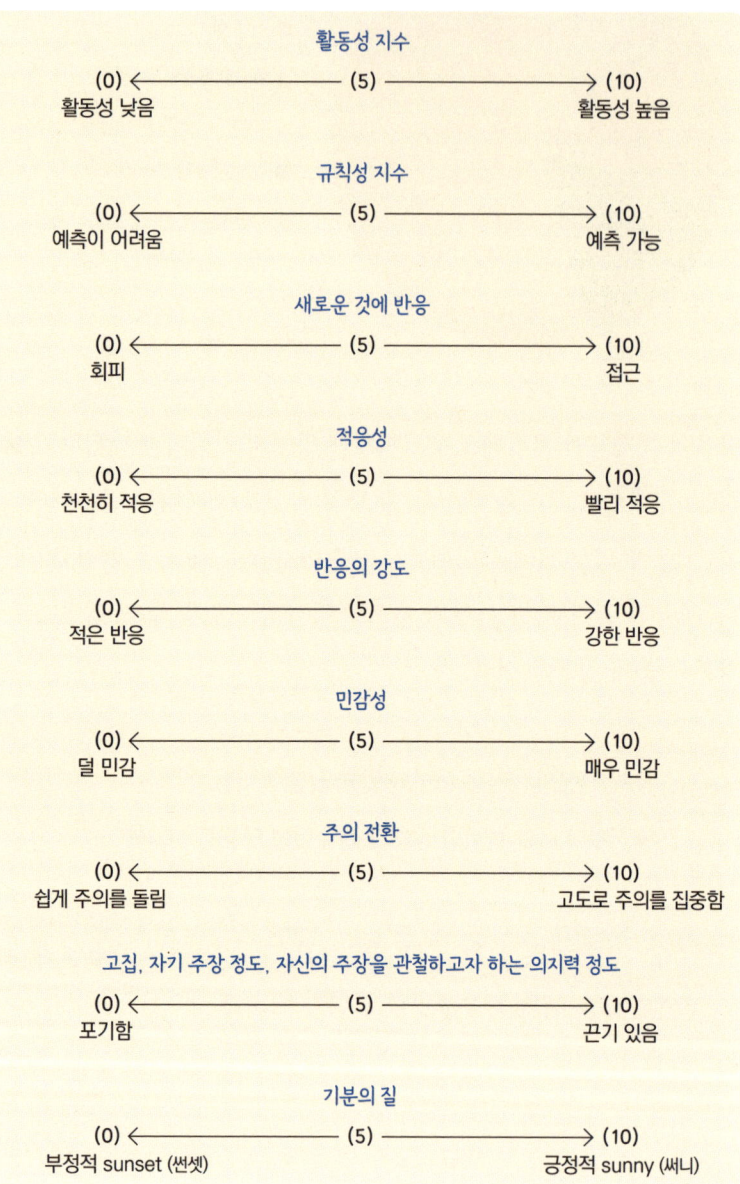

똑게육아 수면교육 방법

똑게육아 수면교육의 세 가지 기획의 단계 같이 보자.

❶ 어떤 잠연관을 쓸지 선택하고
❷ 아이가 잠들기 위해 잠깐 우는 시간, 즉 나는 우리 아기의 자율학습 시간을 어느 정도로 설정할지 밑그림을 잡고
❸ 그 자율학습 시간에 격려/응원해 줄 행위를 정하는 거야.

격려/위안 파트에서는 우리 아이의 기질이나 우리 집안의 환경을 고려했을 때, 어떤 전략이 맞을지, 그리고 그 빈도수는 어떻게 하면 좋을지 교육을 진행하면서 조금씩 수정해도 괜찮아. 교육 과정에서 아이의 반응을 관찰하다 보면 여러분도 더 잘 알게 될 거야. 이 격려/위안 행위는 아래의 세 가지 부분을 고려해서 정하면 돼.

똑게육아 수면교육 커스터마이징 3요소

☐ 아이와의 거리, 위치 (아기의 잠자리와의 거리)
☐ 격려/위안 하는 주기 (몇 분 간격으로 체크업할 것인지)
☐ 격려/위안 행위 (어떤 행위로 진정에 도움을 줄 것인지)

결국 커스터마이징은 이 3가지를 어떻게 조합하느냐에 따라 달라지는 거야.

5~6개월 이후 아기에게 유용하게 적용해 볼 수 있는 똑게육아 수면교육 방법

위치 (아이 잠자리와 떨어진 거리)	위안/격려 주기	위안/격려 행위 타입
잠자리 바로 옆	2~3분	안아서 진정시키기
잠자리에서 3~4걸음 떨어진 곳	4분, 5분, 매 6분 마다	20초 동안 안아주기
같은 방의 구석 끝	5분, 7분, 매 10분	20초 동안 터칭
방 밖	5분, 10분, 매 15분	20초 동안 차분하고 평온한 격려의 목소리

※ 잠드는 마지막 상태의 조건은 '눕'유지 = 잠연관

교육 목표 : 무엇을 교육시킬 것인가?

- ♥ **건강한 좋은 잠습관, 긍정적인 잠연관**
- ♥ **잠연관의 변화**

  (바로 '눕 잠연관'으로 못 가더라도 안 좋은 잠목발을 하나씩 제거해 나갈 수 있어요.)

➡ 더 간단하게 요약해 보자면, 수면교육 전략에 있어

- 터치를 가미할 건지, 체크업을 얼마큼 할 건지
- 한 방에서 할 건지 말 건지

이 두 가지 요소!! 가 결국 관건이 되는 거야.

수면교육 전략을 '울리지 않기'와 '울리기'를 양극단에 놓고 한 줄로 그려보면 다음과 같아.

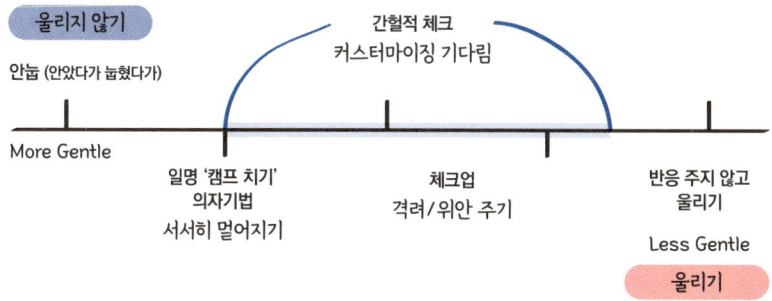

'쉬운 아기'는 수면교육을 해도 좀 더 스무스하게 진행이 돼. 쉬운 아기에 속한다면, 어떤 방법을 쓰더라도 다른 카테고리(어려운 아이, 천천히 워밍업 하는 아이)에 속한 아기들보다 조금 더 잘 적응할 수 있어.

'어려운 아기'는 한계선을 명확하게 설정해두고 무엇보다 '일관성'을 철저하게 지켜야 한다는 걸 꼭 기억해야 해. 준비(기획 단계)도 더 철저히 할 필요가 있어. '어려운 아기'에게는 점진적인 수면교육 방법은 오히려 더 안 좋은 결과를 가져올 때가 많아. 오히려 명확한 메시지로 일관성 있게 교육해 주시는 것이 효과적이야. '어려운 아기'들에게는, 깨시/잠텀부터 파악해 규칙적인 스케줄을 잡아놓고 수면 환경 등을 포함해 모두 사전에 확실하게 준비해서 교육하는 것이 좋아. 시스템적으로 잘 잡은 뒤에 본격적인 수면교육에 들어가라고. 이때 개입은 오히려 적게 하는 편이 실패 확률을 줄일 수 있어. 개입을 적게 하라는 이야기가 뭐냐면 특히나 우리가 처음 처음 부모가 되어 아이를 수면교육할 때는, 뜻하지 않게 원래 생각했던 플랜(plan)과는 다르게 반응할 수도 있는데, 이 '어려운 아기'에 속하는 아이들은 너희가 한 번 그렇게 반응했다면 계속해서 그 반응을 요구하고 한계선을 다시 테스트 하거든. 그래서 오히려 교육이 잘 안될 수 있어.

'천천히 적응하는 아기'들은 점진적이고 젠틀한 수면교육 방법이 더 적합해. 하지만 이때도 항상 일관성이 생명이라고.

다음은 각 기질별로 수면교육에 있어서 신경 써야 할 부분들이야.

♥ 아이가 새롭게 바뀐 환경에 잘 적응하지 못하고 민감도가 높다면, 점진적인 방법이 더 좋아. 변화에 더 잘 적응하는 기질의 아기는 좀 더 빠른 결과를 볼 수 있는 수면교육 방법이 효과적이야.

♥ 통찰력 있는 아기, 상황을 잘 관찰하는 예민한 아기가 있어. 이런 아기들은 모든 것을 잘 알아채는 눈치 빠른 아기들에 속하는데. 이런 경우에는 루틴에서 조금만 차이가 나도 금방 알아차려. 그리고, 수면교육을 진행할 때 조금만 일관성을 잃게 되면, 이런 아이들은 그걸 또 바로 알아차리고 말을 듣지 않게 돼. 그래서 이런 성향의 아기들을 교육할 때는 확실한 루틴과 플랜을 설정해두고 임하는 것이 좋아.

♥ 끈기, 지속력, 고집 - 이 성향의 수치가 높은 아기는 '쉬운 아기' 카테고리에 속하지 않아. 원래 잠자던 잠연관 습관에서 다른 것으로 변화를 주려고 한다면, 이런 아기들은 강하게 그에 맞서 싸우게 되지. 쉽사리 지지 않으려 하거든. 그래서 이 경우는 일단 더더욱 아이의 컨디션부터 잘 챙겨두는 것이 좋아. 규칙적인 틀에서 아기들은 행복을 느끼고 컨디션도 좋아져. 똑게육아를 참고하여 개월수에 맞는 깨시/잠텀을 체크해서 아기의 잠과 관련된 신체 시계 먼저 형성해주는 부분이 중요해.

또 유념해야 할 부분은 수면교육이 완성되는 과정은 쭉 뻗은 우상향하는 직선 코스가 아니라 구불구불한 곡선 형태로 우상향 된다는 점이야. 아래의 그림처럼. 하루 아침에 이루어지지는 않아.

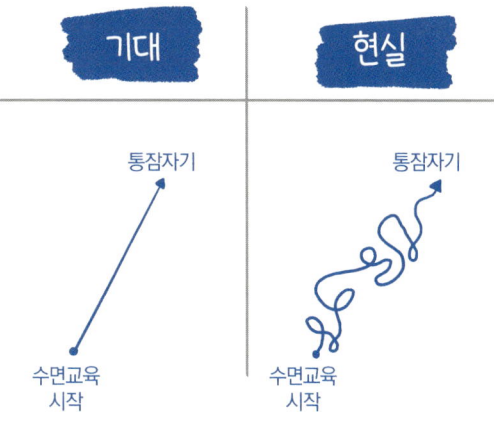

제일 중요한 건 일관성이고, 그다음은 양육자인 너의 분위기와 기운이야. 어떤 방법을 선택하든, 흔들리지 않는 일관성과 "할 수 있다"는 너의 자신감이 핵심이야. 그래서 수면교육 방식을 고를 때도 내가 끝까지 해낼 수 있는 방법을 고르는 게 좋아. 엄마가 중심 딱 잡고 기운 있게 밀고 나가면, 그 에너지 자체가 아이에게 그대로 전달돼.

주의할 점이 하나 있어. 어린 영유아 시기에는 아기의 기질을 정확히 파악하기가 생각보다 어렵다는 것. 비교할 또래도 없고, 아이 하루 리듬도 아직 만들어지는 중이라 '예민한가? 순한가?' 이런 판단이 종종 빗나갈 수 있어.

실제로 "예민한 줄 알았는데, 잠이 충분해지니까 완전히 다른 아기가 됐어요"라는 이야기는 정말 많이 들어왔어. 그래서 기질을 너무 단정하지 말고, 아이 컨디션과 수면 충전 정도를 함께 보면서 천천히 가늠하는 게 훨씬 정확해.

그래서 이런 부분들까지 고려해 보면, 결국 보편적인 가이드라인을 생각해보는 것도 꽤 도움이 돼.
아이 개월수 5~6개월 이후부터는 거리를 두고 하는 '체크업-위안/격려' 방식의 수면교육이 더 효과적이라는 연구결과들도 많고, 빠르면 3~4개월부터 가능하다는 자료도 있어. 왜냐하면 이 시기에 아기의 인지능력이 크게 발달하거든.

그리고 참고로, 8개월쯤 분리불안 돌부리가 확 올라올 때는 한 방에서 수면교육을 진행하는 전략이 더 유용할 때도 있어. 다만 이때는 괜히 흔들리거나 반응을 자주 바꾸면 금방 흐트러지니까, 덫에 빠지지 않도록 차분하고 일관되게 이어가는 게 제일 중요해.

사실 어떤 방법과 전략을 선택하든, 중간에 반응을 바꾸지 않는 '일관성'이 수면교육의 핵심이야. 우리 아기와 나의 성향에 꼭 맞는 현명한 수면교육으로, 행복한 육아 여정이 되길 정말 진심으로 응원해.
이제부터 소개할 내용은 그동안 정리해 둔 기질별 수면교육 방법들이야. 표로 깔끔하게 정리해뒀으니까 우리 아기 상황에 맞게 꼭 참고해봐.

간헐적 체크, '체크업-위안/격려'

◆ 방법
사전에 설정한 시간 간격 동안 기다렸다가, 빠르게 아이를 격려/위안해준 후 다시 아기 방에서 나오는 방식. (잠자리 환경이 사전에 안전하고. 편안하게 잘 준비되어 있어야 해!)

✔ 적합한 기질
   ✔ 에너지가 넘치는 아기
   ✔ 의지력이 강한 아기
   ✔ 여유로운 아기

✔ 소요 기간
   ✔ 2~5일 정도만 일관성 있게 실행하면 변화가 보이기 시작!
   ✔ 총 2주 정도의 교육 기간이 필요.

🌼 일관성이 핵심! 꾸준히 실행해 보면 달라지는 걸 직접 확인할 수 있어.

캠프 치기, 한방에서 진 치고 접근, 서서히 멀어지기, 의자기법

아이의 잠자리 옆에 의자를 두고 시작하는 방법이야. '점진적 거리두기' 방법이라고도 불러.

· 1~2일 또는 3일 간격으로 조금씩 멀어지는 방식.
· 점진적으로 진행하는 젠틀한 수면교육에 속해.

✔ 적절한 연령
   ✔ 9개월 이상 아기
   ✔ 유아 (18개월~3세 이상)

✔ 추천 대상
   ✔ 분리불안을 겪는 아기
   ✔ 걱정/불안감이 많거나 무서움을 쉽게 느끼는 아기
   ✔ 전 연령에 적용 가능

✔ 교육 기간
   ✔ 최대 3주 정도는 잡아야 효과를 볼 수 있어.

· 천천히 거리 두기를 하면서 아이가 스스로 잠드는 데 익숙해질 수 있도록 도와줘!

 **안눕법, 울리지 않기 방법**

아이가 자신의 잠자리에서 등을 대고 자는 것을 목표로 해.
아이가 울면 안아올려줘.

♣ **중요 포인트!**
아이가 깨어 있을 때 다시 등을 대고 잠자리에 눕혀줘. 울면? 다시 안아올리고 깨어있을 때 눕히고, 안았다 눕혔다 안눕 무한반복 (최종 잠연관 눕히기 유지)

- ✔ 적정 개월 수: 4~5개월 이전이 적당
- ✔ 사용 가능 기간: 최대 8개월까지 가능 (마지노선 8개월)
- ✔ 3개월 이전 아기라면? → 옆눕&쉬토닥, 눕&쉬&토닥법 활용
- ✔ 예민하고 민감한 아기에게 효과적
- ✔ 변화를 보려면 최소 1~2주 지속
- ✔ 총 2~3주의 교육 기간 필요 (실제 교육 기간은 더 오래 걸릴 수도 있음!)

커스터마이징!
위안/격려, 체크업 간격 시간을 우리 가정에 맞게 정하여 일관성 가지고 접근하기
없애고 싶은 잠목발을 하나씩 제거하는 방법

◆ **잠목발 제거 방법**
- ✔ 나쁜 잠연관을 하나씩만 제거하며 변화를 주기

- ✔ 점진적이고 천천히 진행하는 방법
- ✔ 아이가 한 가지 변화에 익숙해지면, 다음 단계로 진행

· 예를 들어, (젖물잠 → 안아서 재우기 → 누워서 재우기) 순서로 점진적으로 바꾸기
  - ✔ 예민한 아기 & 유아들에게 특히 효과적
  - ✔ 각 단계별로 1~2주 정도 소요

◆ 양육자가 아이의 울음에 민감하다면, 이 방법이 가장 적합해!
  - ✔ 부드럽고 자연스럽게 아이가 새로운 수면 습관을 받아들이도록 도와줘.

인수인계서 족보 Part 5.

재우기 업무

기획 단계
너에게 PM직을 줄게

똑게 꿀잠 프로젝트!
PM(Project Manager)은 누구?

　PM은 프로젝트 매니저의 약자야. 이 프로젝트의 총괄 책임자, 총대 멘 대장이란 뜻이야. (회사에서 OO업무 진행 중이라면, "이 프로젝트 PM이 누군데?" 부터 물어보게 되어있어.)
그래! 이 프로젝트의 PM은 바로 너라고! (빼도 박도 못해!) 그래서 애초에 설계부터 탄탄히 하고 들어가야 해.

[기획 단계] 꼼꼼하고 탄탄하게! 셀프점검 사항들

똑게육아 꿀잠 프로젝트는 양육자와 아이에 따라 얼마든지 맞춤형 버전으로 조합할 수 있어. **양육자가 가장 편안하고 확신이 가는 방법을 찾는 것이 성공의 관건**이기 때문이야. 그렇기에 우선 나와 아이의 기질 및 성격, 라이프스타일과 집안 환경 등에 대한 '셀프 점검'이 필요한 거야. 자, 그럼 나랑 같이 하나씩 체크해볼까?

❶ 아이의 기질과 개월수.
　우선 아기의 개월수와 건강 상태를 먼저 확인해봐. 기질은 앞 챕터에

서 자세히 설명해뒀어. 특히 아이가 새로운 변화를 겪었을 때 어떤 반응을 보이는지 봐봐. 아이가 새로운 상황을 여유롭게 받아들이고 빨리 적응하는 편인지 생각해봐.

❷ 부모의 기질과 성격.

꿀잠 프로젝트를 애초에 세운 계획대로 지속할 수 있느냐의 여부는 부모의 기질과 성격이 관건이야. 부모는 자신의 장점과 한계를 생각해야 해. 체력도 중요하거든. 부모가 잠을 제대로 못 자서 폐인과 같은 상태에서는 프로젝트를 실패하기가 쉬워. 몽롱한 상태라면 언제 우는 아이를 체크업해야 할지 판단하기가 어려워. 똑게육아 용어 중 '체크업'이란 아기가 울음을 터뜨릴 경우 부모가 아기의 상태를 체크하고 적절하게 격려해주는 것을 말해. 이때, 만약 부모의 체력이 부족해 판단력이 떨어지면 애초에는 1~10초 내에 간단히 체크업할 계획이었는데, 중간에 안눕법(안았다가 눕히기를 반복하는 방법)으로 바꾸거나, 갑자기 아기 옆에 누워 '에라, 모르겠다. 지금 이 순간만 모면하자'식으로 젖을 물려 재워버리기도 해(=일명 '젖마취'). 또는 '체크업'을 하지 않고 혼자 울게 두는 식으로 바꾸기도 십상이거든. 이렇게 일관성 없이 중간에 방법을 바꾸면 꿀잠 프로젝트는 성공하기 어려워져.

❸ 가족의 라이프스타일.

부부 모두 수면교육에 대해 공부가 되어있고, 하고자 하는 방향에 대해 동의하는지? 만약 한 사람이 전담해야 한다면, 그 사람이 스트레스를 가장 적게 받을 수 있는 방법을 찾아야 해. 아기를 재우는 것은 대부분 엄마의 몫으로 많이 떨어지지만 때로는 아빠가 더 잘해낼 수도 있어. 아빠는 엄마만큼 지치지 않았기 때문이야. 엄마가 모유수유까지 하고 산후우울증까지 겪고 있다면 더욱 그렇지. 가족 구성원도 살펴봐야 해. 기존에 먼저 태어난 형제자매가 이 프로젝트를 실행하면서 발생하는 아이의 울음에 영향을 받는다면, 똑게사운드 꿀잠&진정트랙을 이용해야 해. 똑게육아 유튜브에 올려뒀어.

❹ **집안 환경.**

집안 환경은 아이의 잠자리 설정과 관련된 부분이야. 공간 설정은 크게 (1) '아이와 한 공간에서 자기' (2) '각자 다른 공간에서 자기'로 나눌 수 있어. 부모와 아이 모두 안전하게 휴식을 잘 취하며 푹 잘 수 있다면 어떤 방법이든 괜찮아. (아이를 따로 자기 방에서 재우기로 결정했다 하더라도 안전을 위해 5~6개월 전 시기에는, 한 공간에서 '잠자리를 분리해' 투명인간 모드로 떨어져서 같이 자는 것이 권장되고 있으니 참고하고.)
아래의 순서도를 살펴보며 우리 가정은 어떻게 하고 싶은지 생각해봐.

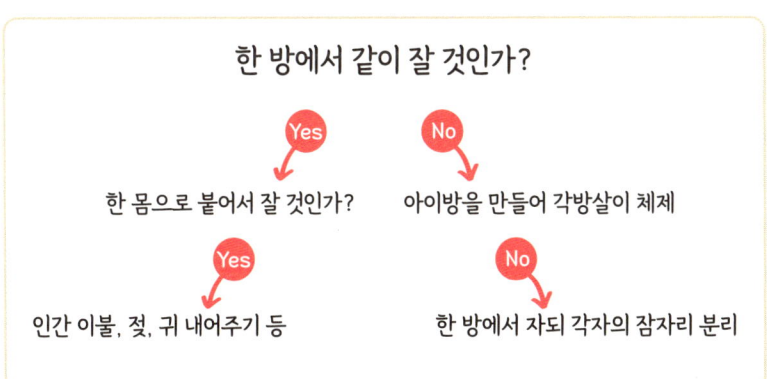

아기와 한방에서 같이 자고 싶다면 다음 질문들을 읽어가며 생각을 정리해보는 것이 좋아.

❶ 부부 모두 잘 때 별다른 움직임이 없는가? 아니면 자면서 많이 움직이는 스타일인가?
만약 양육자가 잠을 잘 때 많이 뒤척이는 편이라면, 아기를 깨울 수 있고 아기에게 위험한 일이 발생할 수도 있으니 주의해야 해.

❷ 부부 모두 아기와 같이 자기를 원하는가? 아니면 둘 중 한 사람만 원하는가?
다음의 상황들에 대해 생각해봐. ❶ 부부 중 한 명이라도 푹 자기 위해서 그 한 명이 다른 공간에서 잔다면, 이를 서로 이해하고 용인할 수 있는지? ❷ 아기와 같이 자야만 엄마가 안심되는 상황으로, 남편이 이에 동의하고 있는지? (사실 알고 보면, 부모가 오히려 아이와의 분리불안을 겪는 경우도 많아.)

❸ 아이가 자야 할 때 어른이 같이 잠자러 가는 것에 동의하는가?
아이가 잠들 때까지 쥐 죽은 듯이 있을 각오가 돼 있는지 생각해봐야 해. 만약 아이가 잠자는 그 시간에 엄마는 자고 싶지 않다면, 아기가 잠들기까지 쥐 죽은 듯이 잡혀 있어야 하는 약 '30분~1시간'의 시간은 고문이 될 수도 있어. 소중한 시간을 허비하는 셈이 되지. 이것이야말로 **해보기 전에는 절대 가늠할 수 없는 노동 중 하나라고.** '이 시간을 버리는 노

동'을 누가 할 것인가로 남편과의 예기치 못한 싸움이 발생하기도 해. 주로 첫째 때는 엄마가 이 일을 맡는 경우가 많아. (물론 가정마다 다를 수 있어) 그런데 이걸 365일 계속해서 지속한다고 생각해봐. (기억해. 이 일은 휴가가 없는 job이야. 365일 Full근무 체제야. 우리는 이 세계에 당당히 진입한 것이고) 그 재우는 시간 동안에는 물을 마실 수도, 화장실에 갈 수도 없어. 심지어 밖에 있는 남편에게 물 좀 가져다 달라고 하려면 (수유하면 목이 엄청 마르거든) 어둠 속에서 아기에게 붙잡힌 몸을 간신히 움직여, 또 휴대폰을 아기 머리 위에 떨어뜨리지 않게 조.심.조.심.하면서, 정말 힘들게 톡을 보내야 해. 정.말. 목이 타들어갈 때 간.신.히. 톡을 보내는 건데.. 정작 남편이 항상 휴대폰을 주시하고 있다가 '오! 톡 왔네~!' 하고 바로 물을 가져다줄 확률은 높지 않아.

또한 같은 방에서 함께 자는 경우에는 어쩔 수 없이 잠연관은 아래와 같이 잡힌다는 것은 알고 있어야 해. 이건 엄연한 '팩트(사실)'라고.

* 잠연관 = 너 님의 실물 존재, 그 아기가 자는 방 안에 너 님이 있으셔야 함. 그런데 이때 딴짓 X, 쥐 죽은 듯 자는 척 해야 함. 시체놀이, 목석놀이.

❹ 밤수하는 기간이 더 길어져도 괜찮은가?
아기와 잠자리를 공유할 경우, 밤수를 떼는 게 더 힘들어지긴 해. 자연스레 밤수를 자주 하게 돼서 그 밤수하는 기간이 길어지는 것이지. 덩달아 아이가 잠을 배우는 기간도 길어질 수 있어.

❺ **우리 부부는 아기와 긴밀하게 접촉해서 잘 때 안락함, 포근함을 느끼는가? 함께 자면 아기와 부모가 연결된 것으로 느껴지는가?**

살을 대고 자는 부분. 이것에 중점을 두는 분들도 분명 있어. 이건 성향 차이야. 살을 대고 자더라도 괜찮아. '똑게육아 수면교육'의 큰 틀에서 "아~ 나는 우리 아이의 '잠연관'을 살을 대고 잠자는 걸로 했다"라는 걸 인지하고 있으면 되는 일이라고. 이게 중요하거든. 그게 나 자신(양육자)이 설정한 방향인 걸 '내가 알고 임하고 있느냐 아니냐' 이 부분이 바로 큰 차이를 가져오는 거야. 이 부분만 제대로 알고 있다면 나중에 가고자 하는 잠연관의 목표가 차츰차츰 상황에 따라 '재설정'되더라도 똑게육아를 통해 GPS는 정확하게 설정해 두었기에, 이제는 목적지를 향한 길이 보이니 잘~ 운전해서 갈 수 있는 것이지. 자신만의 속도로 말이야. 조바심 낼 필요도 없어.

아이와 살을 맞대고 잘 때의 단점, 유의사항

ⓐ 덫에 빠질 위험이 높긴 해. 엄마 살결이 꼭 닿아야 잠드는 잠연관이 생기니까 그렇지. 당연히 인간 이불 신세로 전락할 수 있는 노릇이야. 또한, 모유수유 엄마의 경우 '젖=잠연관'이 되어 인간 공갈젖꼭지 노릇을 해야 할 수도 있어. 자~! 이걸 내가 선택해서 '인간 이불'신세로 잠연관 노동을 계속 수행한 것인지, 아니면 나는 이걸 원한 게 아니었는데, 그냥 어쩌다 보니까 계속 정신없이 흘러가다가 이렇게 되어버린 건지. 이게 큰 차이라고. 적어도 똑게육아를 읽었다면, 아기를 어떻게 재우든지 간에 이걸 바라보는 현명한 시각은 탑재되어 있을 거라고 믿어.

ⓑ 서로의 숙면을 방해할 수 있어. 아기가 몸을 움직이면서부터는 같이 자는 부모가 아기의 발길질이나 구르기 등으로 인해 자다가 깰 수 있거든. 아기 역시 가장 좋아하는 상대인 엄마가 바로 옆에 있으면 흥분되어 '잠 모드'로 전환하기란 상대적으로 어렵기 마련이야. 그래서 잠에 빠져드는데 시간이 오래 걸리게 되어있어. 또한 얕은 잠 단계에서 엄마의 존재 여부를 확인하기 위해 깨. 이때 살짝 깨서 옆에 엄마가 자고 있는 걸 확인하면 다시 잠들지만, 엄마가 없으면 다시 자기 옆으로 오라며 울게 되어있어.

ⓒ 영유아돌연사(SIDS)의 위험을 간과할 수 없어. 성인용 베개나 이불에 눌려 질식하는 경우, 다른 아이나 어른이 구르면서 덮치는 경우, (똑게육아 수면교육 전공책을 참고하여 안전 잠자리 체크리스트는 철저히 지켜야 해. 푹신한 성인 침대와 같은 잠자리에서 아이를 재운다면 위험해. 엎드려 자다가 숨이 막히는 경우 등 아기에게 위험한 상황이 벌어질 수도 있거든.) 만약 추후에 아기를 자기 방에서 따로 자게 할 계획을 하고 있다면, D+1일부터 아기방에서 재우면 돼. 부모 중 한 명이 투명인간 모드로 아기와 떨어져 자는 식으로 말이야. 그런데 부모방에서 함께 자다가 약 5~6개월 쯤에 아기를 자기 방에서 혼자 자게끔 전환하게 된다면, 아기는 한차례 더, 바뀐 방의 환경, 새로운 환경에 적응해야 해. 이를 참고하도록 하자. 굳이 힘 뺄 필요 없잖아~

★ 마지막으로 다음의 사항들을 알고
'아기와 같은 방에서 공존 취침'을 한다면
덫에 빠질 가능성을 줄일 수 있어.
적을 알고 나를 알고 임하면 백전백승!

❶ 수면의식을 할 시간이 되면 잠자는 방으로 데리고 간다.

❷ 밤중에 아기의 상태를 확인할 때, 엄마 침대(잠자리)에 머문 상태에서 체크업한다. 일어나서 체크할 경우에는 아기 침대(잠자리)에서 몇 걸음 떨어져 있는 것이 좋다. 그리고 체크가 끝나면 다시 엄마 침대로 돌아간다.

❸ 밤수를 하고 있다면 아기를 아기 침대에서 '데리고 나와서' 먹여야 한다. 수유의자든 일반 의자든 하나를 정해두고 거기에 '앉아서' 수유한다. 엄마의 잠자리에서 먹이지 말자!

원래 아기의 인지능력이 발달하는 5~6개월이 넘어서까지 양육자가 아이와 함께 같은 방에서 자면, 아이가 방에 엄마가 있다는 걸 알고 있어서 그것 자체가 '연관'이 되는 것은 피할 수 없는 부분이야. '엄마가 한 방에 같이 있어야 한다'는 것이 잠잘 때 언제나 갖추어져야 할 필요조건이 되어버리는 것이지.

또한 아기는 엄마가 옆에 있기 때문에 아침에 일어났을 때 엄마와 함께 하루를 시작하기 위해 이미 흥분되어 있는 상태야. 때문에 아기가 이른 아침에 일어나는 현상(종달새)이 각방 체제보다 많이 발생할 수 있는데, 이때 아기의 상태를 체크해야 한다면, 체크하는 동안 '아기와 눈을 마주치거나 하는 상호교류'는 자제해야 해. 아기가 깨어나야 하는 시간보다 더 일찍 일어날 경우 암막커튼이나 블라인드를 사용해 어둠을 유지시켜주면 아이는 조금 찡찡대다가 다시 스르륵 혼자 잠에 빠져들 거라고.(종달새 패턴이 심할 땐, 원인을 하나씩 차분하게 점검하면서 접근하는 게 중요해)

어쨌든 아이와 방을 공유할 때(떨어져 자든 붙어서 자든)는 '아침에 좀 더 일찍 깨는 현상'이 몇 주간 지속될 수 있다는 사실을 항상 인지하고 있어야 해. 그래도 앞서 말한 상황들을 명심하고 잘 이끌어주면 대체로 '아이 잠의 질과 양'은 좋아지게 되어있어.

꿀잠 프로젝트에 돌입하기 전 추가 체크 사항들

❶ **아이의 최근 상태.**

최근에 아이가 새로운 스킬을 배웠니? 중요한 변화가 있었을까? 일주일 안에 새로운 스킬을 배웠다면, 또는 가정이나 아이의 삶에 큰 변화가 있어서 그 변화에 적응해야 하는 상황이라면 꿀잠 프로젝트를 시작하지 말고 잠시 기다리는 것이 나아. 아기의 뒤집기, 구르기, 서기, 걷기, 말하기 등을 주요 발달 단계로 보면 돼. 그런데 사실 이런 것들을 다~ 기다리고 있으면 프로젝트를 시작하기 힘들어질 수도 있거든. 내가 말하는 건 아이가 <u>방금, 바로 얼마 전에 이 스킬을 터득했다면 그 1일차에 프로젝트를 바로 들어가기는 힘들 수도 있다</u>는 뜻으로 이해하면 좋아. 아이를 관찰하는 부분도 중요하고.

❷ **부모의 최근 상태.**

엄마가 곧 일을 시작하는 것도 큰 변화에 속하는 부분이야. 예를 들어, 만약 엄마가 2주 뒤에 일을 시작한다면 프로젝트를 시작하지 않는 것이 나아. 그 자체가 아기에게 너무 큰 변화가 될 수 있기 때문이야. 출근을 시작한 뒤, 아기가 그 환경에 익숙해지면 그때 프로젝트를 시도하는 편이 나아. 더불어 부모의 스케줄과 상황이 2~4주간 꿀잠 프로젝트에만 집중할 수 있게끔 되어 있는지도 체크해야 해.

[설계 단계] "이렇게 하면 자는 거야~" 긍정적 잠연관 만들어주기

자, 기획 단계를 통해 나와 내 아이, 집안 환경, 현재 상황 등에 대해 모두 파악했다면 이제 설계 단계로 들어가야지.

❶ 어떤 잠연관을 쓸지 선택하고
❷ 아이가 잠들기 위해 잠깐 우는 시간, 즉 '나'는 우리 아기의 자율학습 시간을 어느 정도로 설정할지 밑그림을 잡고

❸ 그 자율학습 시간에 **격려/응원**해 줄 행위를 정하는 거야. 격려/위안은 어떤 타입이 맞을지, 그리고 그 빈도수는 어떻게 하면 좋을지 프로젝트를 진행하면서 조금씩 수정해도 괜찮아. PM인 너의 감도 프로젝트를 진행하면서 그 레벨이 점점 올라갈 테니까.

이 격려/위안 행위는 어떤 세 가지 요소를 정해서 커스터마이징 하라고 했지? 기억나니? 복습해보자.

똑게육아 수면교육 커스터마이징 3요소

☐ 아이와의 거리, 위치 (아기의 잠자리와의 거리)

☐ 격려/위안 하는 주기 (몇 분 간격으로 체크업할 것인지)

☐ 격려/위안 행위 (어떤 행위로 진정에 도움을 줄 것인지)

교육 목표 : 무엇을 교육시킬 것인가?

♥ **건강한 잠습관, 긍정적인 잠연관**

♥ **잠연관의 변화**

(바로 '눕 잠연관'으로 못 가더라도 안 좋은 잠목발을 하나씩 제거해 나갈 수 있어. 네가 PM으로서 설계할 방법은 '밤중 수유를 끊을 때'나 '밤중깸'을 대처할 때도 활용할 수 있는 거야.)

물론, 만약 처음에 잠연관을 '눕'이 아닌 '엄마와 살결 맞대고 자기' 혹은 '인간 공갈젖꼭지', '인간 이불 되어주기(아기를 너의 몸으로 이불처럼 감싸안고 한 몸으로 잔다는 뜻이야.)', '둥가둥가'로 설정하고 들어갈 수도 있을 거야. 그렇지만, 생각해봐. 이런 경우는 딱히 교육이나 노력이 필요 없

어. 왜냐하면 이러한 잠연관은 아이가 정말 이것을 노력해서 배운다고 하기에는 무의미할 정도로 쉽게 적응하는 것들이거든. 아이가 자기 내면에 있는 스킬을 업(up)시키는 게 아니라서 그래~

우리가 '목표'라고 하는 것은 어떤 걸까? 예를 들자면, '내 인생에서 나이 먹기' 이런 게 목표일까? 가만히 있으면 달성되는데 그걸 목표로 삼니? 딱 생각해도 아니지.

자, 나만해도 이 책을 써내는 것이 보통 힘든 일이 아니었어. 앉아서 머리를 쥐어뜯으며 허리 구부려 쓰고 있다 보면, 몸이 정말이지 상상하는 것 이상으로 너무 안 좋아지기도 해.

나도 그냥 누워서 쉬고만 싶기도 하고, 맛있는 것을 먹거나 놀러 가는 게 더 편하지. 그냥 내 애들만 육아+살림만해도 힘든데 이걸 계속해서 붙들고서는, 쓰고 또 쓰고, 출력해서 하나하나 다시 읽어가며 고치고 또 고치고.. 그렇게 계속 다듬고 더 발전시켜보고.. 솔직히 정말 힘든 일이야. 그렇지만 노력하는 근육, 깊게 생각하고 사고하는 근육, 나아가서 창조하는 근육 등을 키우기 위해서는 매일같이 나의 한계를 조금씩 넘어서가며 꾸준히 노력해야 하는 거야. 우리 몸의 근육을 만들 때도 똑같은 것처럼 말이지. 계속해서 조금씩 조금씩 더 수준 높은, 깊이 있는 배움을 추구하면 더 발전할 수밖에 없는 거잖아?

똑같은 원리야. '눈 외의 잠연관'은 딱히 너희가 노력하지 않아도 아이는 아주 쉽게 너희들이 부지불식간에 재운 방법! 그것에 적응하게 되어 있다고. 그래서 그것에 '목표' '교육' 'PM' '프로젝트' 라는 단어를 쓰는 것 자체가 어울리지 않아.

자존감/자신감을 높이는 방법
(아이와 우리 둘 다에게 해당돼.)

작은 목표들을 달성하는 것, 이것이 바로 자존감을 높이는 데 큰 도움이 돼. 작은 성공을 경험하게 해줘. '육아'가 왜 미치느냐... 어찌보면 직장처럼 구체적인 실제 목표가 없어서 그래. 그냥 죽어라~ 서바이벌 모드로 다다다~ 이어지거든. 살아남는데 급급하고.. 하루하루가 다람쥐 쳇바퀴처럼 느껴지는 것에 더해 그 안에 또 '나'는 없으니까.
누가 로드맵을 알려주지도 않아. (그나마 '똑계육아'라도 탄생해서 여러분의 내비게이터가 되어주잖아... 나는 이런 것도 없었어. 눈물 한 번만 흘리고 갈게.)

자~ 그러니까 지금 그럴수록 이렇게 '프로젝트 매니저(PM) 역할'을 내가 알려준 방식대로 여러분이 멋지게 맡아보는 거야. 주도적으로, 딱딱 야무지게. 그러면 예전에 일할 때의 나도 떠오르고, 육아가 체계 잡히면서 우울감 따위 느낄 일 없이 훅훅 재미있게 지나갈지도 몰라.

그리고... 혼자 버티지 않아도 돼. 필요할 땐 내가 옆에서 방향을 잡아주고 정리해줄 테니까, 너무 막막하게만 끌어안고 있지 않았으면 좋겠어. 누군가가 옆에서 딱 정리해주고 기운을 실어주는 것, 그게 생각보다 진짜 큰 힘이 되거든. 막힐 때는 내가 정리해 둔 강의나 자료들도 있으니까, 필요할 때 참고하면 마음이 훨씬 가벼워질 거야.

그리고 이렇게, 부모인 우리가 작은 목표를 이루며 성취감을 하나씩 채워가기 시작하면 그 에너지가 아이에게도 자연스럽게 전달돼. 그러면 아이의 자존감과 자신감이 눈에 띄게 올라오고, 결국 집안 전체의 분위기가 훨씬 안정되고 따뜻해져. 우리의 기운이 올라가면, 아이도 같이 올라가고, 그때부터 가족의 평온은 자연스럽게 따라오는 덤이야.

자, 어때. 목표는 매우 구체적일수록 좋아. '프로젝트 매니저(PM)'로서 단기, 중기, 장기 계획을 바라보며 여러 번 실행계획을 세워보는 거야. 육아 job에서도 이런 작은 성공 경험을 해보는 것이 정말 중요해. 잘게 쪼개서 작성해 보면, 내가 지금 하고 있는 행동이 어떤 의미인지 큰 틀에서 보이기 시작할 거야.

아이를 공부시킬 때도 거의 비슷해. 지금 우리가 달성할 수 있는 성공 가능성이 높은 목표를 잘게 쪼개서 설정해. 그런 다음, 우리는 양육자로서 아이가 목표를 이룰 수 있도록 옆에서 지원해 주는 역할을 해주는 거야. 아이와 내가 작은 목표를 달성한 후 맛보게 되는 성공의 경험. 이것들이 하나씩 쌓일 때 성취감을 느낄 수 있고 자존감/자신감이 키워지는 거지. 그래야 인생이 무기력하지 않고 재미있어지고.

자존감과 자신감을 기르려면 먼저 성취감을 느껴야 하는 법이거든. 육아 job에서도 충분히 성취감을 느낄 수 있어. 그리고 꿀잠 프로젝트가 일정부분 성공하면 꼭 자기 자신에게 스스로 칭찬과 보상을 주도록 해! 간단한 것이더라도 말이야.

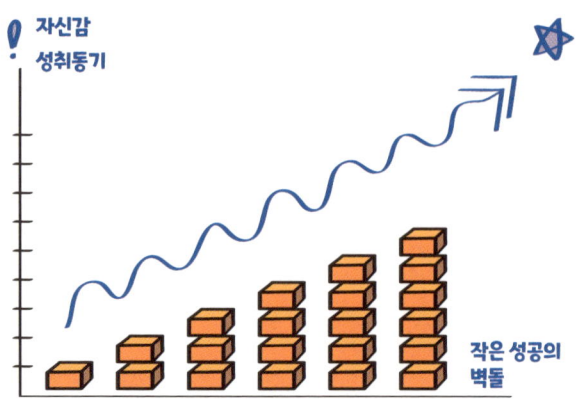

아이나 여러분이나 하나씩 하나씩 벽돌 쌓듯이 위의 그림과 같은 경험이 쌓일수록 '그래~! 나도 뭐든 할 수 있어!' 라며 자신감/자존감이 우뚝 상승하게 될 거라고.

성취감을 느끼면 → 자존감이 올라간다.

오늘부터 작은 목표부터 세워봐. 그리고 육아 job을 재미나게 꾸려나가보자. 이 책을 읽고 있는 여러분은 모두 할 수 있다고!

[설계 단계] - '울음' 허들 넘기
1:1 키포인트 과외, 주요 변수
- 울리느냐 울리지 않느냐, 그것이 문제로다?

수면교육에서 관건은 항상 '울음'이야. 그치? 많은 부모님들이 수면교육 과정을 빨리, 아이를 적게 울리면서 성공하고 싶어 하셔. 절대 울리고 싶지 않아서, 차마 울릴 수 없어서 '눕히기' 잠연관은 쓸 수 없다는 엄마들도 가끔 있어. 하지만 아기가 우는데 어떻게 수면교육을 할 수 있느냐고 묻는 엄마들에게, 이게 뭔지 아는 그 한 끗 차이로 다른 차원의 육아를 맛본 많은 똑게육아 독자님들은 아래와 같이 말하곤 하지.

'애가 울까 봐 수면교육을 못 하겠다고? 나는 아이를 울리지 않기 위해 지금 이 방법을 선택한 거야. 지금은 괜찮을지 몰라도, 아이가 왜 우는지를 이해하지 못하면 결국 더 많이 울게 될 수도 있어. 부디 울음에 대해 정확히 알고, 제대로 육아에 임했으면 해. 그게 진짜 아이를 위한 길이야.'

'이게 오히려 더 어려운 거야. 제대로 알고 말하자. 그냥 내 마음이 편하자고 기준 없이 안아주는 걸 마치 아이를 안 울리는 위대한 선택처럼 포장하는 건, 사실 하나만 알고 둘은 모르는 셈이야.'

결과적으로 깨닫게 되어있어. 물론 애를 한 명만 키워보면 찬스는 한 번뿐이라서 영영~ 스스로 피부로 깨닫지는 못할 수도 있어. **영유아 수면교육**은 단순한 이론이 아니라, 직접 경험하며 체득하는 과정이 중요해. 이건 굉장히 디테일한 영역이거든. 거의 **예술**과도 같은 작업이야.

자~! 지금 그 순간의 울음이 영유아기에 발생하는 전체적인 울음의 양을 제로(zero)에 가깝게 만든다는 사실을 알아야 해. 우리는 수면교육에서 발생하는 그 '울음'을 아주 똑똑하게 쓸 거야. '울음'은 어떻게든 발생을 하는 것인데, 즉 아이가 우는 건 너무 당연해. 거의 디폴트 값이야. 그 '울음'이 올바른 목표를 위한 바른 방향으로 발생하게 되어 우리 똑게 육아 독자님들은 그 '울음'을 가치있게 쓰게 되는 것이지.

아이를 재우는 과정에서 동반되는 울음에 대해 걱정하는 분들을 위해 조금 더 짚고 넘어가 보자. 오스트레일리아에서 진행한 한 연구에서 울음이 수반된 수면교육을 한 영아들을 대상으로 10년이 지난 후 정서 테스트를 실시한 결과, 정서적으로 전혀 문제가 없다고 발표됐어. 특히 엄마의 정신건강은 수면교육을 하지 않은 엄마에 비해 월등히 좋았고. 이 연구의 제목은 '수면교육, 걱정하지 않아도 된다'야.
우리 차분히 생각해보자. 아기를 울릴 수 없다며 노예노동으로 아기를 재우는 힘듦, 나만 왜 이렇게 고생하고 있는지 모르겠는 분한 억울함... 처음 엄마가 되면 느끼게 되는 이런 부정적인 감정들이 마구 발산되면 부부싸움이 잦아지고, 결국 아이에게 **평화롭지 못한 가정환경**을 제공하는 셈이 되고 말아. 이것이야말로 정말 아기의 정서에 좋지 않은 거야. 알아, 너 무지 몸 불살라가며 투혼하고 있는 거.

아기가 울면 스트레스 호르몬이 나온다는데 어떻게 하느냐고? 우리가 똑똑하게 활용하는 스트레스는 **'긍정적인 스트레스'**에 속해. 그렇게 되게끔 내가 프로그램을 설계해 놨어. 물론 제대로 이해하고 들어가야겠지. 우리는 똑똑하게 아이의 울음을 use해.

그리고 울음, 나쁜 거 아니야. 이번에는 이 질문을 생각해봐. '아기를 단 한 번도 울리지 않고 키울 것인가?'

미국소아과협회에서는 "다른 특정 원인이 없고, 그저 잠이 와서 잠투정으로 우는 울음은 20분까지 그냥 둬도 아기의 뇌나 다른 곳에 아무런 부정적인 영향이 없다"고 설명해. 이 문장은 신생아 시기에도 해당되는 내용이라고.

뭐든 연구결과를 볼 때는, 이 실험의 독립변수가 뭐고, 종속변수가 무엇인지, 무엇을 증명하기 위해 어떤 방식으로 실험했는지 실험 대상은 무엇이며, 연구 표본은 무엇인지 이런 걸 확실히 봐야 해.

그래서 각 실험마다 '신뢰도' 지표가 따로 있어.

신뢰도가 낮은 실험은 신빙성이 떨어져. 그냥 쌩눈으로만 관찰했다거나 한 실험들이지. 이를테면, 아우슈비츠 수용소 안의 아이들, 고아원에서의 예가 그래. 이처럼 극단적으로 방치된 상태에서 울다가 잠들어 정서에 피해를 입은 경우와 지금 우리가 이토록 세심하게 공부하며 설계해서 적용할 똑게육아 수면교육 프로그램을 비교한다는 건, 그 자체가 말도 안되는 코미디인 셈이야.

아기가 태어나 만난 세상이란 이전에 아기가 있던 환경인 엄마의 자궁 안과 비교하자면 새로운 자극들이 엄청나게 많아. 그래서 아기가 자극을 과하게 받았을 때나 진정이 안 되는 극한 울음을 터뜨릴 때는 아기에게 익숙한 장소, 이를테면 아기침대에서 혼자 긴장을 풀게끔 그냥 두는 편이 좋아.

특히 엄마가 **잔잔한 호수처럼 평온한 마음**으로 아기를 달랠 수 없다면, 오히려 아기의 짜증을 돋울 수 있는 거야. '**근심, 걱정으로 어쩔 줄 몰라 하는 엄마 자체**'가 과자극이 되는 셈인 거지. 엄마가 "**왜 이러지? 왜 이러지? 뭔가 잘못된 거 아니야**" 하며 **초조**하고 **불안**하게 아기 옆에서 계속 '**귀찮게**' 하면서 안절부절못하는 기운을 전파하면 아기의 짜증은 더 솟구쳐 더욱더 자지러지게 울어대기 마련인 거라고.

아기들은 엄마가 침착한지, 예민해져 있는지, 짜증이 났는지, 화났는지 바로 알아차려. 엄마의 불안함, 조급함, 초조함을 아기는 똑같이 느끼게 되어 있어. 아기의 상태는 가정의 화목함, 엄마의 체력, 심리 상태, 양육자의 컨디션 등과 큰 관련이 있어. 결국 좀처럼 그치지 않는 아기의 울음은 엄마의 스트레스로 이어지고, 이것은 다시 아기에게 스트레스로 전달되어 울음이 더욱 커지고 길어지는 거야. (악순환의 고리)

둘째 때는 아기가 우는 것도 그저 귀엽게 느껴져. '애가 당연히 울지~

(^_^)' 하는 마음이 될 수도 있는 거라고.

이 '울음'에 대해서만 책을 써도 한 권 분량이 된다. 얘들아~ 부모의 특정한 도움이 필요한 울음에는 당연히 뜸 들일 필요가 없어. (하지만 그때도 별 거 아니라는 의연한 분위기와 태도가 중요해.) 똑게육아에서 말하고 있는 '잠자리에서의 울음'은 전체 맥락에서 잘 이해해야 해. 이때 즉각 반응해주지 않는 이유는 그렇게 하면 그 순간만 모면할 뿐, 결과적으로 아기의 뇌는 더 스트레스를 받고 예민해지기 때문이야. (이것을 잘 판단하려면, 똑게육아 스케줄을 먼저 공부해야겠지. '언제' 재울까 하는 'When' 부분 말이야.)

아이에게 해로운 것은, 똑똑한 이해를 토대로 '이 순간에는 네가 우는 걸 허하노라'에서 발생하는 울음이 아니라 '나쁜 잠습관'이야. 설사 잠들기 전에 잠깐 울었더라도 통잠, 꿀잠을 잔 아기는 체력과 정신력이 완전히 회복되어 스트레스 수치가 그야말로 확~! 낮아져. 그로 인해 평온&순둥 기운을 물씬 뿜어내지. 잠을 잘~ 자고 일어난 아기는 인지능력이 뛰어날 뿐 아니라 행복하고 만족스러운 상태로 바뀌어 있어! '똘망똘망' 생기 넘치는 아이가 되어 스펀지처럼 무엇이든 잘 받아들이게 되지. 반면 얕은 잠을 잔 아이는 피로가 쌓여 스트레스 수치가 높아지고 예민해져. 이처럼 꿀잠의 혜택은 어마어마한 거야. 성인의 경우도 수면학계에서 이 '깊은 잠'을 어떻게 해서든 질좋게 잘~ 자려고 안달이거든. 그만큼 질 좋은 잠을 자는 것은 건강과 함께 낮 동안의 집중력, 몰입력, 컨디션과 연관이 되어있으니까! 낮동안 효율을 어떻게 내느냐는 결국 이 잠을 어떻게 잘 잤느냐와 관련이 있는 거야.

또한 잠을 잘 자야 면역력이 강화되고 성장호르몬 및 재생에너지를 방출할 수 있게 돼. 『The Happy Sleeper』라는 책에서는 4~5개월 이후, 아이에게 스스로 잠드는 능력을 길러주는 과정에서의 울음은 뇌를 손상시키기는커녕, 오히려 뇌의 뉴런을 발달시킨다고 밝혔어. 아이가 스스로 진정해 보려는 시도를 하며 방법을 찾아나가는 과정이, 안 쓰던 뉴런 회로를 자극하고 성장시키기 때문에 오히려 뇌의 발달에 도움이 된다는 거야.

실제로 4~5개월의 아기들은 '패턴'을 발견하며 그 패턴을 잘 흡수하곤 해. 능력치가 어마어마하거든. 다들 지니어스급이라고~! 너의 애를 과소평가하지 마~ 여러분만 아이를 믿어준다면, 즉 PM인 네가 제대로 믿음을 가지고 프로젝트를 설계하고 실행한다면, 애는 잠자는 능력 스킬 업(skill up) 하게 되어있어.

잠을 아이가 제대로 못 자게 되면 당연히 낮에도 짜증이 많아져서 소위 별것 아닌 일에도 성깔을 내게 되어있어. (이건 우리 성인하고 똑같이 생각하면 돼. 성인 대상의 실험까지 있어.)

"쟤는 예민한 애야~"

"쟤는 불만이 많아~"

어른들도 이런 애는 별로 안 좋아하거든. '나는 왜 예민한 애를 낳았지?' 하며 한탄하지 말고, 잠만 잘 재워봐. 너의 애는 예민한 애가 아닐 수 있어. 거의 99.9% 장담할게. 이 영유아 시기는 잠만 잘 재우면 순둥 포스 작렬로 뿜어낼 수 있다고. "이런 애면 정말 열도 키우겠다~" 이런 말이 나온다고. 잠 적게 자고 끊겨 자서 까칠해진 애 키우는 거에 비교하자면 정말 그런 말이 절로 나오게 되어있어.

설사 너의 애가 예민하다고 생각된다 해도 그건 정말 얘가 나중에 어린이집을 가거나 유치원을 가는 그 시기에 또 달라져. 그때 네가 느끼는 것이 또 달라진단 이야기야. 초등학교? 또 달라져. 순했던 애가 초등학교 때 예민했구나~ 느끼는 부분도 있고 vise versa야. (반대의 경우도 마찬가지야.)

(참고로, 초등학교쯤 되면, 친구들이 피하고 싶어하는 아이들의 특징이 슬슬 보이기 시작해. 자기 마음대로 되지 않으면 쉽게 욱하거나, 다른 사람의 감정은 고려하지 않고 행동하는 경우지. 이런 모습은 어릴 때부터 '기다리는 법', '감정을 조절하는 연습' 없이 자란 경우에 종종 보여. 부모 입장에서는 아이가 원하는 걸 그때그때 다 들어주는 게 사랑처럼 느껴질 수 있지만, 그게 오히려 아이에게 규율 없는 환경을 주는 것일 수 있어. 결국은 지금 이 시기에 아이가 울더라도, 욕구를 어떻게 조절해 나가는지 배울 수 있도록 도와주는 것. 그게 나중에 친구들과의 관계 속에서도 존중받고 안정적으로 성장하는 데 아주 중요한 토대가 돼.)

 **로리와의 디저트 타임**

은퇴한 경력자가… "라떼는~" 하면 그냥 그런가 보다~ 하고 넘겨.

'은퇴한 경력자'에서 은퇴란 뭘까? 딱 영유아 수면교육 그 자체만 두고 보자면 만 3~4세 연령기만 지나가도 이 아기 재우는 수면계에서는 은퇴야. 그만큼 고 아기시절 고맘때 재우기 job은 매우 매우 스페셜한 분야야. 그 터널 통과 ing 중인 사람에게만 절실한 일종의 구명보트 같은 거지. 근데 자기도 그 깜깜한 터널 안에서 죽도록 힘들었을 텐데.. 이제 죽이 되든, 밥이 되든 거기 통과 후 다른 도로에 진입한 거거든. 이제 그들은 새로 진입한 거기, 그 동네 내비 다시 알아봐야 돼. 지형도랑 지도도 좀 파악해야 하고. 자연스럽게 예전의 그 터널 시절은 관심사도 아닐 뿐더러 신기하게도 기억 속에서 희미해지지.

그래. 육아가 또 그런 면이 있어. 그 딱 내가 지금 관심사인 그것! 그게 중요했던 그 시기가 지나게 되면, 너의 0순위 관심사는 그게 아닌 게 되고, 새롭게 더 치고 올라오는 고민들로 채워지지. 공부하고 해결해 나가야 할 List들이 팍팍 팍팍~! 순식간에 불어나고, 새롭게 생겨나거든.

그러니 네 주변에 은퇴한 경력자가 혹시.. "라떼는..." 하고 있다면?

자기가 경험한 세계가 단 줄 알아 – 누구나 자신이 겪은 세계가 전부인 줄 알기 쉬우니까.

그 해당 커리어랑 업적이 있는 사람한테 배워야지. 그 세계를 경험을 안 해본 사람은 "라떼가.." 하면서 다른 소리를 또 할 수 있는 거야. 딴에는 도와준다고 하는 말이니까, 그냥 흘려들으면 돼. 생각해서 해준 말이라면, 그냥 호의로 받아들여. 육아에서 감정 낭비는 사치야. 진짜 힘써야 할 곳에 에너지를 남겨둬야 하거든.

⭐ 온라인의 불안하게 만드는 부정적인 글들에 흔들려? 이걸 읽어봐!

그거 쓴 사람이 누군지 솔직히 아무도 모른다.

우리가 익명게시판에 무언가를 쓸 때는 뭔가가 잘 안 되었을 때 맘에 안 드는 부분에 대해 익명으로 글을 쓰지, 잘 된 경우는 딱히 시간 내서 글을 쓸 니즈가 없잖아, 안 그래? (물론 똑게육아는 도움이 많이 되었다며 감동 글, 추천 글도 많이들 써주시지만) 보통 맘카페 등에서는 잘 안 된 분들이 주로 위안을 받으려고.. 혹은 하소연이나 넋두리 차원으로 글을 남기는 경향이 커. 또.. 굳이 말하자면 남 탓? 이렇게 된 건 내가 문제가 아니라 XX가 문제다! 이런 식으로 주로 비관적인 현재 상황에 대한 글을 남기곤 하지. 그래야 맘 편하니까. 근데 말이야. 인생이 남 탓만 하면 정말 재미가 없다? 항상 운전대를 내 쪽으로 가져와야 해. 그 사람이 내 인생 대신 살아주는 거 아니거든. 그래야 인생이 재미있어지는 법이야.

온라인 상의 글... 그거 쓴 주체가 누굴 꺼 같아? 알고 보면 모두 신원 미상의 익명의 글이야. 찐 정보는 온라인 상에도 풀지 않아. 육아는 아이를 더 키우면 키울수록 시즌이 계속 바뀌는데, 그때도 손쉽게 공짜정보, 맘카페 등 온라인 상에서 신원미상자가 쓴 글에 너무 큰 신뢰감을 가지지 마. 정보를 보는 눈, 걸러내는 힘이 엄마의 중요한 육아 스킬 중 하나야. 진짜 정보는, 아무 데나 흘러가지 않아. 그 정보가 흘러다니는 그룹에 속해야지, 주어질까 말까야. 결국, 누가 어떤 그룹에 속해 있느냐가 육아 실력의 격차를 만든다.

자~ 지금 오프라인에서 카페 테이블 두고 서로 마주보고 선배맘 또는 동료맘에게 이야기를 듣는다고 했을 때, 네가 믿고 있는 그 익명의 글.. 과연 네 맞은편에 어떤 사람이 앉아 있는 건지... 알 수 있을까? 어디서 뭐하다 왔는지, 어떤 삶을 살아온 사람인지, 알 길도 없잖아. 어쩌면 아예 인생 트랙 자체가 다른 사람일 수도 있어. 평생 만나지도 않았을 사람일 수도 있고. 너무 위험하지 않니? 익명의 그런 글들에 의해 너 자신이 좌지우지 된다는 게.

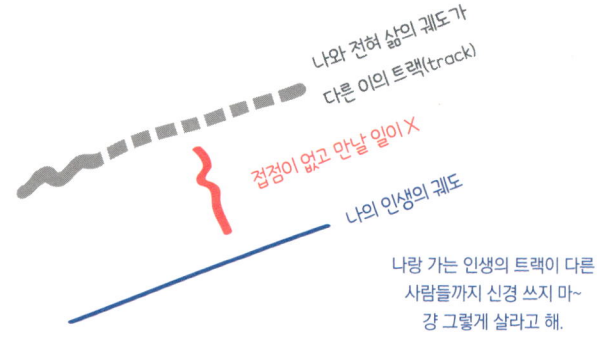

궤도 자체가 다른 사람과는, 어쩌면 그냥 안 마주치는 게 나을 수도 있어. 괜히 엮였다가 생각보다 큰 에너지 소모만 남는 경우도 많거든. 특히 부정적인 기운에 오래 노출되면, 내 기운까지 다 빨려버리는 것 같은 느낌이 들지? 꿈속에서도 부정적인 사람 곁에는 있지 말라고 했어. '내 주변 다섯 명의 평균이 바로 내 모습이다' 이 말 알지?

너의 다섯 명을 한번 바꿔봐.
부모가 되었으니, 이 시즌에는 '나'를 다섯 명 중 하나로 포함해도 되지. 나는 그만큼, 이 책을 읽고 있을 너를 열렬히 응원해.

아니 세상에서 제일 소중한 내 아기라며.. 근데 그 누가 썼는지도 모르는 그런 온라인 글에 의거해서 키운다는 게... 오히려 그게 더 애한테 미안하지 않아? 유튜브에 올라온 수면교육 체험담도 그냥 그 사람의 개인적인 경험일 뿐이야. 그것도 아주 짧고 단면적인 조각일 뿐이지. 앞서 말했듯이, 영유아 수면교육은 단순한 팁이 아니라 정교하게 축적된 하나의 학문이야. 앞으로 만날 학부모 세계에서도 실제로 만나보면 '음?' 싶은 사람, 한두 명쯤은 있기 마련이야. 그래도 그런 경우는 직접 눈으로 보고 느낄 수나 있지. 그런데 지금 너는, 눈에 보이지도 않고, 누가 썼는지도 모르는 글을 보고 판단하려고 하는 거야. (예를 들어 그 글을 쓴 사람이 이혼, 우울증, 가정문제 같은 힘든 시기를 겪고 있는 중일 수도 있어. 그런 상황에선 누구나 판단이 흐려질 수 있잖아. 그 상태에서 나온 글을, 믿는 건 위험할 수 있어.)

'수면교육해서 우리 애 망했어요~' 같은 글을 봤다고? 그런 건 그냥 '아, 지금 많이 힘든 시기를 지나고 있구나' 하고 흘려들으면 돼. 그런 익명 글들이랑, 15년 넘게 연구하고 집필하고, 또 다듬고, 엑기스만 모아 만든 이 책의 깊이를 같이 놓고 비교할 수는 없잖아. 정말 소중한 우리 아이에게 줄 정보라면, 신중하고도 책임감 있게 선택해야 해. 사실 육아가 갈수록 이 정보싸움이야. 그런 글에 마음이 흔들릴 바에는 내 소중한 아이에게 수면교육하면 안 되는 거야. 그런 자기 자신의 줏대도 없다면, 육아는 점점 힘들어지게 되어있어.

그런 익명 글 보고 자갈밭길 걷는 사람이 있는가 하면, 정작 제대로 똑게 육아 수면교육을 잘 이해해서 제대로 현명하게 적용해 작은 성공들을 거두고, 기쁨을 맛보는 사람들은 그냥 말이 없어. 오히려... 설명해 주기 은근 힘들거든. 이 방대한 걸 어떻게 한큐에 설명할 거야. 그러니 그냥 똑게육아 책 선물해서 건네줄 거라고. 그리고 그 담 시즌 육아를 진지하게 하느라 바쁘지.
자~ 이제 어떤 길 선택할지는 너의 의지에 달린 거야.

♥

똑똑하고
게으르게

인수인계서 족보 Part 6.

재우기 업무

킥오프/실행 단계

울리지 않기 방법은 울음이 진짜 안 발생해?

대표적인 '울리지 않기 방법' 중 하나인 '안눕법'에도 울음이 수반되지 않는 것이 아니야. 안눕법은 안았다가 눕혔다가 다시 안아주기를 반복하는 방식인데 말이지. 눕혔다가 '울면' 안아주고, 안 울면(좀 진정된 것 같으면) 다시 내려놓았다가, '또 울면' 안아주기를 무한 반복하는 시스템이라고.

울음의 양, 울음의 길이(우는 시간)를 '1부터 10'으로 설정하고, 잠든 상태를 '0'이라고 해볼게. 안눕법의 경우, 다음과 같이 상황이 전개된다고 표현할 수 있어.

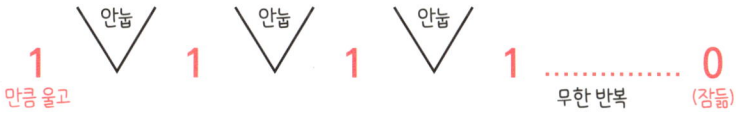

이처럼 울리지 않기 방법을 쓴다고 해도, 울음은 당연히 발생을 해. 울리지 않기 방법은 그저 '네이밍'일 뿐이지. 울음이 수반되지 않는 것

이 아니라, 아이가 울 때마다 엄마가 더 자주, 더 많이 반응하는 것일 뿐이야. 울음의 총량을 합치면 결코 적지 않아. '1의 양/시간'만큼 울었을 때 위안/격려 행위를 한 것뿐이지, 아이가 잠이 들 때까지 단지 1의 양/시간만 운 것이 아니라는 사실을 기억해야 해.

꿀잠 프로젝트의 목표는 '아이가 스스로 잠드는 정도'로 나눌 수 있어.

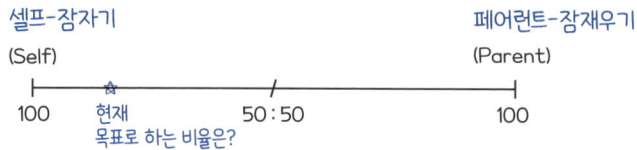

100퍼센트 부모의 도움을 받아야 잠들 것인가, 혹은 부모가 20퍼센트나 50퍼센트의 노동력을 제공해야 잠들 것인가, 이런 것들을 생각해 봐야 해. 환경적인 요인들은 제외하고, 일단 현재 걸린 잠연관과 앞으로 추구할 잠연관을 생각해 보면서 부모가 도와주는 부분을 몇 퍼센트로 할지 설정해 보자고.

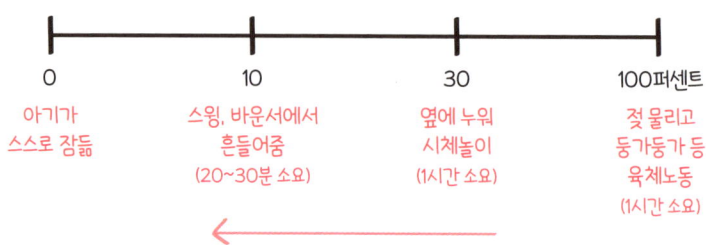

 **로리의 한마디**

일단은 엄마가 만족할 수 있고 실행 가능한 수준에서 '제공할 노동력 수준'을 설정하면 된다. 하지만 아기가 4~5개월 이후가 되었다면 이제는 '잠듦'의 바통을 아이에게 넘겨주어야 한다.

부모가 만족할 수 있고 실행 가능한 수준으로, 지금 내가 잠연관으로 이렇게 하고 있구나~ 를 인지하며 진행해 나가라고. 하지만 아기가 4~5개월 이후가 되었다면 이제는 '잠듦'의 바통을 아이에게 넘겨주는 것이 좋아. 특히나, 계속 엄마의 노동력이 투입되어야지만 잠의 사이클이 이어지는 경우라면, 4개월 이후에도 이걸 지속해 준다는 건, 애를 재우려고 하는 너의 그 노동이 사실상 바로 애를 깨우고 있는 노동이었다고 생각하면 정확해. 웃프지? 그런데 이 분야에서는 공공연한 사실이라 아래의 문장 자체로 매우 유명한 팩트란다.

> 4개월 이후 네가 아이 잠을 재우려고 하는 그 노동
> 실은 아이 잠을 깨우고 있는 노동이란다.

어떤 잠연관을 사용하든 큰 그림을 바라볼 줄 아는 시각과, 깔려있는 근간, 논리의 틀을 꿰뚫어 보는 것이 중요해. 이 케파가 기본으로 갖춰져 있어야 애초에 정한 대원칙을 지키는 '일관성'을 유지할 수 있어. 예를 들어 엄마 볼모 잠연관을 쓰겠다고 했다면, 그저 옆에 살결이 느

꺼지게 누워 있으면 되지, 애가 운다고 안고 나가서 서성인다거나, 젖을 물린다거나, 갑자기 신나는 말투로 말을 걸어주면 '일관성' 바로 광탈!인 거야. 물론 네가 자는 척하고 누웠는데 애가 울어댈 수도 있어. 잠자기 싫거나 '피고니즘'이 형성되어 잠에 빠져들기 힘들 수 있는 것이지. 이때는 '친절한 무시'를 할 수도 있고 '격려/위안 반응'을 줄 수도 있어. 하지만 '엄마 볼모 누워 있기 잠연관'의 큰 틀은 유지해야 하는 거라고. 애가 울면 잠깐 아이의 등을 토닥이거나 위안행위를 한 뒤 다시 시체처럼 엄마 볼모 잠연관을 계속하면 되는 거야.

눕히기 잠연관, 수면의식 활용이 중요하다

이 눕히기 잠연관을 효율적으로 전달하고 자율학습을 잘 시키기 위해서는 수면의식을 적절히 활용해야 해. 수면의식은 잠 모드로의 자연스러운 전환을 위해 아이와 함께하는 편안하고 부드러운 행위를 말해. 휴식을 취하기 전에 차분히 긴장을 풀며 숨쉬기 동작을 하는 것과 같은 행위야. 아이에게 잠들 준비를 시켜주고 다음 수면의식 체크리스트 중 매일 밤 하고 싶은 활동을 체크해 보라고. 그런 뒤 순서를 매겨 매일 밤 가능한 한 같은 순서로 반복해 주는 거야. 수면의식을 시각적으로 정리해둔 체크리스트나 시트지(큐알코드에서 다운받아)를 활용하면 훨씬 수월해. 벽에 붙여두고 매일 같은 순서로 반복하다 보면 아이도 금방 안정감을 느끼고, 양육자도 헷갈리지 않아서 더 안정적으로 진행할 수 있어.

- ☐ 목욕
- ☐ 기저귀 갈기 & 잠옷/내복 갈아입히기
- ☐ 모유수유/분유수유
- ☐ 바닥에서 할 수 있는 조용한 놀이들(자극적인 장난감 NO!)
- ☐ 조명을 어둡게 하고 안아서 차분히 둥가둥가하며 교감해주기
- ☐ 이야기해주기 or 책 읽어주기(말을 알아듣는 아이라면 아이와 함께 잠과 관련된 책을 만들어 활용해봐. 어렵지 않아. 연습장이나 A4용지에 대강 그림을 그리고 스토리를 추가한 뒤, 스테이플러나 테이프 풀을 이용해 묶어주면 끝! 아이나 가족의 사진을 인화해서 활용해도 좋아. 똑게육아 시트지도 활용해봐.)
- ☐ 똑게사운드 꿀잠 & 진정 트랙, 똑게사운드 상황별 트랙 이용
  (백그라운드 사운드로 깔아두기)
- ☐ 노래 불러주기 or 긴장을 이완할 수 있도록 잔잔한 음악 틀어주기
- ☐ 아이가 좋아하는 의식들
  (인형들, 포인트벽지나 스티커에 그려진 달님에게 "잘 자"라고 인사하기 등)
- ☐ 잠친구 인형으로 사용할 인형을 제공해 잠잘 시간임을 자연스레 인지시켜주기
- ☐ 방을 나오기 전에 꼭 안아주기, 이마에 뽀뽀해 주기
- ☐ 그 외 다른 의식들(엄마와 아이가 '잠 모드' 전환에 유용한 행위들을 얼마든지 창의적으로 만들 수 있어. 단 자극적이지 않은 것으로 해야 해!)

수면의식을 실행할 때 주의할 점

수면의식을 실행할 때 주의할 점은 수면의식 중에 아이가 잠들게 되면 양육자가 의도하지 않은 잠연관이 생길 수 있다는 거야. 만약 노래를 불러주는 수면의식을 한다고 가정해보자. 그리고 다음 두 상황을 생각해봐.

❶ 아이가 잠들 때까지 옆에서 자장가를 무한반복으로 불러준다.
   → 잠연관으로 설정됨

❷ 잠자리에 데려가 포근히 안아주며 다정하고 따뜻한 목소리로 자장가를 두 번 정도 불러주고, (상황에 따라 더 길게 불러줄 수는 있겠지만) 아이 스스로 잠들 기회를 주기 위해 잠자리에 내려놓는다.
   → 수면의식으로 작동

위의 두 상황은 엄연히 달라. 첫번째는 '자장가 부르기'가 '잠연관'으로 설정된 것이고, 두번째는 '수면의식'으로 작동한 것이기 때문이지. 첫번째 식으로 이끈 부모는 아이가 잠들 때까지 '자장가 부르기'를 무한 반복할 가능성이 높아. 그럼 아이는 잠드는 순간에 부모가 자장가를 불러주고 있었으니 살짝 깼을 때도 옆에 자장가를 불러주는 부모가 있어주길 바라겠지, 너무 당연하지 않아? 매번 베개를 베고 자다가 살짝 깼을 때 베개가 없으면 이상하고 허전하듯이 말야.

즉 안아주면 안 된다, 젖 물리지 말라는 게 아니라고. 현재, 잠연관으로 그 행위가 쓰이고 있는지, 수면의식으로 쓰이고 있는지 이것을 체크해 봐야 해. 가능하면 건강한 꿀잠 선물을 위해, '눕' 외의 것들은 수면의식에 넣어 활용해 보자고. 알고 보면 한 끗 차이야!

★ 뭘로 결정되느냐고? 애가 잠들기 전에 하는 여러분의 행위들을 떠올린 뒤 아래의 질문 중 어디에 속하는지 나랑 같이 생각해보자.

☐ 애가 잠이 푹 들 때까지 해당 특정 액션을 지속하고 있는지?

☐ 아니면 수면의식 단계에서 충분히 안아주고(혹은 젖을 먹이고), 잠들기 전 '눕' 했는지?

내 아이에게 가장 효율적인 자율학습 시간은 몇 분일까, 울음 시간/양 설정하기

양육자와 아이에게 맞는 '잠연관'을 설정했으면, 이제 아이가 잠연관을 학습하는 과정에서 잠들기 위해 잠깐 우는 울음, 즉 자율학습 시간을 어느 정도로 잡아야 가장 효과적인지 생각해봐야 해.

극단적으로는 '울리지 않기'와 '울리기'로 나눌 수 있지만, 울리지 않기는 울음이 없는 게 아니라, 울음이 생길 때마다 엄마가 재빨리, 자주 반응을 해주는 것일 뿐인터라 엄마도 쉽게 지치고 아기도 스스로 잠드는 법을 배우기가 힘들어질 수 있어. 반면 '그냥 울리기'는 엄마와 아기에게 너무 가혹한 방법일 수 있고 말이야. 그렇기에 똑게육아 꿀잠 프로젝트는 이 두 가지를 모두 이해한 뒤 '최소한으로 울리기'를 추구하면서 개인별 커스터마이징 플랜을 제시해.

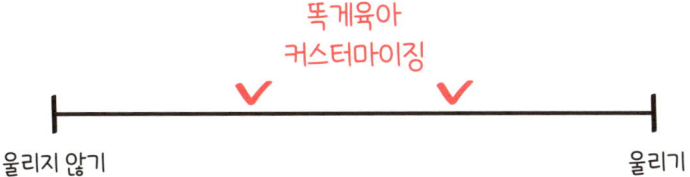

아기 울음의 시간/양을 '1부터 10'까지로 설정하고, 잠든 상태를 '0'이라고 했을 때 안눕법 같은 '울리지 않기'의 방법은 '1'의 울음마다 계속 반응을 해줘야 하니 양육자가 피곤할 수밖에 없어. 반면 아예 울리기 방법은 중간에 양육자의 어떠한 개입도 없이 아이 혼자 '0(잠듦)'으로 가는 거야.

1. 울리지 않기의 경우,

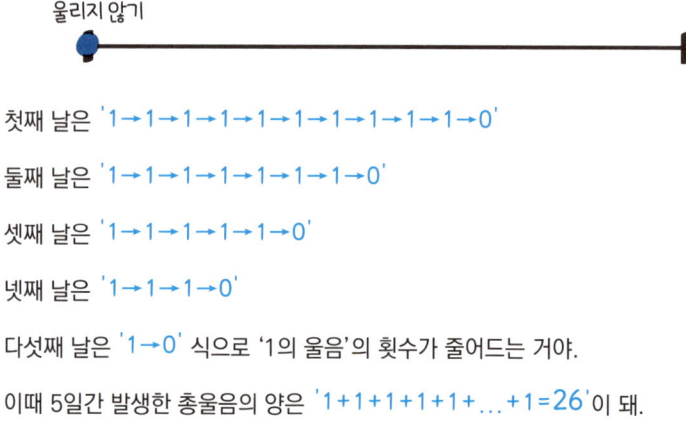

첫째 날은 '1→1→1→1→1→1→1→1→1→0'

둘째 날은 '1→1→1→1→1→1→1→0'

셋째 날은 '1→1→1→1→1→0'

넷째 날은 '1→1→1→0'

다섯째 날은 '1→0' 식으로 '1의 울음'의 횟수가 줄어드는 거야.

이때 5일간 발생한 총울음의 양은 '1+1+1+1+1+…+1=26'이 돼.

2. 그냥 울리기의 경우,

첫째 날은 '10→0'

둘째 날은 '6→0'

셋째 날은 '4→0'

넷째 날은 '2→0'

다섯째 날은 '1→0' 식으로 바뀌어 가는 거야.

이때 5일간 발생한 총울음의 양은 '10+6+4+2+1=23'이야.

3. 최소한으로 울릴 경우,

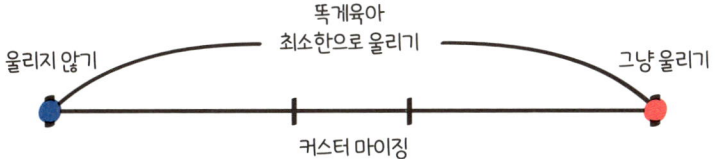

첫째 날 '4→3→0'이라면

둘째 날은 '3→2→0'

셋째 날은 '2→1→0'

넷째 날은 '1→0'

다섯째 날은 '0'으로 진행된다고 볼 수 있어.

이때 5일간 발생한 총울음의 양은 '4+3+3+2+2+1+1=16'이 돼.

물론 첫째 날보다 둘째 날 더 많이 울 수 있다는 이론(소거폭발 참고)도 있지만 여기서는 간단한 비교를 위해 이렇게 표현했어.

결론적으로 위의 직관적인 이해를 돕고자 든 예시의 총 울음의 양은 울리지 않기 ➡ 26, 그냥 울리기 ➡ 23, 똑게육아 ➡ 16 으로 수면교육에 수반된 울음은 '똑게육아' 커스터마이징 수면교육이 가장 적지. 이 울음의 시간/양은 앞서 PM으로서 여러분이 기획/설계 단계에서 고려했던 아이와 부모의 기질 및 성격, 가족의 라이프스타일 등에 따라 달라질 거야. 이때 발생하는 아이의 울음은 삶에 있어 중요한 스킬을 '알아내려고 애쓰는 과정의 일환'으로 이해하면 돼.

예민한 아기들이나 4~5개월 미만의 아기들, 같이 자는 것에 익숙한 아기들은 '울리지 않기'와 같은 느리지만 천천히, 일명 영어로는 slow한 점진적인 접근이 필요해. 강성인 아이들이나 나쁜 잠연관을 오랫동안 써온 8개월 이상의 아이들, 회복 탄력성이 있는 아이들은 자율학습 시간을 한번에 더 길게 주는 편에 잘 적응해. 이런 경우에는 부모의 격려/위안행위가 도리어 아이가 꿀잠 스킬을 터득하는 그 학습과정을 방해해서 총 교육기간을 연장시킬 수 있어. 엄마와 아이의 기싸움(아기는 매우 영리해. 소위 limit testing)을 더 심하게 만들기도 하거든.

아기가 울 때 조금 기다렸다가 체크해보면 내가 주는 격려/위안 행위에 대한 아이의 반응까지 알 수 있게 돼. 어떤 아이들은 부모를 보면, 혼자 있을 때보다 화를 더 많이 내. 이런 경우라면 시간이 좀 더 지난 뒤에 체크하고, 격려/위안 행위도 되도록 주지 않는 것이 좋아.

(★ 안전에 관한 부분은 모두 철저하게 점검 후 말이야.)

잠자리에서 발생하는
내 아이의 울음곡조 분석하기

    4개월 이후부터는 육아를 잘 하려면 무엇보다 '니즈의 울음'과 '원츠의 울음'을 구분할 수 있어야 해. 즉 '무슨 문제가 있어서 양육자의 도움이 진짜 필요한 상황(니즈)'인지, 아니면 '아이가 그저 자기 의사를 표현하고 있는 상황(원츠)'이어서, 양육자가 지금은 자는 시간이라는 메시지를 아이에게 더 효과적으로 알려줘야 하는 상황인지 구분해야 한다는 뜻이야. 이것을 파악하기 위해서는 양육자가 아기 하루의 윤곽을 어느정도는 꿰뚫고 있어야 하는데 말이지. 이걸 가능하게 해주는 것이 바로 똑게육아 스케줄이라고.

똑게육아 스케줄이란?

각각의 타입별 스케줄들이 있어. 이 스케줄들은 그동안 수많은 부모님들이 실제로 겪어온 수면·수유 패턴, 그리고 아이들의 하루 흐름을 체계적으로 관찰한 데이터를 바탕으로 정리해 온 것들이야. 어떻게 이런 다양한 스케줄을 만들 수 있었을까? 아이들이 실제로 보여주는 반응과 부모님들의 질문과 궁금증들을 매일매일 기록하고 확인해 오면서 자연스럽게 지금의 구조가 된 거지. 지난 15년 동안, 현장에서 직접 적용하고, 그 결과와 변화를 지속적으로 관찰·검증해온 흐름들이라 여러분은 그걸 편하

> 게 참고하기만 하면 돼. 그렇게 축적된 현장 데이터는 하루아침에 만들어지는 게 아니거든. 자~! 스케줄을 무조건 그대로 따르는 게 핵심이 아니라, '먹텀'과 '잠텀(깨시)'이 어떻게 맞물려 돌아가는지 그 원리를 이해하는 게 중요해.
> 똑게육아 스케줄은 그 원리를 가장 보기 쉽게 정리해 둔 구조이고, 특히 '깨시/잠텀' 베이스로 되어 있어.

아이가 그저 단순히 짜증을 내거나 지금 방식에 저항하는 울음에는 '친절한 무관심'을 보여줘야 해. 그래야 '지금 이렇게 자는 것이 너에게 더 좋아~ 엄마는 너를 위해 이걸 의도한 거야!' 메시지를 보다 효율적으로 아이 입장에서 이해하기 쉽게 전달해줄 수 있거든.
잠자리에서의 짜증내는 울음, 불평하는 울음, 화내는 울음, 저항하는 울음들은 조금 기다려줘야 해. 스트레스가 심한 울음, 아픈 울음들은 『똑게육아』 영유아 수면교육 책에서 서술했듯이 '비정상적인 울음'에 속해. 이런 울음은 바로 봐줘야겠지.

이쯤에서 아이를 잠자리에 눕혔을 때 들을 수 있는 울음의 유형들을 살펴보자. '울음의 강도'를 기준으로 크게 세 가지로 구분할 수 있어.

울음의 강도를 기준으로 나눈 세 가지 구분

1. 상 정점으로 치닫는 울음/클라이맥스

첫번째 짜증 뒤에 나타나곤 해. 아주 심하게 울면서 강도가 심해지지. 엄마 입장에서는 당연히 듣기 힘들어. 잠을 재우기 위해 눕혔을 때 보통 한 번의 정점은 나오게 되어있어. 이 울음은 세 번 이상 나오지는 않아. 하지만 아이들은 모두 다르기 때문에 당연히 울음에서도 서로 다른 양상을 보일 수 있다는 점은 잊지마.

"클라이맥스로 20분 내내 울더라니까요!"라고 하소연하시는 경우가 있어. 음... 근데 말이지, 진짜 '클라이맥스급 울음'을 20분 내내 지속하는 건, 아기 스테미너상 말이 안 돼.
대부분은 울다 잠깐 멈췄다가, 또 항의하듯 다시 울고- 이런 식으로 이어지는 경우가 많아. 그걸 통으로 한 덩어리처럼 느끼는 거지.
특히 엄마가 긴장하고 있거나 감정적으로 힘든 상태일 땐 체감 시간도 훨씬 길게 늘어나. 그러니까 진짜 20분 동안 절규한 게 아니니 꼭 울음 곡조를 객관화해서 체크해봐.

2. 중 주문을 외는 울음

정점 울음 다음에 오는 울음이야. 주문을 외는 울음이 나오면 최악의 상황은 끝났다고 여겨 안심하게 되지. 이 울음은 '나는 마지못해서 진정하고 있어요'라는 뜻으로 해석하면 돼. '우는 것도 부질없구나~ 잠이나 자자~' (부질없음에 대해서는 Part 9. 울음에 대한 고찰 291p를 참고해줘) '오~ 슬슬 잠이 오는데~'의 의미야. 이것은 그저 잠들기 전에 긴장을 푸는 과정이라고 말하기도 해.
아기들은 자기만의 주문을 외는 울음을 가지고 있어. 멈췄다가 곧 다시 울기 때문에 '온(On)-오프(Off) 울음'이라고도 불러. "와앙~ (잠깐 멈춤) 와앙~ (잠깐 멈춤) 와앙~"식으로 진행되는데, 처음의 "와앙~"은 소리가 좀 크지만 갈수록 작아지게 돼. 이 울음은 길게 갈 경우 20분 이상 지속될 수도 있지만, 그럴더라도 되도록 양육자가 개입하지 않는 게 좋아. 아이가 스트레스를 받지 않고 스스로를 진정시키는 단계이기 때문이야. 말 그대로 식당에서 "야~! 어이 종업원! 이 음식 아니라니까!!!(고라니 창법)" 하고 난리 치고 있는 게 아니라, 그냥 혼잣말 하고 있는 상황이거든. "아.. 이건 기대했던 익숙한 맛은 아닌데.. 이 음식도 괜찮나..?" 이런 식 말이지.

3. 하 잠에 빠져드는 울음

주문을 외는 울음 다음에 나오는 울음이야. 아이는 완전히 잠에 빠져들기 전에 옹알이를 하거나 "아아아" 하는 식으로 낑낑대는 듯한 울음을 보일 거야. 그러고는 조용히 잠들게 되지. 또는 한 번의 큰 울음 뒤에 말 그대로 곯아떨어지기도 해. 아이들마다 잠에 빠지기 전에 발생하는 울음곡조의 양상은 다르니 관찰해 보는 것이 좋아.

이제 아이의 울음을 '종류별'로 살펴보자.

종류별 울음 구분

1. 항거하는 울음/저항하는 울음

아기를 눕혔을 때 처음 5~10분은 저항 울음이 수반될 거야. 이 울음은 매우 강해서 일명 깡패울음! 으로 불려. (걱정마. 여러분의 아기가 바보가 아니라는 걸 보여주는 신호니까. 이 울음이 들리면 '자기 의지를 행사하고 표현할 수 있는 아이'임을 확인하고 안도하면 돼. 평안하게 임해줘.) 아이는 자기 뜻대로 되지 않아서 화가 난 상태인 거야. 이때는 '지금 이 상황, 내가 의도한 것이다. 잠자는 능력을 스킬 UP 시키는 것. 그 과정은 애씀의 노력이 수반될 테지만, 내가 여기서 온 마음 다해 응원하고 있다.'는 텔레파시, 바이브(vibe), 기, 진동, 파장, 분위기를 뿜어내면서 짧게 체크업 행위를 할 수 있어. 물론 아기의 개월수와 아기의 기질에 따라 체크업 행위가 소위 아기의 약을 더 올릴 수 있어. 즉, 발생하는 깡패울음을 더 북돋울 수 있기에 잘 관찰해 봐. 사실은 이제 아이는 그냥 좀 진정하고 자려고 했는데 오히려 중간북, 뒷북 쳐가며 체크업 한답시고 양육자가 방해하고 있는 꼴이 될 수도 있거든.

2. 증기분출 울음

처음의 짜증 단계를 벗어나면 울음이 더 심해져서 정점에 도달할 수 있어. 내 아기 잠자리 울음곡조의 클라이맥스~! 인 셈이지. 여기만 좀 버텨보자고. 아이가 악을 지르듯이 울어대고 히스테리를 부리는 것 같이 느껴질 수도 있어. 그러나 1~7분을 넘기지는 못해. 분수를 꼭 카운팅해 봐. 앞서 말했듯 클라이맥스 세기로 끊김없이 20분 내내 운다는 건, 애 스테미너상 말이 안되는데 오바해서 말하는 경우가 많으니 참고해. '체감분수'와 '실제 흐른 분수'는 달라.

마치 밥이 다 되기 전, 전기밥솥에서 증기를 분출하는 것처럼 대부분의 아이는 자신의 분을 분출한 뒤 바로 잠들기도 하거든. 특히 아이주도 숙면 스킬을 길러주는 초반에 두세 번 정도 이런 울음이 수반되곤 해.

3. 악다구니 쓰는 길~게 가는 소리지르기 울음

이 울음은 '정점 울음'이나 '증기분출 울음'과 비슷하게 들리지만, 더 강하고 신경질적인 히스테리를 표출해. 이 울음은 좀 길게 가고, 끊임이 없어. 만약 아이가 5~10분 넘게 끊임없이 소리를 질러대며 울거나 꿀잠 스킬 자율학습 시 쉬지 않고 소리를 지르면서 1~3시간 계속 울어댄다면, 양육자가 꿀잠 프로젝트를 잘못 운영하고 있는 것이 원인일 수 있어. 그래서 제대로 잘 이해하고 실행해야 해. 양육자 본인의 마음이 불편하면 바로 아기에게 그 불편한 감정, 불안정한 상태가 그대로 전이돼. 확신 없는 마음 상태에서는 소중한 우리 아이만 고생시키는 것이 되므로 철저하게 공부하고 시작하도록 하자.

4. 극피곤/과자극 울음.

'기침, 기침, 울음, 기침, 기침, 울음', 즉 '켁, 켁, 와앙, 켁, 켁, 와아아앙~' 같은 식이야. 이 울음이 발생했다면 지금 눕힌 시각보다 한 20분 전쯤에 잠자리에 눕혔다면 좋았겠다는 생각을 할 수도 있어. 이런 극피곤/과자극 울음은 짧은 낮잠 뒤 아기가 피곤할 때 들을 수 있고, 극피곤이 밤까지 이어져서 나타날 수도 있어. 극피곤/과자극 울음이 나오면 일단 이전에 쓰던 잠연관을 이용해 푹 재워 컨디션을 회복하게 한 뒤 다음번 텀에 다시 자율학습을 시켜보는 것도 방법이 돼.

울음 패턴 분석차트 작성하기

꿀잠 프로젝트를 진행하면서 가능하다면 울음 패턴 분석차트를 같이 작성해보는 것이 좋아. 아이는 익숙했던 잠연관에서 변화가 생기므로 처음에는 당연히 항의하는 울음이 세게 나올 거야. 하지만 심각하게 받아들일 필요는 없어. 아이가 자신의 기분을 표현하는 방식이라고. 즉 '원츠의 울음'을 표현하니 건강한 아기라고 생각하면 돼. 거기서 오히려 울지 않으면 그게 이상한 거라고. 걱정을 하려면 오히려 이런 상황에서 아이가 안 울 때 걱정해야 해. 내 아이는 바보가 아니라는 소식에 안도하면 돼. 나중에 내 아이가 세상을 살아나갈 때, 누가 하자는대로 끽 소리도 안하고 다~ 그냥 물컹하게 물에 물 탄 듯 술에 술 탄 듯 넘어간다면? 그것이 좋을까? 자신의 주장과 고집은 당연히 있어야 해. 자신의 의사를 표현할 줄 알아야 하고.

또한 이러한 일은 앞으로 아이를 키우다 보면 허다하게 만난다고. (절대 매정한 게 아니야. 이게 바로 그 필드 최상단 근무자, 경력직의 혜안이라고.) 아이가 자기가 느끼는 바와 자신의 감정을 표현하면, 표현하게끔 내버려두고 충분히~ 느끼게 해주는 것이 육아의 기본이야. (똑게육아 훈육 책에서 나오는 하트법칙의 접속, 연결을 통해서 자세한 상황 분석은 선행되어야 하고.) '꿀잠 프로젝트'에서는 **텔레파시 날리기, 사전 상황 분석**으로 내 아기의 감정에 접속하는 거야. 그러고는 응원/격려/위안 으로 마음을 전달하는 것이지. 하지만 그 '접속'부분과 별개로 **한계선, 안전한 가이드**

는 줘야 할 거 아니야. 아이의 건강과 올바른 성장을 위해서 말이야. 그것이 양육자가 해야 할 일이고 그게 바로 훈육이야. 수면교육도 훈육에 포함되어 있어.

아이가 잠 사이클에서 얕은 잠의 단계를 거쳐 그다음 사이클로 갈아타는 순간, 이것을 똑게육아에서는 잠 사이클을 길게 이어붙인다. 즉 잠을 통합시켜 더 단단하게 만드는 과정을 거친다라고 표현해. 이 잠 통합 과정을 잘 성공하려면, 얕은 잠 단계에서 발생하는 잠울음에 여러분이 과민반응해서 아이를 깨우면 안 돼. 여기서 잘못하면 당연하게도 밤중깸 현상은 계속해서 나타나게 되어있어. 교육할 때 울음패턴 분석차트를 작성하게 되면, 아이 울음을 더 객관적으로 잘 파악할 수 있고, 이에 대한 대처도 용이해지니 꼭 시도해 봐.

울음 패턴 분석차트 적는 방법

차트를 작성할 때는 아래의 네 가지를 중점적으로 기록해야 해.

❶ 아이를 잠자리에 눕힌 시간
❷ 아이가 잠이 들기까지의 시간
❸ 울음의 세기
❹ 격려/응원을 주기까지의 시간 간격

먼저 며칠 차인지 적고 아침에 아이가 일어나는 시각을 기록해. 그 다음엔 아이를 잠자리에 내려놓은 시간을 적는 거야. 울음의 강도를 '상/중/하'

혹은 '0~5'로 구분해 적으면 돼.

잠자리에서 발생하는 아기의 울음은 '상중하'의 구분으로 부족하다면 다음의 표처럼 울음을 더 세분화할 수도 있어. 이런 방법을 토대로 잠자기 전 내 아기의 울음패턴을 분석해 보라고.

강도	종류	의미
0	무음	잠들었다. 잠들려고 한다. '오.. 느낌 나쁘지 않은데?' '나 스스로 잠드나봐~'
1	옹알이 "우어" "흑흑" 주문을 외는 듯한 울음	'이제 그래도 알 것 같아요~' 점점 상황 파악이 된다. '스스로 진정해 볼 거야' 스스로 진정 기어 모드로 바뀜
2	찡찡대는 울음 칭얼대는 울음	하소연하는 듯한 울음 '이 느낌은 뭐지...?' '졸린 거 같은데...' '이게 피곤한 감정...?'
3	눈물없는 마른울음 "으아아앙~"	'뭐가 뭔지 모르겠다, 긴장 풀겸 상황 파악 좀 해보자! 울면서~' '일단 울고 보자!'
4	눈물이 나는 거센 울음 "우왕~ 엉엉!"	'아~ 왕 피곤해!' '너가 나 자라고 원래는 이렇게(이전 잠연관) 해주지 않았었냐?' '어떻게 자는 거야?'
5	고집 섞인 울음 항의하는 울음 깡패울음	'나 악 좀 쓰면서 화랑 열기를 분출해 볼게' '어딨냐? 내 원래 잠연관' '이리 오너라! 게 아무도 없느냐!' '당장 나를 안아올리거라'

똑게육아 수면교육 체크 시트

날짜: ○○년 ○월 ○일 **낮잠 / (밤잠)** (동그라미 치세요) **DAY #:** 1일차
수면의식: 목욕 → 기저귀 갈기 → 잠옷 입히기 → 수유 → 속싸개 or 이불낭 or 수면조끼 등 → 밤잠 자리에 눕히기
'책 읽어주기' '똑게 사운드 틀기' '노래 불러주기' '마사지 해주기' 등도 넣을 수 있습니다.

1번째 기다림	2번째 기다림	3번째 기다림	4번째 기다림	5번째 기다림	6번째 기다림	7번째 기다림
1분	3분	5분	8분	11분		

날짜: _____ **낮잠 / 밤잠** (동그라미 치세요) **DAY #:** _____
수면의식: _____

1번째 기다림	2번째 기다림	3번째 기다림	4번째 기다림	5번째 기다림	6번째 기다림	7번째 기다림

날짜: _____ **낮잠 / 밤잠** (동그라미 치세요) **DAY #:** _____
수면의식: _____

1번째 기다림	2번째 기다림	3번째 기다림	4번째 기다림	5번째 기다림	6번째 기다림	7번째 기다림

날짜: _____ **낮잠 / 밤잠** (동그라미 치세요) **DAY #:** _____
수면의식: _____

1번째 기다림	2번째 기다림	3번째 기다림	4번째 기다림	5번째 기다림	6번째 기다림	7번째 기다림

날짜: _____ **낮잠 / 밤잠** (동그라미 치세요) **DAY #:** _____
수면의식: _____

1번째 기다림	2번째 기다림	3번째 기다림	4번째 기다림	5번째 기다림	6번째 기다림	7번째 기다림

날짜: _____ **낮잠 / 밤잠** (동그라미 치세요) **DAY #:** _____
수면의식: _____

1번째 기다림	2번째 기다림	3번째 기다림	4번째 기다림	5번째 기다림	6번째 기다림	7번째 기다림

똑게육아 잠자리 울음패턴 분석 시트

몇번째 체크 시도한 지 몇번째 날	1번째	2번째	3번째	4번째	울음패턴 분석 (235p 울음 강도 참고)
1	3분	5분	10분	10분	5→4→5→2→3→2→1→0
2					
3					
4					
5					
6					
7					

1주일간 이런 식으로 아기의 잠자리에서 발생하는 울음을 체크하면서 교육을 진행하다보면 아이의 숙면능력의 변화를 눈으로 확인할 수 있게 될 거야. 모든 아기는 자기만의 '잠들기 전 울음 곡조'를 갖고 있기 마련이야. 각 잠자리에서 자신만의 노래를 갖고 있지만, 매일매일의 잠자리에서는 또 다른 노래처럼 계속 조금씩 변주되곤 해. 양육자가 이 울음 패턴을 귀 기울여 잘 듣고 분석차트를 작성하면 자기 아이만의 잠자리 울음 주제곡을 파악할 수 있게 돼.

'아, 이제 5분 안에 잠들겠구나~' '곧 게임 끝' 하는 감이 나중엔 자연스레 오게 되어있어. 이건 해본 자만이 알 수 있는 경지야.

여기 두 부류의 부모가 있어.

장기적으로 만성적인 잠버릇에

어찌할 바를 모르며 끌려다니는 부모

목표를 위해서 단기적으로 아기의 울음에서 잠깐 물러나

혼자 터득할 수 있도록 기회를 주는 부모

두 가지 중 너는 어떤 부모가 되고 싶어?

로리와의 디저트 타임

현명하게 조금 거리두고 뒤로 빠질 때 빠져서 '기다려주는 것' 이게 육아에서 제일 힘든 거야. 똥인지 된장인지 구분 못하고 매번 다 돌진해서 죄다~~~ 해주는 거? 그게 더 쉽지. 뭐 아주 씸플하게, 깊게 생각 안 하구 3D 노동하는 게 너에게 속 편한 길이라면 그 길로 가. 말리지 않을게. 몸만 좀 더 고생하면 되는 거고, 오히려 너의 죄의식이나 뭐랄까, 마음, 죄책감 등은 홀가분해지잖아. 근데 생각해 봐. 지금 네가 온몸을 불살라서 재우고 있는 그 행위… 그거 정말 아기를 위한 걸까? 아님 너 자신이 맘 편할라고 그러는 걸까? 꼭 생각해 볼 주제라고. 혹시 너의 만족을 위한 거 아니야?? 애한테 좋은 걸로 선택하면 뭘까? 과연..

 로리가 진~하게 컨설팅 해봐서 알고 있는 찐 경험담

잠자리에서 발생한 우리 아기의 울음을 '0'부터 '5'까지 강도를 체크하는 부분은 자신의 아기 잠자리 울음소리를 객관화해서 기록하는 과정이야. 이는 자신의 감정과 아기의 울음을 조금은 분리해서 들여다볼 수 있게 해주는 장치가 되어줘.

그런데 너의 애가 1분만 울어도 너는 아기가 한 1,000시간 정도 운 것으로 생각하게 되어있어. 그거 정상이야. 컨설팅을 할 때, 잠자리에서 나는 아기의 울음소리를 녹화든 녹음이든 보내주셔. 그래서 지금까지 정말 셀 수 없이 많은 아기의 잠자리 울음소리를 들어왔어. 그런데 신기한 부분을 말해볼까? 이 부분은 예외가 없더라고.

정말 작은 엥~소리건, 소위 깡패울음, 동네 떠나가라 왕왕~ 울어재끼는 울음 소리건 모두 다 '5'(최고 세기의 울음 강도 수치)라고 체크하고 느끼시는 경우가 많아.

"로리님, 저희 애는 얼굴이 토마토가 되는 것처럼 시뻘개지면서 악을 질러대며 울어요"

위와 같이 이야기하여 같이 들어보면 실제로는 '1~3'정도인데 매번 '5'로 느끼시는 부분이 많이 포착돼. 그런데 솔직히 아기 잠자리에서의 울음을 자신의 아기 것 말고는 들어봤겠어? 비교할 수치 자체가 없는데다, 이 아이는 또 다른 사람의 아이가 아닌 자기 자신의 소중한 아이이다 보니까, 그냥 웬만하면 모두 '5'로 생각하는 경향이 커.

또 아기가 울 때 그 귀여운 작은 얼굴이 온통 인상을 쓰면서 괴로운 듯 찌푸리며 우는 모습도 내 눈 앞에 보이게 되고, 전반적으로 정신이 없으니까 그 소용돌이 속 안에서는 그렇게 크게 ~ 엄마의 눈에는 실제보다 과장되게 보여지게 되어있어.

마음을 좀 편히 내려두고, 꼭 Part 9. 업무능력 향상 코스를 같이 읽어봐.

아이의 꿀잠을 응원하는 방법,
격려/위안의 타입 설정하기

우리 아기에게 맞는 효율적인 자율학습 시간을 설정했다면, 아기를 잠자리에 눕힌 뒤 울기 시작했을 때 정해놓은 울음의 시간/양만큼 기다렸다가 격려/위안 행위를 해줘. 격려/위안의 타입은 앞서 말했던 것처럼 양극단을 인식한 뒤, 그 사이에서 각자 커스터마이징 하면 돼. 아이의 성향, 민감도에 따라 달라지는데, 이것을 그래프로 그려서 쉽게 알려줄게.

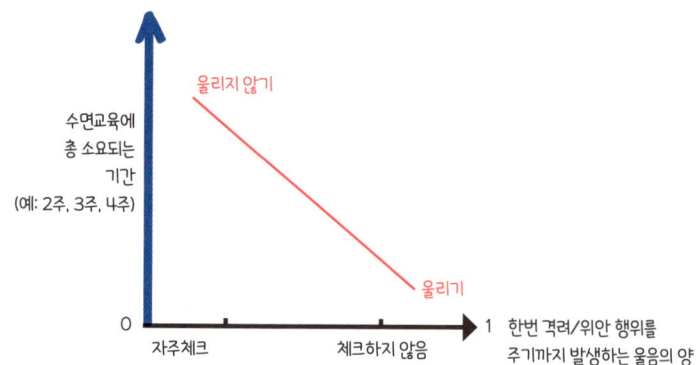

보통 5개월 이후 아기의 경우, '한번 격려/위안 행위를 주기까지 발생하는 울음의 양'과 '수면교육이 완성되는 기간'은 반비례한다고 그려볼 수 있어.

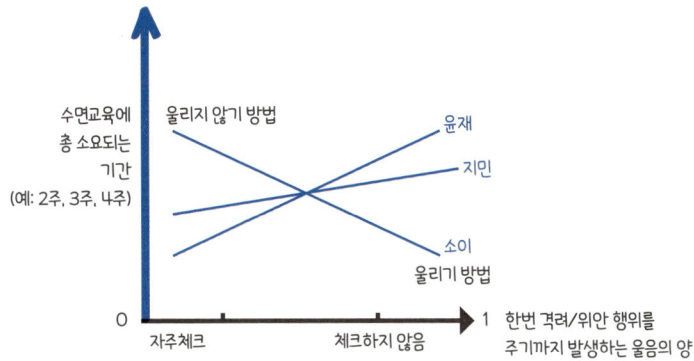

※ 아이나 엄마 각자에 따라 이 그래프는 얼마든지 기울기를 달리 그릴 수 있어.
  ex) 소이는 체크 빈도수가 적을 때 더 빨리 아이주도 숙면 능력을 키울 수 있었다.
  [수면교육에 총 소요되는 기간 = 그래프의 세로축의 값]이 제일 낮은 위안의 빈도수를 사용하는 것이 '똑게!'야.

수면교육을 할 때 시간 간격을 두고 체크하는 것이 도움이 되느냐 아니냐에 대해서 알아보자. 『Mother's Circle』이라는 책에 나온 연구결과에 따르면 4개월 이전의 아기에게는 체크가 도움이 되는 경우도 있지만, 4개월 이후의 아기에게는 체크가 도움이 되지 않는다고 해. 물론 아이의 성향에 따라 다를 수는 있지만 말야. 엄마, 아빠가 들어와서 그저 바라보는 것이 아이를 더 감정적으로 뒤흔들어버릴 수도 있다는 점은 예전부터 수면교육 관련 연구에서 지적되고 밝혀진 부분이야.

따라서 격려/위안의 타입은 해당 격려/위안에 따른 아이의 민감도를 확인하고 결정해야 해. 안았다가 눕혔을 때 스트레스가 확 올라가는 아이도 있고, 스트레스가 줄어드는 아이도 있어. 이런 반응들을 토대로 다음 그래프처럼 각 격려의 타입들에 따른 아기의 반응을 살피고 이를 토대로 체크업 시 스킨십의 정도, 즉 격려의 타입을 결정할 수 있어.

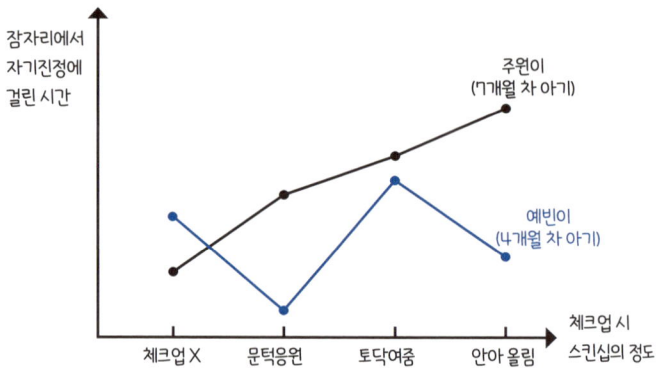

ex) 주원이의 경우 체크업을 안 했을때, 가장 진정을 잘했다.
예빈이의 경우는 문턱응원 시 가장 자기진정을 잘했다.
→ 그저 예일 뿐이고 각 아기들은 모두 다를 수 있다.

자~ 이제 한번 수면교육에 들어갔다고 가정하고, 아기가 울고 있는 상황을 떠올려보자. 우리가 애초에 설정했던 자율학습 시간은 다 지난 상황이야. 이제 응원/격려/위안을 위해 아기가 자고 있는 방에 들어갔다면 무엇을 결정해야 한다고?

응, 그래. 빙고! '스킨십을 할 것인가 말 것인가'를 결정해야 해. 즉 사전에 위안/격려 Type을 어떤 식으로 할지를 생각해둬야 해. 애초에 각 가정에서 선택해둔 방법으로 아이가 진정되게끔 도와주고 나오면 되는 거야. 이때 중요한 것은, 몇 분간은 반드시 아이가 양육자의 도움 없이 혼자서 스스로를 잠의 단계에 도달할 수 있게 진정하는 법을 배워야 한다는 점이야. 새로운 스킬을 배우기 위한 필수적인 단계인 셈이지. 모든 좌절을 막으면 아이는 혼자서 할 수 있는 기회, 타고난 능력을 키우고 발달시킬 수 있는 기회를 가질 수 없어.

위의 진정 피라미드를 머릿속에 기억해두라고. 지금 내 아기는 어느 진정 단계에 속하는지를 먼저 가늠해 봐. 그 뒤 한 단계씩 위로 올라가면 돼. 최종적으로는 자기 진정 단계까지.

자율학습을 허락하는 효율적인 간격은 보통 5분부터 시작해. 그리고 나서 10분, 그 뒤에는 15분, 이렇게 우는 것을 허용해 볼 수 있어. 5분이 너무 길게 느껴진다면 3분부터 시작할 수도 있어.

> **찐 후배에게 해주는 실전 코칭**
>
> 5분이 지났는데도 아기가 아직 울고 있어. 그렇다면 방에 들어가 보는 거야. 가능하면 안아 올리지 않은 채, 아기의 잠자리 근처에서 안심시켜보는 거지. 이때 아기와의 '상호교류의 늪'에 빠지지 말 것. 아이컨택(eye contact)도 웬만하면 하지 마. 속삭여주는 것은 좋지만, 아기에게 대화체로 말을 걸지는 마. 지금은 잠을 자는 시간임을 알려주는 것이 너의 의무야. 이건 지루하고 조용한 시간이라는 걸 모든 분위기로 알려줘. 엄마가 아기와 대화를 하거나 눈을 맞추게 되면, 아기는 지금 상황에서 자기가 뭔가 놓치고 있다고 생각하게 돼. 그래서 깨어 있고 싶다고 생각하게 되는 거지. 마치 '지금 잠들면 정말 가고픈 파티에 참석하지 못하고 말 거야!' 하는 심정이 되니, 주의해.
>
> 아기와 조금 더 접촉하고 싶다면, 첫번째 체크업 때 방에 들어가서 아기를 살짝 두드려주거나 안아줄 수 있어. 사랑스러운 격려의 말들과 함께 가능한 한 약 7~20초 동안만(최대 30초 이내에 끝내는 것을 추천해.) 혹은 아기가 진정될 때까지!
>
> 그러고는 아기에게 "잘 자~ 내 사랑. 엄마는 바로 이 근처에 있을게. 넌 할 수 있어"라고 말해준 뒤 다시 방을 나와. 이때 위안/격려시 건네줄 대사를 정해두어서, 어느 누가 아기를 재우더라도 똑같은 대사를 읊을 수 있도록 하면 더욱 효과적이야. 아기는 곧 그것을 큐사인으로 더 쉽게 받아들이게 되니까.

격려/위안 행위로 체크업 할 때 주의할 점

아기에게 어떤 '격려/위안'을 주든 엄마의 말투는 긍정적이고 사랑스러워야 해. 안심시키는 평화로운 말투여야지 긴장되거나 의심스러운 말투는 안 돼.

"지금 잘못되어 가고 있는 건 하나도 없어. 내가 의도한 거란다. 아가야~ 이건 너에게 분명 좋은 일이야. 넌 해낼 수 있어.(^_^) 엄마의 아들 or 딸이니까. 꿀잠을 푹~ 잘 수 있는 능력, 엄마가 꼭 선물해 줄게."
이러한 느낌이어야 해. 체크업할 때 엄마가 울거나 화내거나 짜증내거나 '잘되고 있는 건가?' 안절부절못하면 사실상 교육은 잘될 수 없어! 평온한 말투와 태도로 아이에게 위안을 주었다면 방을 나와봐. 그리고 체크업한 시간을 적은 뒤 정해놓은 시간 간격을 기다렸다가 다시 체크업 하는 거야. 이외에도 주의할 사항은 다음과 같아.

1. 체크업은 가능한 한 짧게 한다.

아이의 울음 강도가 세지고, '체크업'해야겠다는 생각이 들면 '짧게' 해. 1~2분 이상 끌면 안 돼. 30초 안에 끝내는 것이 정석이야. 또한 '체크업'할 때는 불을 모두 끄거나 수유등만 켜둔 어두운 상태여야 해. 체크할 때는 먹이지 마. '똑게육아 진정계단'을 참고해서 어떻게 반응할지 설정해두고 그 한계선을 지켜줘. 다시금 육아에서 이 한계선이라는 것은 정말 중요한 것임을 꼭 여러분의 마음속에 새겨두라고. 아기가 너무 사랑스러운 나머지 모두 다 직접 해주고 싶을 거야. 나도 그 마음 충분히 알아. 하지만, 또 이 세계에서는 그것만큼 어찌보면 미련하고 또 육아를 모르는 게 없어. 휴..

그게 정말 아이를 위하는 것 같니? 아니야! 지금 아이를 키운 시간은 총 육아할 시간에 대비하자면 길지 않아. 정말 깊고 넓은 세계가 이 육아의 세계라고.

아이를 체크할 때의 그 리듬과 루틴을 스스로 만들어 내는 독자님, 회원님들도 많이 계셔. 이때 특별한 상황이 아니고서야 아기를 안아 올리는 것을 권하지는 않아. 그러나 그에 따른 아이의 반응을 보고 싶다면 해도 돼. 때에 따라서는 안아 올리는 액션이 아기의 울음 사이클을 끊어주어 다시 상쾌하게 시작할 수 있게 만들어주기도 하거든. 하지만 일반적으로 안아 올리면 아기에게 전달하고자 하는 메시지가 뒤섞여 버려 혼동을 주거나, 다시 아기를 잠자리에 내려놓을 때 오히려 이 안아올린 행위 때문에 아기가 더 좌절할 수도 있으니 그러한 행동은 적을수록 좋긴 해. 이러한 짧은 체크업이나 '안눕'체크업은 주로 5개월 미만의 아기들에게는 가끔씩 효과적이기도 해.

2. 일관성을 유지한다.

꿀잠 프로젝트를 진행하면서 흔들리는 타이밍이 올 수 있어. 그때마다 다음의 내용을 떠올리라고. '내가 먹이거나 안아주는 식으로 달래서 잠들게 도와주면, 지금까지 아이가 자율학습해 온 것 자체를 쓸모없게 만들 수 있다.' '아기는 자신이 울음을 줄이지 않고 계속 울었을 때, 그 끊임없는 울음이 결국 엄마를 불러왔다는 그 사실만 배우게 된다.' 사실 엄한 잠연관에 아주 강하게 묶여 있지 않았다면, 아이의 하루를 세심하게 관찰해 그에 맞는 건강한 스케줄을 운영해 '눕혀야 할 잠시간'에 아기를 눕히면 아기는 '20~30분' 안에 잠들게 되어있어. 없애야 할 잠연관이 강한 경우에는 습관을 바꿔줘야 하는 부분 때문에 초반에는 아이가 50분까지 울 수도 있겠지만, 사전에 안전 체크리스트들을 모두 점검했고 똑게육아 공부를 통해 내가 아기에게 줄 격려행위를 확실히 정립해 두었다면 문제 없어.

애들아~ 육아의 황망한 늪에 빠진 것 같다고 느껴지더라도, 아래의 내가 자주 외는 주문을 읊어보면서 정신을 바짝 차려보자고.

"전두엽을 쓰자! 감정의 뇌 말고, 전두엽을 쓰자!"

"나 OOO는 전두엽을 쓴다"

이마를 가리키며, 혹은 이마, 두뇌의 앞 쪽을 살짝 치며, 전두엽을 쓰자! 라고 외치는 거야.

잠깐 멈춰. 반사적으로 반응하지 말고 꼭 2층 뇌를 켜서 의식적으로 반응해보자, 우리.

똑게육아 훈육 책에서는 내가 2층 뇌를 쓰자고 이야기하고 있어. (아이들에게는 전두엽이라는 단어가 다소 어려울 수 있기 때문에 그래.)

우리는 아이의 2층 뇌 사용 근육을 키워줘야 할 임무를 가지고 있어. 그렇다면, 우리가 먼저! 모델링으로 보여줘야겠지? 우리부터 2층 뇌 쓰는 걸 생활화하자. 수면교육도 여러분의 전두엽을 잘 활용해야 성공해. 전두엽을 써서 2층 뇌 불 켜! 작동시키라구. 우리는 성인이잖아~! Okay?! 항상 게임을 즐기듯 내 눈 앞의 어떤 현상에 대해 1층 뇌로 **'무조건 반사 반응'**을 취하지 말고, 꼭 **'멈춤'**이라는 단어부터 기억하자, 우리. **일단 멈춰. Stop!버튼 시각화 해서 눌러. 내 뇌를 게임기 조이스틱이다 생각하고 현명한 반응을 선택해.** 멈추고 ➡ (올바른 반응으로) 선택한다. 잊지 말자고.

하루하루가 지날수록 울음의 시간이 줄고, 아이가 밤중에 깨어나는 현상이 줄어드는 것을 볼 수 있을 거야. 스스로 진정하는 새로운 능력,

아기가 직접 개발한 능력들이 점차 보이게 된다구. 엄지손가락(혹은 주먹) 빨기, 이불 꼭 잡고 있기, 잠친구 인형 안고 있기 등 아이가 좋아하는 새로운 잠 자세가 나타날 수도 있어. 물론 가끔은 다시 예전처럼 돌아갈 수도 있을 거야. 이럴 때 부모들은 노력이 효과 없다며 포기하기도 하는데, 바로 이때가 가장 중요해. 포기하지 않고 계속해나가면, 그 후 긍정적인 변화의 밤들이 기다리고 있거든.

아기가 총 30분을 울다가(이 30분은 중간에 격려/위안 체크업이 포함되어 있는 시간으로 이해해도 좋아.) 스스로 잠들었다면 그 아이는 일단 해낸 것이라고. 아무 도움 없이 자기 스스로 잠들었으니 말이야. 엄마와 아이는 "만세"를 불러야 하는 상황인 거야. 나중에 아기가 깼을 때 환한 미소로 안아주면서 많이 칭찬해줘.

"어제 밤에 OO가 정말 푹 잘 잤어. 엄마는 우리 OO가 해낼 거라고 믿고 있었어. 네가 더 깊게 질 좋은 잠을 잘 수 있도록 엄마가 옆에서 계속 응원하고 있었거든. OO의 꿀잠 능력은 엄마가 키워줄게. 우린 할 수 있어."

이렇게 칭찬을 해주면, 아이도 자신이 해냈다는 성취감을 느끼게 돼. 말은 이해하지 못하더라도 엄마의 표정이나 분위기로 충분히 알아채는 것이지. 그만큼 엄마의 '반응'은 정말 중요해. 또한 부모와 애정 넘치는 저녁시간을 집중적으로 보내면, 아이는 정서적으로 안정된 상태가 되기 때문에 성공 확률이 더욱 높아져.

인수인계서 족보 Part 7.

재우기
업무

실행력 높이기 단계
업무 매뉴얼 전수

구체적 매뉴얼 전수

지금까지 설명했던 내용을 이제 조금 더 '매뉴얼 형태'로 정리해서 알려줄게. 요약 및 복습 단계라고 생각하면 돼.

이 장에서는 아기가 5~6개월 이후에 사용할 수 있는 방법 중 하나인 '일정한 간격을 두고 체크업하는 방식'을 단계별로 정리해 설명할 거

야. 지금까지 여러 번 강조했듯이, 원리를 이해한 뒤 흐름에 맞게 적용하는 것이 무엇보다 중요해.

1단계 아기를 아기 침대에 두고서 똑게 꿀잠&진정 사운드 쉬~소리를 틀어두고 "잘 자~ ○○야"하면서 방을 나온다. 5개월 이후 아기의 경우 잠친구 인형(곰돌이 등)을 주고 익숙하게 애착인형으로 만들어주면 도움이 돼. 물론 안전하게 써야 해.

2단계 아기의 울음소리가 발생한다면, (사전에 잠자리 안전 체크리스트를 철저히 점검해 본 뒤) 약 3분 정도 우는 것을 기다리다가 문을 연다. 이때 주의할 점은 밖의 환한 불빛이 들어가지 않게 해주는 부분이야. 어둠이 유지되는 상태에서 불빛이 살짝 들어가는 정도여야 해.

3단계 아기 방 문턱에서 최대 30초 정도 머문다.
아기 방에 들어가도 되지만, 5~6개월 이후 아기라면 문 근처에서 머리만 살짝 들이미는 '팝업 방식'도 좋은 방법이야. 이번 매뉴얼에서는 예시로 이 방법을 추천해 볼게! 말 그대로 이 방법은 양육자가 머리만 살짝 들이민 뒤, 최대 30초를 넘기지 않는 게 포인트야. 이 30초는 '아기가 토했거나 어딘가 다치지는 않았나' 확인하기에 충분한 시간이야. 또 이때 미리 '사랑스러운 한마디'를 정해 두고, 그 말만 스윗하고 차분한 톤으로 나지막이 들려주면 돼.

☆ **짧은 잠자리 격려 대사의 예**

"잘 자~ ○○야~"

'너는 엄마 아들(또는 딸)이니까, 꼭 꿀잠 능력을 터득할 수 있어. 엄마가 선물해 줄게'

'지금은 밤잠 자는 시간이야~'

'우리 ○○는 푹~ 잘 잘 수 있어. 엄마랑 ○○는 할 수 있어~ 잘 자♥"

이때 아기에게 말해줄 대사는 한 가지로 딱 정해 놓아야 해. 그리고 그 대사만 그대로 읊는 거야. 자연스럽게~ 말이야. 이 미리 정해둔 대사를 아기에게 건넬 때는 아래의 **분위기**가 키(key) 포인트야.
평점심+아이를 위해 하는 일이라는 자부심+당당함이 느껴져야 해.
그렇게 행동해야 아기가 불안해하지 않고 우리의 의도를 좀 더 빨리 파악할 수 있어. 이러한 호연지기를 '분위기 그 자체'로 물씬~! 풍기면서 사전에 정해둔 대사를 말해준 뒤, 너무 오래 있지 말고 얼른 나와줘.

4단계 아기의 울음이 계속해서 이어지면, 3~5분 뒤에 다시 들어가서 똑같이 체크업 하고, 사랑스러운 격려를 해주고 나간다. 계속 아기가 잠에 들지 않고 울음이 이어진다면, 7~10분 뒤에 들어가서 똑같이 하고, 그 후에는 12~15분마다 들어가서 위안 반응을 주면 돼.
이렇게 체크하는 시간 간격이 갈수록 길어지는 이유는 무엇일까? 이 부분이 아무래도 교육에 더 효과적이기 때문이야. 하지만, 상황에 따라서 아기가 잠이 들 때까지 체크업을 매번 5분 간격으로 혹은 10분 간격으로 정해두고 그 체크업 간격을 똑같이 유지해도 큰 문제는 없어.

일관성만 지키면, 아기가 배우는 데 있어 대세에는 전혀 지장 없거든. 그렇지만 2번째, 3번째... 이어지는 n번째 체크업을 거듭할 때 조금이라도, 1분이라도 늘리려고 생각하는 것이 아이 입장에서는 더 배우기 쉬워지니까 이 부분을 알고 있음 더 좋겠어. 왜 그런지 그 이유에 대해 좀 더 상세히 설명해 볼게.

아이는 모두 다 너희가 지금 생각하는 것 이상으로 똑똑해. 아기도 다 감이 있다고. '너희'가 아기가 되었다 생각하고 상상해봐. 내가 'OO분수'동안 울었다고 쳐보자. 그러니 엄마가 와서 뭐라 상냥한 말을 던지고 가. '아~ 엄마가 내가 우는 거 알고, 내 옆에 그러니까 나랑 같은 공간 하에 있기는 하네~' 이걸 알게 됐어. 다시 엄마가 와줬음 좋겠어. 다시 내가 'OO분수' 만큼 울었어. 그러니 엄마가 또 왔어. 그러면 이때 아이가 무엇을 배울 수 있을까? 바로 '아~ 한 OO정도 울면은 계속 엄마가 잠깐씩 와주긴 하는구나~' 하는 것을 바로 배울 수 있게 돼. 그런데, 여기서 OO정도 울었는데 + 1분 정도만 더해서 기다리다 들어가 주면~ 어떻게 될까?

아이들이 조금씩 스스로 깨우치며 원래 가지고 있었던 능력이 버전업 되며 조금 더 효율적으로 잘 배우게 되는 거야. 원래 그렇잖아. 우리가 헬스장에서 무게를 들 때도, 같은 무게만 계속해서 들게 되면 근육은 제자리걸음일 수 있어. 그런데 힘들더라도 조금만 더 나아간 무게를 시도해보면, 거기서부터 실력이 조금씩 상승하는 거잖아?

애는 자고, 나는 성장한다 - 꿀잠 PM의 숨겨진 보너스

　PM업무를 수행하다 보면, '아. 이 육아 job이라는 게 우리 자신의 감정 조절 능력이 점점 '도인화'되어야 가능한 거구나~' 하는 생각이 자연스럽게 들 거야. 어느새 육아의 세계에서 공중 부양하고 있는 너 자신을 보며 흐뭇한 날이 올 거라 믿어.

육아의 능력치는 결.국. 여기서 판결이 나.

부모 스스로 차~분한 상태를 유지하며 아이의 감정을 받아줄 수 있을 만큼 자신의 감정을 조절하는 일을 누가 더 잘하느냐

이것이 관건이라고. 육아를 해나가면서 이 스킬은 점점 늘어날 거야. 곧 '긍정적인 변화'를 맞이하게 될 것이고 육아의 참맛도 느낄 수 있게 될 거야.

 주의

체크업 시 아기 침대로 갈수록 대부분의 아기가 더 많이 우는 이유
(5개월 뒤에 해당되는 내용입니다.)

체크업 방식으로 수면교육을 한다면 체크업 시에는, 가능한 한 더 오래 아기의 곁에 머물고 싶다는 유혹을 뿌리쳐야 해. 모든 아기가 그런 것은 아니지만, 부모가 더 많이 말하고, 더 가까이 아기 침대로 갈수록 대부분의 아기는 더 많이 울게 되거든. 그 이유는 다음과 같아.

● 좌절감이 더해진다.

마치 배고픈 아이 앞에서 포테이토칩 봉지를 들고 있는데, 딱 하나만 주고 계속 앞에서 들고 서 있는 것처럼! 오히려 아이에게 좌절감을 더해줄 수 있습니다.

● 아이를 더 짜증스럽게 만든다. 의도치 않게 아기에게 희망고문 중인 셈이 된다.

아기에게 '울음'이 효과를 볼 것이라는 헛된 일말의 희망을 가지게 만들기 때문에 그래. 일명 '희망고문'이 따로 없는 거야. 아이는 충분히 '슬픔'을 느끼고 이런 울음이 부질없다는 것을 느껴봐야 해. "내가 이렇게 울어봤자 부질없구나~" 하는 그 감정을 전문용어로 '퓨틸러티(Futility), 소용없음, 내가 바뀌어야 하는 일도 있구나! 깨닫기' 라고 표현해. 그리고 실제로 아기들에게는 자기 전에 울음을 방출하는 행위가 피로를 풀어주며 긴장을 풀기 위한 하나의 방법이자 수단이라고. 이것을 겪어내는 아이들은 **융통성과 복원력, 적응력** 등 인생에서 귀중한 능력들까지 동시에 체득하게 돼. 이러한 스킬들을 아이들에게 가르쳐주기 위해 오히려 **울음을 이끌어내야 한다**는 이론은 전 세계적으로 유명한 아동심리학자 '고든 뉴펠트'도 똑같이 이야기하고 있고.

● 또한 방을 나가는 방법이 교육에 효과적인 부분은 아이가 헷갈릴 여지가 덜하기 때문이야. 물론 아기의 기질에 따라, 혹은 개월수별 발달 상황에 따라 각자 맞이한 '돌부리'의 종류에 따라 수면교육 방법은

조금씩 변형할 수 있지. 앞서 살펴본 똑게육아 기질별 수면교육 방법 참고해줘.

울리지 않기 방법 – 안눕법, 의자기법

이번에는 '울리지 않기 방법'인 '안눕법', '의자기법'을 매뉴얼화해서 전수해 줄게. 먼저 '울리지 않기'법 중 '의자 기법'을 잘못 실행한 예를 같이 살펴보자고.

> 10개월 된 아기를 키우고 있는 엄마라고 가정할게. 아이를 깨어 있는 상태에서 잠자리에 눕히고, 엄마는 그 옆에 의자를 두고 앉았어. 엄마는 아이가 잠에 빠져 들기 전에 '안심시키는 말'만 해주는 것으로 전략을 잡았어. 그런데 아이가 엄청나게 비명을 지르고 불쌍하게 울어댔고 아기 침대 난간 사이로 엄마를 향해 마구 팔을 뻗어대기도 했어. 아이가 그 난간 사이에 박혀서 많이 울고 있으니 엄마는 점점 더 불안해졌고, 이 엄마는 '40분'정도 버티다가 결국 아기를 안고 계속 둥가둥가 해주면서 재운 스토리를 눈앞에 그려보자.
>
> ⭐ 자~! 여기서 문제 낼게. 지금 이 엄마가 쓴 잠연관은 무엇일까?
>
> ➡ 답 : 응... 결국 이 엄마는 안아주기, 둥가둥가 잠연관으로 아이를 재운 거야. 그리고 아이에게 가르쳐준 것은, 그저 40분 정도 마구마구 울어재끼면은 아이가 원하는 방식인 둥가둥가 노동이 곁들어진 안김의 상태에서 잠을 잘 수 있다는 것을 알려준 셈이고.

지금까지 책의 내용을 잘 따라왔다면 이런 건 이제 뚝딱하면 보이지? 물론 우리가 '인간'인 이상 이러한 상황이 아예 발생하지 않기는 또 힘들 거야. 그럼에도 불구하고 이것을 객관적으로 들여다보는 그러한 리뷰 시간을 가지는 것이 중요해. 실전에서 오류를 범하지 않으려면, 꼭 필요한 단계라고. (육아에서 사랑은 기본이고, 육아는 Love & Logic이야. 러브와 로직, 두 개 다 있어야 성공해.)

안눕법 구체적 매뉴얼 전수

1단계 아이를 아기 잠자리에 내려놓는다. 만약 자고 있었다면 깨워서 내려놓는 것이 좋아.

2단계 아이가 울면 안아 올려 진정시켜준다. 아이의 감정을 공감해 주면서 조용하게 차분한 기운으로 말해준다.

"응, 그래그래. 안아달라고 그랬니? 자는 게 힘이 들지? ○○야?"

3단계 그래서 아이가 진정을 하면 다시 내려놓는 거다. (잠들기 전에! 깨어있을 때!)

4단계 또 울면 다시 안아 올린다.

1~4단계를 계속해서 되풀이하는 거야. 격려/위안 행위에 있어서 '둥가둥가 안아서 움직여주기', '두드려주기', '말하기', '먹이기'는 최소한으로 해줘야 해. (물론 이 부분은 아이가 잠에 빠져들 때를 이야기하고 있는 거야. 평상시 아이가 깨어있을 때는 자주 해주라고.)

'안눕법' 방법은 양육자의 아주아주~ 많은 인내심을 요구해. 처음 며칠 밤은 '안눕'만 50번도 넘게 반복해야 한다 생각하고 임해야 해. 너의 멘탈과 체력이 짱짱해야 성공확률이 높아져. (첫날에 50번 넘게 안눕 수행을 반복하더라도) 기분 좋~게 평안하게 수행할 수 있어야 하는 것이 관건이라고. '눕 잠연관' 일관성에서 광탈하지 않고 말이지. 그 자질이 없다면 실패각은 당연한 거야.

항상 똑게 사운드(꿀잠&진정 트랙)를 낮잠이든 밤잠이든 사용해줘. 6-7개월 이후의 아기라면 '잠친구 인형'을 안전하게 사용해봐.

마지막으로, '안눕법'이나 '의자 기법' 같은 울리지 않는 기법은 다음과 같은 상황에서는 효과가 없을 수도 있어. 이 점을 꼭 유념해줘.

●● 양육자가 아이를 안아 올릴 때 '너무 많은 말'을 하거나, '놀아 주기', '수유'를 제공하는 경우
●● 아이가 너무 고집이 세서 좀처럼 받아들이지 않는 경우(이럴 때는 점진적으로 울리기 전략을 쓰는 게 더 효과적일 수도 있어.) 아이 성향에 따라 오히려 안눕법이 비효율적이거나 잘 통하지 않을 수 있어. 이 부분은 양육자가 자신의 아이에 대해 잘 관찰을 해봐야 해. (9가지 기질 특성에 대한 수면교육 관련 자세한 Tip은 170p 부분을 참고해줘.)

애착물, 러비 (Loveys)

'동물 인형'이나 '잠 이불' 같은 것들이 애착물로 사용될 수 있어. 애착물, 일명 러비를 만들어 두면 분리불안의 돌부리를 넘을 때 도움이 되고, 또 나쁜 잠 습관이 있었다면 변화를 주는 데에도 효과적이야.

만약 아직 아이에게 애착물건이 없다면, 가질 수 있도록 도와줘.

아기가 아직 어려서 어떤 것이 좋은지 스스로 표현하지 못할 수도 있어. 아기가 6개월 이후~12개월 이전 단계라면, 양육자가 러비를 골라 줘도 돼.

나중에 아기가 더 커서 다른 걸 선택한다고 해도 괜찮아. 그 과정도 잘 지켜봐 주는 게 중요해!

최근에는 12개월 이전에는 애착인형을 제공하지 말라는 의견도 있어. 이는 영아 돌연사 증후군(SIDS) 등의 안전 문제를 우려하기 때문이야. 하지만 6~7개월 이후부터는 안전하게 사용하면 도움이 될 수 있어. 중요한 건 아기의 발달 단계와 안전을 고려하는 거야. 상황에 맞게 판단해 줘.

컨설팅을 해 보면, 올바르게 안전하게 사용하면 애착인형이 큰 도움이 되곤 해. 내가 컨설팅을 할 때는 아기가 자는 환경 사진이나 영상을 보고, 그 상황에 맞춰 추천하는 애착인형의 형태도 다양하니 참고해줘.

아이가 어떤 질감을 좋아하는지, 평소에 어떤 걸 만지는 걸 좋아하는지 관찰해 두면 좋아. 이런 습관을 미리 알아 두면 애착인형을 고를 때도 도움이 돼. 예를 들어, 쪽쪽이가 달린 손수건 타입의 애착인형이나 작은 손수건형 인형도 있어. 이런 것들은 미국과 호주 등에서는 일반 마트에서도 흔하게 볼 수 있을 정도야.

인수인계서 족보 Part 8.

아기의 하루 운영
업무 족보

똑게육아 전매특허
잠텀, 깨시 전수

스케줄이 너희에게 자유를,
아이에겐 안정과 건강, 애착을 줄 것이다.

○○야~ 나 진짜 너한테 이 얘기는 꼭 해주고 싶었어. 아이의 하루가 덜 혼란스럽고, 더 편안해지려면 '이것' 하나는 꼭 알아야 하거든. 바로 깨시, 잠텀.
낮잠 배치를 어떻게 하느냐거든.
여기서 낮잠 배치란 '낮잠을 어느 시각대에 들어가느냐'와 함께 '낮잠을 얼마큼 자느냐'도 관련이 있어. 그리고 잠을 양질로 잘 자려면 먹 타임도 중요하고 말이야. 효율적인 식사 타임에 '먹'이 들어가줘야겠지.

그래서, 어떻게 접근하냐고?
자, 먼저 '깨시'를 아기의 하루 선상에 분배를 해봐.
깨시를 분배했다면, 그 다음에 특정 시각대 범위에 들어갈 낮잠, 얠 얼마큼 잘지를 생각하는 거야. 여기서 이제 똑게육아 스케줄이 여러가지 타입으로 나뉘게 돼.
그 타입들을 크게 구분하자면 바로 '낮잠을 정교하게 제한하는 유형' Vs '조금 덜 정교하게 제한하는, 조금은 덜 세밀한 유형'으로 나눌 수 있어. 또 다른 표현으로는 '조금은 두루뭉슬하게 진도 천천히 이어지는 유형' Vs '진도를 팍팍~! 뽑아내는 선행진도 나가는 유형'으로 나누어볼 수 있거든.

사실 많은 분들이 시각표까지 세세하게 알려달라고 하셔서, 타입별로 구체적인 스케줄을 만들게 된 거야. 하지만 이 모든 스케줄은 결국 수면의 변하지 않는 원리, 그 큰 틀 안에 있어. 즉, 다 같은 선상에서 출발한 거라는 걸 잊지 마.

이 부분은 아기의 하루에서 낮잠이 2회에서 1회로 바뀌게 될 때의 그 전환과도 관련이 있어.

시나리오 1 낮잠②가 아기의 하루에서 중심축에 위치 하는 스케줄로 끌고 간다면 당연히 낮잠①이 짧아지면서 탈락되고 낮잠②가 아기의 깨어있는 시간에서 중심 정도에 위치하게 돼. 이렇게 잘 운영하게 된다면 밤잠이 들어가는 취침 시간 부근에 갔을 때도 아이가 깨어있는 동안 쌓인 피곤수치가 너무 과대해지지 않게 잘 운영할 수 있게 돼.

시나리오 2 기존 낮잠 2회 체제에서 첫번째로 발생하던 낮잠①이 낮잠 1회로 전환될 때, 남는 낮잠이 되는 상황. 낮잠②가 없어지면서 낮잠①이 조금씩 조금씩 뒤로 밀어지면서, 하루의 중심축에 위치하는 시나리오로 짤 수도 있거든.

이 책에는 진도가 중간쯤에 해당하는 스케줄을 소개해 주고 또 깨시로만 윤곽잡는 두루뭉슬 타입도 보여줄 거야.

지금 너의 상황이나 아이의 스케줄 현황이 각자 다를 것이기 때문에 현재 너에게 선행 느낌의 스케줄이 필요할 수도 있고, 또 아닐 수도 있어. 똑게육아 스케줄의 각 타입들이 '무엇'에 중점을 두고 만들어졌는지를 알고 적용한다면 문제없어.

이유식을 먹일 때의 타이밍도 다르게 가져갈 수도 있어. 그리고 낮잠②의 경우에도 하루에 발생하는 자신의 라이프 스타일의 업무들에 따라서 생각해보면, 때에 따라 이게 **오후 12~1시**에 발생하면 오히려 안되는 경우도 있거든. 그럴 경우는 예를 들어 낮잠②가 **오후 2~3시** 사이에 발생하게끔 짤 수도 있는 거야. 이런 식으로 여러 타입의 스케줄들이 있으니 각자에게 맞는 스케줄로 선택하고 조금씩 변형해서 활용해 봐야 해.

똑게육아 스케줄 가이드

낮잠 전환 시기 미리 알고 있기
(똑게육아의 각 스케줄 타입에 따라 조금씩 차이는 있을 수 있습니다.)

6주 ~ 12주 요약

구분	1회 깨시/잠텀	낮잠 1회 수면 길이	낮잠 횟수 및 패턴
6주	약 '1시간~1시간 반'을 넘기면 안돼요.	2시간 ~ 3시간	· 4회 ~ 5회
12주	약 1시간 반	1시간 반 ~ 2시간 반	· 3회의 낮잠 패턴이 보여요. · 2회의 긴 낮잠, 1회의 짧은 낮잠

12주 ~ 18주 요약

구분	1회 깨시/잠텀	낮잠 1회 수면 길이	낮잠 횟수 및 패턴
12주	약 1시간 반	1시간 반 ~ 2시간 반	· 3회의 확연한 낮잠 패턴이 보여요. · 2회의 긴 낮잠과 1회의 짧은 낮잠
18주	1시간 반 ~ 2시간 (2시간 '깨시'는 하루에 딱 한번만 발생해야 해요)	1시간 반 ~ 2시간 반	· 3회의 낮잠 패턴이 형성돼요. · 2회의 긴 낮잠과 한번의 더 짧아진 낮잠 · 밤잠은 11~12시간 자고 밤수는 1~2회 정도 남아있을 수 있어요.

12주 ~ 18주

(똑게육아 스케줄은 여러 타입이 있어요. 이것은 중간 정도 진도의 스케줄 타입 중 하나입니다.)

4시 30분 ~ 5시 30분 AM	모유수유 혹은 분유 / 젖병수유 후 바로 다시 잠듦. · 만약 아기가 오전 6시까지 죽~ 이어서 잔다면 6시에 하루를 시작해도 괜찮아요.
6시 30분 ~ 7시 AM	**아침기상, 수유** · 이번 [깨시/잠텀]은 '1시간 반' 이상을 넘어가지 않도록 해주세요.
8시 ~ 8시 30분 AM	**아침낮잠 - 낮잠 ①** · 2시간 정도 지속되면 좋아요. (참고로 다른 스타일의 스케줄에서는 이 낮잠을 일찍 제한하기도 해요.) · 1시간 반~2시간 30분 정도의 수면시간
9시 30분 ~ 10시 AM	**아침낮잠 (낮잠 ①)에서 일어나요.** · 이번 [깨시/잠텀]은 2시간 정도
11시 30분 ~ 12시 PM	**점심낮잠 (낮잠 ②)을 위해서 아이를 내려놓으세요.** · 2시간 정도의 수면길이면 좋아요. · 1시간 반~3시간 정도의 수면시간 (3시간은 길긴 해요. 가능하면 2시간 정도로 맞춰주면 좋아요.)
1시 30분 ~ 2시 PM	**점심낮잠 (낮잠 ②)에서 일어나요.** · 이번 [깨시/잠텀]은 1시간 반~2시간 정도
약 3시 30분 PM	아기를 **낮잠 ③**을 위해 내려놓아요. · 30분-45분 정도 자고 일어나는 하루 중 가장 짧은 낮잠 · 아기가 성장할수록 이 낮잠은 더 짧게 잘 거에요. · 6개월쯤 되면 이 낮잠은 없어지게 됩니다.
4시 30분 ~ 5시 PM	**낮잠 ③에서 일어납니다.** · 밤잠 들어가는 시간을 6시 30분~7시 체제로 운영하실 계획이라면 아기가 5시PM이 지나서까지 자지 않도록 해주세요.
6시 ~ 7시 PM	**밤잠 수면의식** · 수면의식 카드 활용(220p QR코드로 다운로드 가능) · 목욕, 이야기 들려주기, 막수 · 밤잠 수면의식은 되도록 동일한 순서로 일관성을 유지해주세요.

18주 ~ 6개월 요약

구분	1회 깨시/잠텀	낮잠 1회 수면 길이	낮잠 횟수 및 패턴
18주	1시간 반 ~ 2시간	1시간 반 ~ 2시간 반	· 3회의 확연한 낮잠 패턴이 형성돼요. · 2회의 긴 낮잠과 1회의 더 짧아진 낮잠 · 밤잠은 11~12시간 자고 　밤수는 1회 혹은 2회 정도 남아 있을 수 있어요.
6개월	2시간 ~ 2시간 반	1시간 반 ~ 2시간 반	· 2회의 긴 낮잠과 1회의 더 짧아진 낮잠 · 3→2회 낮잠 전환 준비 · 밤잠은 11~12시간 자고 밤수는 1회 정도 남아 있을 수 있지만 이유식 시작 시기로 6-9개월 안에 밤수는 졸업하는 것이 좋습니다.

18주 ~ 6개월

(똑게육아 스케줄은 여러 타입이 있어요. 이것은 중간 정도 진도의 스케줄 타입 중 하나입니다.)

4시 30분 ~ 5시 30분 AM	모유수유 혹은 분유 / 젖병수유 후 바로 다시 잠듦 · 만약 아기가 오전 6시까지 죽~ 이어서 잔다면 6시에 하루를 시작해도 괜찮아요.
6시 30분 ~ 7시 AM	**아침기상, 수유** · 이번 [깨시/잠텀]은 '2시간' 이상을 넘어가지 않도록 해주세요.
8시 30분 ~ 9시 AM	**아침낮잠 – 낮잠 ①** · 1시간 반~2시간 정도의 수면시간
10시 ~ 10시 30분 AM	**아침낮잠 (낮잠 ①)에서 일어나요.** · 이번 [깨시/잠텀]은 '2시간~2시간 반' 정도
12시 ~ 12시 30 PM	**점심낮잠 (낮잠 ②)을 위해서 아이를 내려놓으세요.** · 2시간 정도의 수면길이면 좋아요. · 1시간 반~3시간 정도의 수면시간
2시 부근 PM	**점심낮잠 (낮잠 ②)에서 일어나요.** · 이번 [깨시/잠텀]은 6개월에 가까워진 아이의 경우, 　'2시간~2시간 반' 정도 길이랍니다.

4시 PM	아기를 **낮잠 ③**을 위해 내려놓아요. · 30분-45분 정도 자고 일어나는 하루 중 가장 짧은 낮잠 · 아기가 성장할수록 이 낮잠은 더 짧게 잘 거에요. · 6개월쯤 되면 이 낮잠은 없어지게 됩니다.
4시 30분 ~ 5시 PM	낮잠 ③에서 일어납니다. · 밤잠 들어가는 시간을 6시 30분~7시 체제로 운영하실 계획이라면 아기가 5시PM이 지나서까지 자지 않도록 해주세요.(낮잠커트라인 유의)
6시 ~ 7시 PM	**밤잠 수면의식** · 수면의식 카드 활용(220p QR코드로 다운로드 가능) · 목욕, 이야기 들려주기, 막수 · 밤잠 수면의식은 되도록 동일한 순서로 일관성을 유지해주세요.

6 ~ 9개월 요약

구분	1회 깨시/잠텀	낮잠 1회 수면 길이	낮잠 횟수 및 패턴
6개월	2시간 ~ 2시간 반	1시간 반 ~ 2시간	· 낮잠 횟수는 2회로 줄어들어요. · 낮잠 총 수면시간은 3~3시간 반 정도. 밤잠은 11~12시간
9개월	2시간 반 ~ 3시간	1시간 반 ~ 2시간	· 2회의 낮잠체제가 확실하게 형성됩니다. · 낮잠 총 수면길이는 총 3시간 정도. 밤잠은 11~12시간

6 ~ 9개월

(똑게육아 스케줄은 여러 타입이 있어요. 이것은 중간 정도 진도의 스케줄 타입 중 하나입니다.)

4시 30분 ~ 5시 30분 AM	모유수유 혹은 분유 / 젖병수유 후 바로 다시 잠듦 · 아기가 오전 6시까지 죽~ 이어서 잔다면 6시나 6시 30분에 수유를 해도 괜찮아요. 하지만 아침 식사는 오전 7시 이후에 주도록 하세요.
6시 ~ 6시 30분 AM	아침기상, 수유
7시 ~ 7시 30분 AM	아침식사

8시 ~ 8시 30분 AM	· 아침에 일어나자마자 아직 수유를 하지 않은 상태라면 이때 **수유**를 해주세요.
8시 30분 ~ 9시 AM	**아침낮잠 (낮잠 ①)** · 1시간~1시간 반 정도의 수면시간 (진도 타입에 따라 이 낮잠의 수면 길이를 제한하기도 해요.)
10시 ~ 10시 30분 AM	**아침낮잠 (낮잠 ①)**에서 일어나요.
11시 AM	**수유**를 하세요. · 아침낮잠, 낮잠①에서 일어났을 때 바로 먹이기보다는 15분 정도 있다가 먹이시는 것이 좋아요. 그래야 아이가 잠에서 깬 것과 먹는 것을 연관 짓지 않으니까요. 즉, 깨자마자 다급하게 먹이는 것이 아니라, 유유자적 여유를 가지고 준비하다 먹이면 이 과정에서 약 10~15분 정도가 소요된답니다. 항상 기억하실 점은, '평정심 탑재'와 '차분한 기운'이에요. 이것이 기본으로 깔려 있어야 합니다.
12시 PM	점심식사
1시 ~ 1시 30분 PM	**점심낮잠, 낮잠 ②**를 위해 아이를 내려놓으세요. · 1시간 반~2시간 정도의 수면 길이
3시 ~ 3시 30분 PM	**점심낮잠**에서 일어나요.
3시 30분 ~ 4시 PM	**수유** · 6~9개월 사이의 아기들은 이 시각대에 아직 수유가 필요할 수 있어요. 동시에 점점 이유식에 적응을 해나가고, 낮잠 욕구는 줄어들게 될 거예요. 이 회차의 수유는 9개월 무렵에는 없어질 수 있다는 것도 기억하세요.
5시 PM	저녁식사
5시 30분 ~ 6시 PM	목욕
6시 ~ 6시 30분 PM	수유
6시 30분 ~ 7시 PM	**밤잠 수면의식** 후 **밤잠**에 들어가기

9 ~ 12개월 요약

구분	1회 깨시/잠텀	낮잠 1회 수면 길이	낮잠 횟수 및 패턴
9개월	2시간 반 ~ 3시간	1시간 반 ~ 2시간	· 낮잠은 **2회 패턴**이 적당합니다. · 낮잠 총 수면시간은 **3시간** 정도. 밤잠은 11~12시간
12개월	3시간 반 ~ 4시간	· 낮잠① : 45분 · 낮잠② : 1시간 반 ~ 2시간	· **2회의 확실한 낮잠 체계**가 나타납니다. · 낮잠 총 수면길이는 **총 2시간~2시간 반** 정도. 밤잠은 11~12시간

9 ~ 12개월

(똑게육아 스케줄은 여러 타입이 있어요. 이것은 중간 정도 진도의 스케줄 타입 중 하나입니다.)

6시 ~ 6시 30분 AM	**아침기상**	
	· 먹이기 전에 10~15분 정도 준비하며 여유롭게 대처하세요. (아이가 깨자마자 후다닥~ 부리나케 가서 먹이지 마시고요.)	
7시 ~ 7시 30분 AM	**아침식사**	
9시 ~ 9시 30분 AM	**아침낮잠, 낮잠 ①**	
	· 30분 정도만 자면 돼요. (좀 더 제한을 늦게 준다면 45분~1시간 정도요.) · 지금부터는 매일 규칙적으로 같은 시간에 잠을 잘 수 있도록 하면 아이의 컨디션과 건강에 큰 도움이 될 거예요.	
10시 30분 AM	**간식시간** (옵션 활동이에요.)	
	· 이때 아이가 잠을 자고 있다거나, 간식을 먹는데 흥미를 보이지 않아도 괜찮아요. 하지만 이 시각대에 아이가 수유를 기다리는 것 같다면, 그 '수유'행위를 '간식'으로 바꿔주는 것이 좋아요.	
11시 30분 ~ 12시 PM	**점심식사**	
12시 45분 ~ 1시 PM	수유, 젖병으로 먹던 아기라면 지금부터는 **시피컵**으로 대체하시는 것이 좋아요.	
1시 30분 PM	**점심낮잠, 낮잠 ②**	
	· 1시간 반~2시간 길이가 적당해요.	

3시 30분 ~ 4시 PM	**간식시간** (옵션 활동이에요.) · 이때 아이가 잠을 자고 있다거나, 간식을 먹는데 흥미를 보이지 않아도 괜찮아요. 하지만 이 시각대에 아이가 수유를 기다리는 것 같다면, 그 '수유'행위를 '간식'으로 바꿔주는 것이 좋아요.
5시 ~ 5시 30분 PM	저녁식사
6시 PM	목욕, 조용한 놀이
6시 30분 PM	수유
7시 PM	**밤잠** 들어가기 (수면의식은 가능한 한 동일한 순서로 항상 반복되게끔 합니다.)

12 ~ 18개월 요약

구분	1회 깨시/잠텀	낮잠 1회 수면 길이	낮잠 횟수 및 패턴
12개월	3시간 반 ~ 4시간	· 아침낮잠, 낮잠① 45분 · 점심낮잠, 낮잠② 1시간 반~2시간	· 낮잠은 2회 패턴이 적당합니다. · 낮잠 총 수면시간은 2시간~2시간 반 정도. · 밤잠은 11~12시간
18개월	4시간 ~ 5시간	점심 시각대에 1회만 낮잠을 자게 되고 2~3시간을 잡니다.	· 하루에 낮잠 1회 체제 · 밤잠은 11시간~12시간

1회 낮잠 체제

(똑게육아 스케줄은 여러 타입이 있어요. 이것은 중간 정도 진도의 스케줄 타입 중 하나입니다.)

6시 ~ 6시 30분 AM	눈을 뜬 상태
7시 ~ 7시 30분 AM	아침식사를 한 뒤, **우유 마시기/수유하기** (모유수유 혹은 컵을 활용)
9시 30분 ~ 10시 AM	아침 간식시간
11시 30분 AM	점심식사

12시 ~ 12시 30분 PM	낮잠 (2시간~3시간 정도 자줘야 합니다.)
3시 30분 ~ 4시 PM	오후 간식시간
5시 ~ 5시 30분 PM	저녁식사
6시 PM	목욕 후 조용한 활동시간 가지기
6시 30분 PM	수유 또는 우유
7시 PM	밤잠 들어가기 (수면의식은 가능한 한 동일한 순서로 항상 반복되게끔 합니다.)

2회 낮잠 체제

(똑게육아 스케줄은 여러 타입이 있어요. 이것은 중간 정도 진도의 스케줄 타입 중 하나입니다.)

6시 ~ 6시 30분 AM	눈을 뜬 상태
7시 ~ 7시 30분 AM	아침식사를 한 뒤, 우유 마시기/수유하기 (모유수유 혹은 컵을 활용)
9시 ~ 9시 30분 AM	아침낮잠, 낮잠 ① · 이 낮잠은 45분이 넘어가서는 안됩니다.
10시 30분 AM	아침 간식시간
11시 30분 ~ 12시 PM	점심식사
12시 45분 ~ 1시 PM	우유 마시기, 수유시간
1시 30분 PM	점심낮잠, 낮잠 ② · 1시간 반~2시간 수면 길이
3시 30분 ~ 4시 PM	오후 간식시간

5시 ~ 5시 30분 PM	저녁식사
6시 PM	목욕 후 조용한 활동시간 가지기
6시 30분 PM	수유 또는 우유
7시 PM	밤잠 들어가기 (수면의식은 가능한 한 동일한 순서로 항상 반복되게끔 합니다.)

나는 2011년 '로리'라는 필명으로 연재를 시작했고, 2015년 초판 『똑게육아』를 집필하며 대한민국에서 처음으로 '깨어있는 시간(깨시)'과 '잠텀' 개념을 만들었어. 이 방식은 지난 15년 동안 백만 명 이상의 부모에게 실제 도움을 주며 육아 필독서가 되었고, 지금 국내에서 자연스럽게 쓰이는 여러 수면 개념과 용어들의 뿌리 역시 대부분 똑게육아에서 시작됐어.

2017년 오프라인 강의 시절부터는 '깨시(깨어있는 시간)'를 중심으로 한 적용 체계를 다양한 형태로 다듬어 왔고, 2020년 이후 개정판에서는 이 '깨시' 개념을 더 촘촘하게 소개하며 실제 적용법까지 정식으로 집필했어. 지난 15년 동안 현장에서 연구하고 부모님들을 상담해 오면서, 나는 7AM~7PM 흐름과 '깨시'를 바탕으로 최적의 깨어있는 시간 범위를 정리한 '모범답안지 스케줄'과 '최대깨시 스케줄'을 비롯한 여러 스케줄들을 완성했지.

하지만 처음 수면교육을 시작할 때는 시각별 스케줄에 너무 매달릴 필요가 없어. 아침 기상과 밤잠 들어가는 시각만 고정축으로 잡는다고 생각하고(±30분 허용), 하루 흐름은 '깨시(깨어있는 시간)' 중심으로 잡으면 돼. 그 이후에는 각 가정의 상황에 맞춰 다른 스케줄을 참고하면 돼.

육아 스케줄의 중심축, 깨시(=잠텀)
하루가 술술 풀리는 비밀

자, 이번엔 똑게육아 용어이자 스케줄의 핵심 키워드인 '깨시', 일명 '잠텀'에 대해 그림으로 이해해보자. 깨시는 아이의 잠과 잠 사이, 깨어 있는 시간을 말해. 이 시간을 기준으로 하루 스케줄을 짜면, 시간표에 하나하나 얽매이지 않아도 훨씬 유연하게 운영할 수 있어. 이제, 그 방법 알려줄게!

신생아 시기인, 0~3개월의 깨시는 아기가 눈을 뜬 시간, 눈을 뜨고 정신이 깨어있는 상태부터 계산을 시작하면 되고
이후 단계인 4~36개월의 깨시는 아기의 잠자리에서 아기를 데리고 나온 순간부터 계산을 시작한다고 생각하면 돼.

왜 이렇게 조금 다르냐고? 그건 신생아 시기에는 굉장히 짧은 깨시/잠텀을 가졌기 때문에 그래. 다음번 낮잠을 자기까지 길게 깨어있지 못하거든. 그때의 짧은 '깨시/잠텀'은 아기가 먹거나 스트레칭하거나 다시 잠을 자기 위해 수면의식 하면서 다시 잠자리에 뉘여지거나 하면서 다 써버리게 돼.
또한 잠 사이클하고도 연관이 있어. 16주(4개월)까지는 아기의 잠 사이클이 굉장히 단순해. 들쭉날쭉하긴 해도 말이야. 하지만 4개월을 기점으로 아기의 잠 사이클은 좀 더 견고하게 잡혀가고 성인화되거든.

깨시/잠텀 vs 먹 놀 잠

'먹→놀→잠'의 순서를 신경쓰지 않아도 되는 이유를 2015년도에 집필했던 책에도 분명히 넣었거든. 근데 말야. 내 느낌상 여러분들이 엄청나게 이 순서 자체에 집착하더라고.
아기는 로봇이 아니야. 아기는 완벽하지도 않고. 배워나가는 단계잖아. 그렇기 때문에 그냥 깨시/잠텀만 생각하고 잠연관을 건강하게 알려주고 있는지만 신경 썼으면 좋겠어. 먹 다음에 꼭 놀이 오고 그 다음에 잠이

와야한다는 강박에서는 조금 벗어났으면 해. 그래서 이 깨시/잠텀 가이드를 또 집필하고 있는 것이고.

이제 '먹→놀→잠' 이것을 벗어던지고 깨시/잠텀을 마음속에 떠올리자. 이렇게 하면 좀 더 강박에서 벗어나 릴랙스되면서 아기의 하루를 더 쉽게 운영할 수 있을 거야. 그리고 "나도 할 수 있다!"라는 자신감도 가지고 갈 수 있다고.

✫ 스케줄 가이드를 볼 때, 아기의 개월수, 주차 계산하는 방법

아기가 37주 이후에 태어났다면, 그냥 예정일에 태어난 걸로 생각하면 돼. 그래서 조정해 주지 않아도 돼. 특히 쌍둥이의 경우에는 38주를 만삭일, 출산일로 보거든. 그래서 간단하게 아이가 예정일보다 3주 이상 일찍 태어났을 때, 아이의 주차를 조정해 준다고 생각하면 되겠어. 이해를 돕기 위해 예를 들어볼게.

아기가 35주에 태어났다고 해보자. 그러면 약 2주 정도를 조정해서 스케줄 가이드를 참고해서 보면 되는 거야.

그러나 모든 아기들은 특별하고 다를 수 있는 법이야. 한 번은 8~9주 정도 일찍 태어난 아기를 컨설팅 한 적이 있었어. 그런데 이 아기는 8주 일찍 태어났으니까, 그저 단순하게 생각해 본다면 가이드 지침을 볼 때 '현재 개월수에서 ㅡ(빼기) 2개월(8주)' 해서 봐야 할 것 같잖아? 예정일 기준으로 말이야. 그런데 실제로는 1개월(4주)만 빼서 가이드 지침보다 바로 앞인 한 달 전 개월수를 적용하니 맞았어.

그러니까 무엇보다도 아기 자체를 잘 관찰하는 것이 중요해. 내 아기

의 주차, 개월수 부근의 권장 깨시를 보면서 '대략 이쯤에 해당하겠다' 하고 짐작해보면 도움이 될 거야.

신생아(Newborn) 아기 스케줄

0~15주 아기라면, 신생아에 속해. 3개월 동안은 아기의 깨시/잠텀도 많이 바뀌어. 규칙적으로 획일적인 모습이라기보다는 조금씩 단계별로 차근차근 윤곽이 보이게 되지.

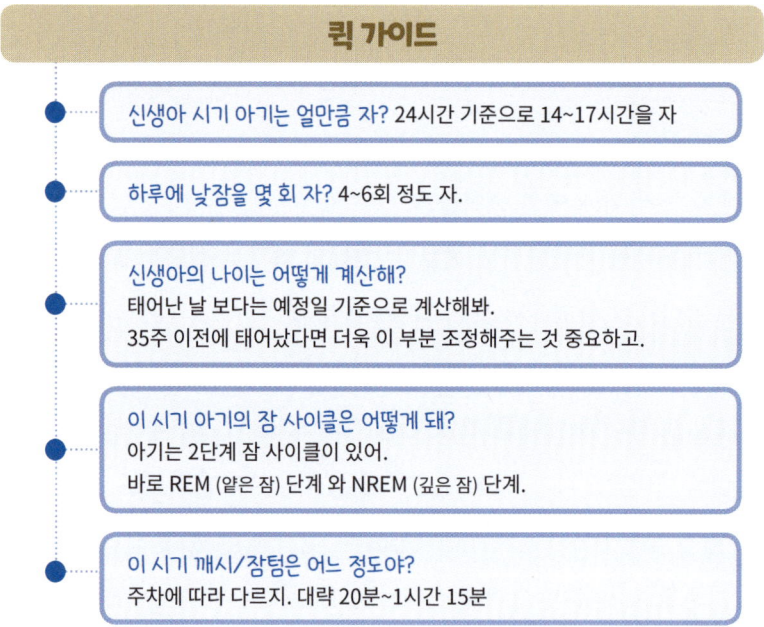

'아침 시작 시간'과 '밤잠 들어가는 취침 시간'

Q 신생아 시기에는 언제쯤 아침을 시작하는 게 좋을까?

A 신생아 시기에는 6~9AM 사이에 시작하면 돼. 정말 초기 주차에는 이 아침 시작 시간이 많이 변화할 거야. 매일매일 같을 수는 없어. 그러나 4-5주 차쯤에 이르면, 1시간 안에서 아침 시작 시각대의 범위를 만들고 일관성있게 그 범위 안에서 유지하며 가는 것이 좋아.

예를 들어, 이 시기에는 꼭 7AM으로 딱 각 잡고 시작하지 않아도 괜찮아. 8~9AM에 시작할 수도 있는 거야.

Q 밤에는 몇 시쯤 잠자리에 드는 게 좋을까?

A 마찬가지로 4~5주차가 되면, 밤잠 취침시간도 1시간 범위 안에서 설정해 놓도록 해. 그리고 일관성을 지키려고 노력해봐.

아기가 3~4개월 이후가 되면 아무래도 7PM에 밤잠 들어가는 것이 여러모로 좋긴 해. 우리는 11~12시간의 밤잠을 목표로 할 거야. 물론 이 시기의 11~12시간의 밤잠에는 야식(밤수) 먹는 시간도 포함되어 있어.

그래서 예를 들어 네가 8-9AM에 아침을 시작했다면, 밤잠 들어가는 취침시간은 8-9PM이 되어야 하는 것이지. 만약 6-7AM에 아침을 시작한다면, 밤잠 들어가는 취침시간은 6-7PM이 되는 것이고 말이야. 하루의 큰 틀을 그려놓고 시작하는 것이 중요해.

0-5주차

첫 번째 주에는 정말 졸린 아기를 만나게 될 거야. 이 시기 아기는 깨고 나서 다음 잠에 들기까지 걸리는 시간이 아주 짧아. 근데 괜찮아. 이게 완전히 정상인 거야. 시간이 지나면서 아기가 깨어 있는 시간은 자연스럽게 조금씩 길어지게 돼.

- ✓ '30~45분'의 깨시/잠텀
- ✓ 낮잠을 자기 위해 뉘여짐
- ✓ 잠에서 깨어나서 눈을 뜬다. 깨시 시간 재기 시작!
- ✓ '30~45분'의 깨시/잠텀
- ✓ 낮잠을 자기 위해 뉘여짐
- ✓ 잠에서 깨어나서 눈을 뜬다. 깨시 시간 재기 시작!
- ✓ 이렇게 하루에 반복됩니다.

6-12주 아기

이 시기부터는 낮과 밤을 확실히 구분해주고, 깨어 있는 동안에는 짧고 부드럽게 교감해줘. 졸음 신호를 잘 포착해서, 억지로 버티기 전에 바로 재우는 것도 중요해. 너무 스케줄에 집착하지 말고, 아이 컨디션에 따라 부드럽게 조절하면서 가자. 특히 컨디션이 안 좋을 땐, 깨시를 평소보다 조금 더 짧게 끊어줘도 괜찮아. (아이 컨디션에 맞춰 조율하는 게, 결국 가장 좋은 리듬을 만들어주는 길이야.)

- ✅ '45~60분'의 깨시/잠텀
- ✅ 낮잠을 자기 위해 뉘여짐
- ✅ 잠에서 깨어나서 눈을 뜬다. 깨시 시간 재기 시작!
- ✅ '45~60분'의 깨시/잠텀
- ✅ 낮잠을 자기 위해 뉘여짐
- ✅ 잠에서 깨어나서 눈을 뜬다. 깨시 시간 재기 시작!
- ✅ 이렇게 하루에 반복됩니다.

12-16주 아기

16주, 4개월쯤 되면 깨시는 75분, 그러니까 1시간 15분 정도까지 늘어나게 돼. 어떤 아기들은 컨디션에 따라 '1시간 30분'까지도 깨시를 늘릴 수도 있어. 그러니까 다양한 똑게육아의 스케줄 타입들을 참고해서, 현재 내 아이의 상황에 맞게 가장 적절하게 운영하면 돼.

- ✓ '1시간~1시간 15분'의 깨시/잠텀
- ✓ 낮잠을 자기 위해 뉘여짐
- ✓ 잠에서 깨어나서 눈을 뜬다. 깨시 시간 재기 시작!
- ✓ '1시간~1시간 15분'의 깨시/잠텀
- ✓ 낮잠을 자기 위해 뉘여짐
- ✓ 잠에서 깨어나서 눈을 뜬다. 깨시 시간 재기 시작!
- ✓ 이렇게 하루에 반복됩니다.

영유아 단계 4~16개월

Q 스케줄이 이제 생길까?

A 응~! 서서히 스케줄이 자리 잡기 시작해. 4~5개월쯤이면, 스케줄의 윤곽이 대략적으로라도 보일 거야. 6~7개월이 되면, 하루 2회 낮잠 체제로 넘어가면서 스케줄은 더 단단해지고, 안정돼.

✓ 낮잠 3회 체제 → 낮잠 2회 체제 → 낮잠 1회 체제
이렇게 자연스럽게 넘어가게 될 거야.
특히, 낮잠 2회나 1회 체제에 들어가면 낮잠을 재우는 시각대 자체를 규칙적으로 맞춰주는 게 좋아.

✓ 낮잠 2회 스케줄이라면,
낮잠①과 낮잠② 시작 시각대를 7-7 체제(7시 기상, 7시 취침 기준) 안에서 균일하게 유지하는 걸 추천할게.

낮잠① 시작 시간 _____ (직접 적어봐!)
낮잠② 시작 시간 _____ (적어봐!)

Q 이상적인 시각대가 있을까?

7AM-7PM 체제를 추천하긴 해. 하지만 예를 들어, 6PM에 취침하고 5:30AM에 기상하는 체제도 가능해. (상황에 따라 다를 수 있으니까, 너무 딱 맞출 필요는 없어.) 아기 스케줄을 짤 때는 일단 '하루의 시작점'을 잡아보는 것부터야. 밤잠은 11~12시간을 목표로 해. 그러니까 내가 원하는 아침 시작 시각에서 11시간을 빼보면, 자연스럽게 아기의 취침 시간이 나올 거야. 예를 들어볼게. 아침에 일찍 출근해야 해서 어딘가에 아이를 맡겨야 한다고 가정해보자. 그러면 6AM에 아침이 시작되는 것이고, 6:45AM에 아이와 집을 나서게 되겠지. 이럴 경우에는 밤잠 취침 시간이 7PM보다 늦어지면 안 돼. 그래야 아이가 밤에 11시간 충분히 잘 수 있거든. 가장 중요한 건, 아이가 충분히 자고, 가족의 리듬에도 자연스럽게 어울리는 거야. 틀에 딱 맞추려고 너무 스트레스받지 말자. 조율하면서, 우리 가족만의 흐름을 만들어가면 돼.

Q. 11시간 자는 것도 괜찮나요? 12시간 밤잠이 욕심나요.

A. 12시간 밤잠을 자는 아기도 있긴 해. 근데 여기서 '12시간'은 아기 침대 안에서 보내는 전체 시간으로 생각하는 게 좋아. 똑게육아 영유아 수면교육 책에서도 그렇게 설명해 뒀어. 그리고 만약 아기가 11시간을 끊김 없이 푹~ 잘 자고 있다면, 남는 1시간(60분)은 낮 동안의 깨시 구간에 나눠서 분배해주면 돼.

예를 들어볼게. 밤잠을 11시간 자고, 낮잠을 2번 자는 스케줄이라면, 깨시는 총 3번 발생해. (기상 → 낮잠① / 낮잠① → 낮잠② / 낮잠② → 밤잠)

이 3번의 깨시 구간에 15~20분 정도씩 자연스럽게 추가해서 하루 리듬을 만들어가는 거야. 예를 들어

· 기상 → 낮잠① 깨시 : 기존보다 15분 더 깨어있도록 늘려보기
· 낮잠① → 낮잠② 깨시 : 기존보다 20분 더 깨어있도록 늘려보기
· 낮잠② → 밤잠 깨시 : 기존보다 25분 더 깨어있도록 늘려보기

이런 식으로 천천히 조율해주면 돼. 급하게 늘리지 말고, 아기 컨디션을 보면서 서서히 맞춰가자.

Q. 항상 아기의 잠자리에서 잠을 자야하나요?

그렇기도 하고, 아니기도 해!
4~5개월 아기는 아직 낮잠이 많은 편이야. 만약 하루에 낮잠이 4번 발생하고 있다면, 이 중 2번 정도는 꼭 아기 잠자리(아기 침대)에서 재워줘.
그리고 집중 수면교육을 하는 기간이라면, 모든 낮잠과 밤잠을 일관성 있게 정해진 잠자리에서 자게 해주는 게 좋아.
또, 아기가 하루 2회 낮잠 스케줄이나 1회 낮잠 스케줄에 들어섰다면, 이때 낮잠은 가능한 한 정해진 잠 환경(어둡고 조용한 공간)에서 잘 수 있도록 신경 써줘야 해. 그래야 푹 자고, 질 좋은 수면을 취할 수 있게 되거든.

총 낮잠 수면 시간을 낮잠 횟수를 감안해 분배해보기

4시간
4개월 아기 – 약 총 4시간 길이의 낮잠이 3~4회로 분배가 되어야 한다.
(예: 1시간 30분 / 30분 / 1시간 30분 / 30분)

3시간 30분
5개월이 되면 총 낮잠 수면 시간은 약 3시간 30분 정도
이를 3회의 낮잠에 분배한다.
(예: 1시간 30분 / 30분 / 1시간 30분)

3시간
6~12개월이 되면 2회의 낮잠 스케줄과 약 총 3시간의 낮잠 수면 시간
(예: 1시간 30분 / 1시간 30분)

2시간 30분
만 1~2세에는 1회의 낮잠 스케줄
낮잠 수면 시간은 2시간 30분까지가 최대
(예: 12시쯤 시작해서 2~2:30PM 사이에 기상)

아이가 자라면서 자연스럽게 깨시는 늘어나게 되고 낮잠 수면 시간은 줄어들게 되어있어. 만약 아이가 아침에 일찍 일어나게 되면, 또는 밤중에 자꾸 깨게 된다면, 낮잠을 어떻게 자고 있는지 체크해봐. 낮잠을 가이드 수치보다 더 많이 잔다면 밤잠을 잘 못 잘 수 있거든.

· 너무 많은 낮잠 → 적은 밤잠

'잠'은 모두 소중하지만 굳이 순위를 매기자면 잠에서 가장 양질의 영양분은 밤잠이라고 할 수 있어. 밤잠을 확보하고 낮잠 설계를 그려보도록 해보자. 양질의 밤잠을 보호하는 차원에서 영리하게 고효율로 낮잠 부분을 설계하는 것이 좋아.

4개월 아기 스케줄

6:00-8:00AM		깸 & 하루 시작
깨어 있는시간 1시간 30분	→	낮잠 1
깨어 있는시간 1시간 30분	→	낮잠 2
깨시 1시간 30분 ~1시간 45분	→	낮잠 3
깨시 1시간 30분 ~1시간 45분	→	밤잠 수면의식 시작
6:00-7:30PM		밤잠 수면의식
6:30-8:00PM		밤잠, 취침

5~7개월

낮잠 수면시간 목표	낮잠 횟수	깨시/잠텀	밤잠 들어가는 시간 취침 시간
3~4시간	3	2~3시간	7~8PM

'깨시'를 토대로 한 스케줄 가이드		
기상 후 '2시간' 뒤	→	낮잠1
낮잠1 이후 '2시간 30분' 뒤	→	낮잠2
낮잠2 이후 '2시간 30분' 뒤	→	낮잠3
낮잠3 이후 '2시간 30분~3시간' 뒤	→	밤잠

7~10개월

낮잠 수면시간 목표	낮잠 횟수	깨시/잠텀	밤잠 들어가는 시간 취침 시간
2시간 30분 ~3시간 30분	2	2시간 30분 ~3시간 30분	7~8PM

'깨시'를 토대로 한 스케줄 가이드		
기상 후 '2시간 30분~3시간' 뒤	→	낮잠1
낮잠1 이후 '3시간' 뒤	→	낮잠2
낮잠2 이후 '3시간~3시간 30분' 뒤	→	밤잠

10-14개월

낮잠 수면시간 목표	낮잠 횟수	깨시/잠텀	밤잠 들어가는 시간 취침 시간
2시간 30분 ~3시간	2	3~4시간	7~8PM

'깨시'를 토대로 한 스케줄 가이드		
기상 후 '3시간' 뒤	→	낮잠1
낮잠1 이후 '3시간~3시간 30분' 뒤	→	낮잠2
낮잠2 이후 '3시간 30분~4시간' 뒤	→	밤잠

14-24개월

낮잠 수면시간 목표	낮잠 횟수	깨시/잠텀	밤잠 들어가는 시간 취침 시간
2시간~3시간	1	4~6시간	7~8PM

'깨시'를 토대로 한 스케줄 가이드		
기상 후 '5~6시간' 뒤	→	낮잠
낮잠 이후 '4~5시간' 뒤	→	밤잠

♥
똑똑하고
게으르게

인수인계서 족보 Part 9.

업무능력
향상 코스

울음에 대해 갖고 있는 너의 렌즈 세척!
고정관념 타파! 잘못된 신념 타파!
애착에 대한 기본 마인드 정리!

울음에 대한 고찰
- 헛됨, 소용없음, 퓨틸러티(futility)에 대해 이해하기

이번 챕터에서는 '울음'에 대해 알아볼게. '울음'은 단순한 감정 표현이기도 하지만, 수면교육을 할 때는 조금 다른 관점으로 볼 필요가 있어. 바로 '헛됨, 소용없음', 영어로는 '퓨틸러티(Futility)'라는 개념과 연결해서 말이야. 이건 아이들의 울음, 떼쓰기, 불만, 심지어 공격성까지도 깊게 연결되는, 육아 발달 분야에서 자주 등장하는 핵심 키워드야.

사실 1~3세 이후의 수면교육은 대부분 '훈육'과 맞닿아 있고, 0~1세 수면교육도 결국 같은 원리로 작동해. 수면교육 자체가 훈육의 일부인 거니까. 조금 다른 점이 있다면, 생후 4~5개월 이전의 잠자리에서의 울음은 정말 잠을 잘 줄 몰라서 나오는 생리적인 반응이라고 보면 돼. 마치 방귀처럼, 본능적으로 나오는 거지. 하지만 5개월만 지나도 이야기는 달라져. 이 시기부터는 아이가 기존에 잠들어왔던 방식을 '잠연관'으로 이미 학습해둔 상태야. 그리고 그걸 가르쳐준 건, 누가 뭐래도 너야. 양육자, 바로 너. (잘못했다는 뜻이 아니야. 단지 이것만 인지하고 있어도, 육아의 판이 달라져. OK?)

수면교육에도 적용되는 하트법칙의 원칙

수면교육도 똑게육아 하트법칙의 원칙이 그대로 적용돼. 가장 먼저 해야 할 일은, 마치 감정조율사가 된 듯 아이에게 접속하는 것(C툴)이야. 아이들은 아직 뇌가 충분히 발달하지 않았어. 그래서 강한 감정이 올라오면 '1층 뇌'로 훅 빠지기도 해. (1층 뇌, 2층 뇌에 대한 개념은 『똑게육아 하트법칙』에 자세히 설명돼 있으니 참고해줘!) 아이에게 강한 감정이 올라올 때, 부모는 그 감정에 휘말리기보다, 안정적인 리듬을 만들어주는 '감정조율사'가 되어야 해. 그리고 잊지 말아야 할 것. 아이는 아직 자기위안(self-soothing)이라는 걸 처음 익혀가는 단계야. 감정이 올라오는 것도, 그걸 잠으로 정리하지 못하는 것도 당연한 일이야. 이때 우리가 먼저 조급해지거나 아이의 감정에 덩달아 흔들리게 되면, 전달하려던 메시지는 그대로 무너져버려.

그래서 중요한 건, 감정을 억누르려 하기보다 하트법칙의 C툴을 써서 제대로 접속하고, 그 감정 에너지를 안전하게, 건강하게 흘려보낼 수 있도록 조율하는 것. 그게 바로 수면교육에서도 필요한 '감정조율사'로서의 진짜 부모 역할이야.

그리고 다음은 뉴펠드(Dr. Gordon Neufeld)의 아동발달 유료 워크숍에서 나눈 실제 스토리인데, 이야기 속에서 함께 생각해볼 포인트가 있어서 가져와 봤어.

회의 중, 엘리는 시어머니에게서 다급한 전화를 받았어. 손자 잭이 길 한복판에서 "초밥 말고 햄버거 먹겠다!"며 드러눕고 울고 있다는 거야. "얘가 계속 소리 지르는데 도저히 감당이 안 돼. 네가 직접 '안 돼'라고 말해줘." 전화기 너머로 잭의 절규가 그대로 들렸지. "나.는. 햄버거랑 감자튀김 먹.을.거.야!"

엘리는 차분히 설명했어. "어머니, 오늘은 초밥 먹는 날이라고 단호하게 말씀해주세요. 조금 울어도 괜찮아요." 하지만 시어머니는 흔들렸어. "나는 애 울음만 들으면 마음이 약해져. 그냥 네가 말해줄래?" 그때 엘리는 깨달았어. '지금 중요한 건 초밥이냐 햄버거냐가 아니라, 누가 결정권을 쥐고 있느냐다.' 이 상황에서 바로 "그래, 햄버거 먹어"라고 하면 잭은 이렇게 배울 거야. '밀면 어른도 결국 꺾인다.' 그렇다고 시어머니가 "나는 못 버티겠다"고 항복하는 모습도 보이고 싶지 않았어. 그 패턴이 굳으면 계속 반복될 테니까. 그래서 엘리는 제안했어. "그럼 어머니가 마음을 바꾸신 것처럼 해주세요. '생각해보니 나도 햄버거가 먹고 싶다'고요." 잠시 후 시어머니는 안도하며 "아, 그거라면 되겠다!"고 했고, 잭은 자기가 떼를 써서 이긴 게 아니라, 할머니가 결정한 것으로 받아들이며 햄버거 집으로 갔어.

그날 엘리는 뼈저리게 깨달았지. 육아의 핵심은 '이번 한 번 이겼냐 졌냐'가 아니라, 아이가 '밀면 된다'는 공식을 배우느냐, 아니면 '어른이 방향을 잡고 있다'는 감각을 배우느냐다.

자, 어때? 방금 위의 스토리, 읽고 나니까 느낌 오지? 아이들이 불만을 표현할 때는 말 그대로 온몸과 온영혼을 다 쏟아부어. 그 앞에 선 우리는 어때? "아 그냥 져버릴까… 꺾이는 게 더 편하잖아…" 이런 유혹, 매 순간 찾아와.

그게 순간적으로는 훨씬 쉬워 보여. 울음 멈추고, 상황도 잠잠해지니까. 근데 말이지, 그 꺾임 하나가 쌓이고 쌓이면 나중엔 아이가 '이건 밀면 된다'는 공식을 세워버리게 돼.

곧 신생아 시기 지나고, 유아기 시즌으로 진입하잖아? 그때 아이의 울음, 떼쓰기에 딱 맞닥뜨리게 돼. 이때 내가 어떤 태도로 대처하느냐가 정말 중요해져. 근데 이거, 사실 돌 전 육아랑도 크게 다르지 않아. 미리 알고 있어야 해. 그 얘기가 이 얘기거든.

잘 들어봐. 유아기 아이들(만 2~5세)은 '맹렬하고 집요한 시위대'야. 감정이 시키는 대로 막 움직이고, 현실적인 한계나 제약? 그런 거 신경 안 써. 그리고 뭘 먹어야 내 몸에 좋고, 뭘 하면 나한테 이익이 되는지도 몰라. '항상 원하는 대로 할 수는 없다'는 개념 자체가 아직 없어. 그래서 우리는 알려줘야 해. 세상엔 어쩔 수 없는 것도 있고, 지켜야 할 규칙도 있고, 때로는 내가 원하는 걸 멈춰야 할 때도 있다는 걸.

이걸 '헛됨(futility)', '소용없음'이라고 해. 아이가 "아, 이건 안 되는구나..." 하고 느끼는 그 순간, 처음엔 분노지만, 결국엔 슬픔을 통과하고 진짜로 '적응'이라는 힘이 생기게 돼.

양육자인 우리는, 아이가 "부질없구나... 쓸데없었구나..." 이 감정을 느낄 수 있을 때까지, 그 불만을 견뎌내야 해. 근데 그 과정은 절대 순탄하지 않아. 소리에 약한 부모 앞에서는 고함을 지르고, 토를 무서워하는 부모 앞에선 토하면서 시위해. 정말, 우리 아킬레스건을 기가 막히게 찔러. '엄마 아빠 이거 못 견디지?' 하고 시험하는 듯해.

자~ '울음'은 또 어떨까? 아이의 울음소리는 과거에 전쟁도구로 쓰였을 만큼 우리 인간의 귀에 매우~매우 거슬릴뿐더러 엄청난 스트레스를 가중시키지. 현명하게 잘 대처해야 해.

아이들의 불만은 순식간에 폭발하고 그 뒤에는 예상치 못한 사건과 다소 원시적인, 어떻게 보면 야만적인 행동이 뒤따르기 마련이야. 근데 그게 이 시기엔 자연스러운 거야. 정상적인 발달 과정이라고.

다행히도, 잘 버티고 기다려주면 5~7세쯤부터 아이는 조금씩 달라져. 예전처럼 격하게 반응하지 않게 되고, 감정을 조절할 줄 알게 돼. 그러니까 지금, 우리가 해야 할 일은?

차분하게 버티는 거야. 꺾이지 말고, 중심 잡아줘. 아이 감정에 휘둘리지 않고, 묵묵히 옆에서 "그럴 수 있어, 하지만 이건 안 돼"를 보여주는 거. 아이가 헛됨을 '느낄 수 있도록' 옆에서 기다려주는 거. 그게 진짜 육아 실력이고, 우리가 이걸 여기서 배우는 이유야.

이 눈물은 포기 아닌 깨달음이야.
- 그 눈물 속에서 진짜 성장이 시작된다.

잠자리에서도 마찬가지야. 아이는 자기 뜻대로 되지 않으면 울고 떼를 써. 사실 이런 수면교육 중에 마주하는 반응들 - 그냥 고집이 아니라, 아이가 지금 상황을 이해하거나 받아들이기 어려워서 터져 나오는 감정일 수 있어. 더 어린 개월수라면 단순히 잠자는 법을 몰라서 우는 걸 수도 있고, 이미 다른 방식으로 재워온 양육자에게 항의하는 반항 울음일 수도 있는 거야. 이때 부모가 어떻게 대응하느냐가, 아이의 감정 발달과 한 단계 성장을 이끄는 중요한 순간이야.

아이가 모든 욕구를 다 이룰 수는 없다는 것, 때론 내가 바뀌어야 할 때도 있다는 것. 이걸 스스로 깨달을 수 있도록 도와주는 게 바로 우리의 역할이지. 그냥 아이 뜻 다 들어주는 게 사랑은 아니야. 그건 책임을 회피하는 거야.

예를 들어 아침부터 라면을 먹겠다고 고집부리거나, 잘 시간이 한참 지났는데도 절대 안 자겠다고 떼를 쓴다고 해보자. 이런 욕구를 표현하는 건 이상한 게 아니야. 다만 부모로서 우리는 아이에게 말해줘야 해. "이 세상엔 어쩔 수 없는 일도 있고, 너 마음대로 되지 않는 상황도 있어."

이걸 아이가 느끼게 하려면, 단순한 설득이나 논리로는 안 돼. 1층 뇌가 폭발한 상태에서 2층 뇌에 말 걸어봐야 소용없거든. 아이가 진짜로 "아, 안 되는구나... 내가 바뀌어야 하는 거구나"라는 부질없음(futility)을 느끼려면, 먼저 감정에 접속해주는 게 먼저야.

우리는 먼저 상황을 읽고 아이에게 접속한 뒤, 적절한 가이드를 주면 돼. 하트법칙의 접속(C-Connect) 툴을 활용해서 아이의 감정을 충분히 받아준다는 건, 그 감정을 억누르거나 멈추게 하라는 뜻이 아니야. 말을 길게 하지 않아도 돼. 아이가 어떤 거센 반응을 보여도 감정동요 없이, 마치 잔잔한 호수처럼 차분하고 여유로운 분위기로 곁에 있어주는 거야. 그 평화로운 기운을 빌려주며, "너 지금 많이 힘들구나. 엄마가 다 알아" 하고 마음 깊이 공감해주는 것. 이런 접속이 아이에게 진짜 힘이 돼. 그러면서도, 네가 원하는 대로 되진 않을 거라는 '한계선'은 분명하게 함께 알려줘야 해.

미로를 떠올려봐. 아이가 이리저리 부딪히며 가보는 그 길들 중, 어떤 길은 막다른 벽이란 걸 아이 스스로 느껴야 해. 그제야 다른 길을 찾고, 진짜로 빠져나올 수 있거든.

아이는 변화시킬 수 없는 상황 앞에서 처음엔 슬픔과 좌절을 느껴. 그런데 바로 그 과정에서 '받아들임의 근육'이 자라나. 불만으로 꽉 찼던 감정이 "이건 안 되는구나" 하는 부질없음으로 바뀌고, 그때 비로소 마음의 브레이크가 걸리기 시작해.

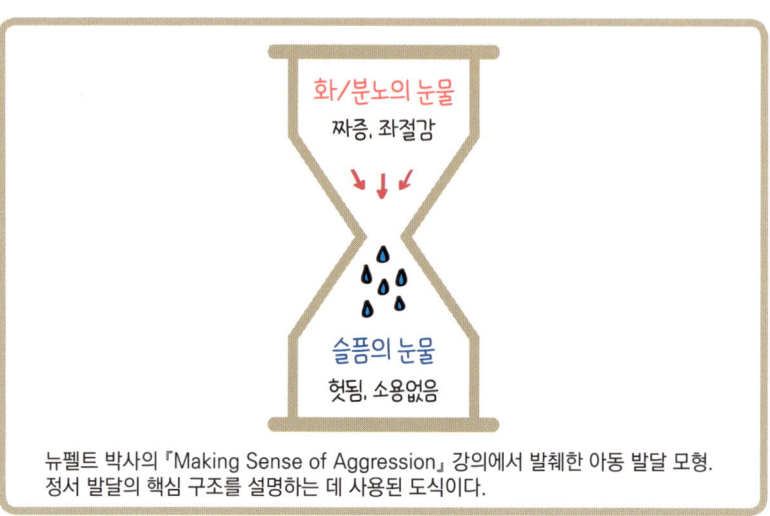

뉴펠트 박사의 『Making Sense of Aggression』 강의에서 발췌한 아동 발달 모형. 정서 발달의 핵심 구조를 설명하는 데 사용된 도식이다.

핏대 세워가며 울던 아이가 조용히 눈물을 흘리기 시작할 때 - 그건 단순한 울음이 아니야. "이제 그만해야겠구나" 하는 진짜 깨달음이 뇌 안에서 켜진 순간이야. 그렇게 아이는 마음을 놓고 편안히 쉴 수 있게 돼. 그리고 그게 바로 성장이지.

'이쁘다~ 이쁘다'는 누구나 해줄 수 있어. 부모인 너에게 크게 어렵지 않아. 하지만 이걸 해줄 수 있는 사람은 오직 너뿐이야. 이건 직무유기하면 안 되는 롤(role)이야. 우리가 해줘야 할 진짜 중요한 일이야.

울 수 있는 아이가 진짜 건강한 아이야
- 눈물은 멈춰야 할 게 아니라 흐르게 해야 할 것

아이가 우는 건 감정이 '잘 작동 중'이라는 신호야

발달심리학자 '알리사 솔터(Aletha Solter)'는 말했어. "울음은 아픔 자체가 아니라 상처를 낫게 하는 과정이다."
아이들이 스트레스를 받을 때 우는 건, 그 감정을 밖으로 건강하게 흘려보내는 본능이야. 그건 아이가 감정을 처리하고 있다는 증거지, 실패나 문제의 징후가 아니야.
그리고 이건, 인간에게만 있는 놀라운 능력이야. 강아지나 고양이도 눈이 젖을 순 있어. 하지만 그건 눈을 보호하거나 이물질을 씻어내는 생리적인 반응일 뿐, '우는 것'과는 전혀 달라. 감정 때문에 진짜 눈물을 흘리며 마음을 정화할 수 있는 존재는, 세상에 사람밖에 없어.

눈물은 몸의 해독제야

눈물은 불안을 진정시키고, 긴장을 감소시키며, 건강을 회복시키는 효과가 있어. 미국 생화학 박사 '윌리엄 프레이(William Frey)'의 연구에 따르면, 슬플 때 흘리는 눈물 속에는 해로운 스트레스 부산물이 섞여 배출된대. 그 말은 곧, 눈물은 단순한 반응이 아니라 회복 작용 그 자체라는 거야. 그러니까, 울 수 있는 아이야말로 감정이 건강하게 흐르고 있다는 신호야. 오히려 울지 않는 아이를 걱정해야 해.

감정을 긍정, 부정으로 나누지 마. 흐르게 도와줘

우린 종종 감정을 '좋은 것(행복, 기쁨)'과 '나쁜 것(슬픔, 분노)'으로 나누고 눈물은 무조건 멈추게 해야 할 것처럼 여겨. 하지만 진짜 삶은, 기쁨과 슬픔이 공존할 때 더욱 깊어지고 단단해져. 슬퍼하는 걸 나쁜 감정이라 여기면, 아이는 결국 회복 탄력성을 기를 기회를 잃게 돼.

울음 속에서 부모를 신뢰하고 있다는 걸 알아줘

부모는 종종 아이의 울음을 들을 때 "내가 뭔가 잘못하고 있나?" 하고 자책하게 돼. 게다가 아이 울음소리 자체가 너무 고통스럽게 느껴지기도 하지. 근데 이건 꼭 기억해줘. 아이가 우는 건, 엄마 아빠를 믿기 때문이야. 안전하다고 느끼니까, 있는 그대로의 감정을 꺼내는 거야. 육아의 고난이도 스킬은 바로 이거야. 아이가 어쩔 수 없는 상황에 부딪혔을 때 슬픔과 깨달음의 눈물을 통해 자연스럽게 스스로 감정을 회복할 수 있도록 돕는 것!

적응의 3단계

- 변화 앞에서 아이가 감정을 수용해가는 정서적 여정
Based on Dr. Gordon Neufeld's "Three-Step Dance of Adaptation"

아이들은 자신이 바꿀 수 없는 상황에 맞닥뜨리면 처음엔 강하게 저항하고, 분노하고, 항의해. 하지만 그 감정이 충분히 흐르고 나면 비로소 수용과 회복이 가능해져. 이때 우리가 도울 수 있는 가장 효과적인 방식이 뉴펠트 박사의 '적응의 3단계'야. 말 그대로, 감정이 '저항'에서 '슬픔'으로 이동할 수 있도록 정서적으로 길을 열어주는 과정이지.

1단계. 소용없음을 명확히 보여주기 (Present the Futility)

아이의 요구가 아무리 크고 강하더라도, 변하지 않는 현실은 분명하게 전달해줘야 해.

예 "동생은 우리 가족이야. 다시 돌려보내는 일은 없어. 함께 살 거야."

여기서 중요한 건 단호함 속의 안정감이야. 아이의 감정을 무시하는 게 아니라, 바뀌지 않는 현실 앞에서 감정이 안전하게 머물 수 있도록 경계를 명확히 해주는 것.

2단계. 경험 안에 아이를 머물게 하기 (Hold in the Experience)

아이가 상황을 직면하고, 그 안에서 느낄 수 있도록 공감의 틀 안에 머물게 해주는 단계야.

예 "그치… 엄마도 알아. 예전엔 너 혼자였는데, 지금은 달라졌지. 서운하고 속상할 수 있어."

아이 입장에서 감정이 진짜로 흐르려면 "동생이 싫다", "없애버리고 싶다"는 말도 충분히 표현할 수 있는 공간이 필요해. 이때 주의할 건, "동생을 사랑해야 해" 같은 가치 중심의 훈육은 감정을 차단하는 말이 되기 쉬워. 슬픔이 흘러나오기 전까지는, 우리는 입장을 유지하면서도 감정은 충분히 수용해야 해.

3단계. 슬픔을 끌어내기 (Draw out the Sadness)

이 단계는 아이가 "아, 정말 바뀌지 않는구나…" 하고 감정적으로 수용하는 순간이야. 아이의 목소리는 점점 낮아지고, 격렬하던 반응이 조용한 눈물로 바뀌기 시작해. 이건 단순한 울음이 아니야. 바뀌지 않는 현실을 받아들이는 감정적 회복의 신호야.

이 순간, 아이 뇌의 조절 시스템(2층 뇌)이 작동하기 시작하고, 감정은 항의에서 수용으로, 분노에서 슬픔으로 흐르게 돼. 우리의 역할은 그 슬픔이 흐르도록 막지 않고, 기다려주는 것. 그게 바로 감정 발달을 위한 최적의 토양이 돼.

자~ 이제 '헛됨, 소용없음'의 개념은 머릿속에 쏙 들어왔지?
육아에서 우리가 맡은 정말 중요한 역할, 뭐라고?
바로 아이 스스로 "이건 안 되는 일이구나", "내가 바뀌어야 하는구나"를 느끼도록 도와주는 것.

이건 단순히 안 된다고 말하고 끝내는 게 아니야. 아이의 처음 감정은 분명 '불만'이야. 하지만 우리가 흔들리지 않고 옆에 있어줄 때,
그 불만은 조용한 슬픔, 그리고 마침내 "부질없도다…" 하는 내면의 수용으로 이어지게 돼.

결국 아이는 그 과정을 통해 자신의 감정을 다룰 줄 아는 한 뼘 더 성장한 사람이 되는 거야.
이건 단순한 기술이 아니야. 진짜 예술(Art)이야.
그리고 너는, 이제 이 감정의 흐름을 다룰 줄 아는 아티스트(Artist)가 된 거야.

불만 로터리 감정 운전법
울음을 멈추는 게 아니라,
감정을 돌아 흐르게 하는 부모의 기술

아이의 감정은 불만이 생겼다고 바로 멈추지 않아. 직선으로 해결되는 게 아니라, 로터리를 돌듯 빙 돌아 흘러가야 비로소 다음 단계로 나아갈 수 있어. 우리가 이 감정 로터리를 잘 운전해주면, 불만은 단순한 떼쓰기가 아니라 슬픔, 수용, 회복탄력성으로 이어지는 성장의 길이 돼.

1단계 아이의 본능 - 상황을 바꾸려 한다

불만이 생기면 아이는 울고 조르고 떼쓰며 상황을 바꾸려 해. 이때 부모가 흔들려서 요구를 들어주면, 아이는 '세상엔 내가 원하는 대로 되지 않는 일도 있다'는 감각을 익힐 기회를 잃게 돼.

또한 아이 앞에서 부모가 흔들리는 모습을 계속 보이면, 아이는 마음속 깊이 이렇게 느껴. '이 상황은 믿을 수 없구나... 아무도 중심을 잡아주지 않네...' 그럼 아이에게 남는 건 안정감이 아니라 불안과 혼란이야. 그건 우리가 절대 원하지 않는 그림이지.

아이가 불만을 느끼는 건 당연해. 중요한 건, 그 순간 부모가 어떻게 반응하느냐야. 부모가 기준이 돼야, 애도 세상에 선을 그을 수 있어. 누군가는 안 흔들려야 해. 그게 바로 우리야. 그래야 아이는 마음 놓고 흔들 수 있고, 결국엔 스스로 균형을 찾아가게 돼.

> **"안 된다"는 말은, 단호하게. 다정하게. 그리고 여지 없이.**
>
> 아이와 "왜 안 되는지"를 계속 핑퐁처럼 주고받는 순간, **아이 입장에선 '부모 마음을 바꿀 수 있을지도 모른다'는 기대**가 생겨. 그 순간, 감정이 진짜 수용(적응)으로 흘러갈 기회 – 즉, '부질없음의 문'이 닫혀버려. 그 문이 닫히면, 아이는 **짜증과 떼쓰기라는 불만의 로터리 안**에서 계속 같은 자리를 빙글빙글 도는 거야. 그럴 땐 그냥, **짧고 단단하게 말해줘**. "안 돼." 그리고 그 입장을 **조용히, 확실하게 지켜주는 거야**. 그게 부모의 따뜻하고 단단한 리드야.

2단계 바꿀 수 없는 상황에 적응하기

부모가 일관되게 중심을 잡아주면, 아이도 깨닫게 돼. "아... 이건 아무리 해도 안 되는 일이구나." "그럼 내가 바뀌어야겠구나."
이때 똑게육아 하트법칙 C – Connect(접속) 툴을 써.
감정은 충분히 공감해주되, 현실은 바뀌지 않는다는 메시지를 명확하게 보여줘.

- "힘들어 보여. 슬프지? 엄마도 알아."
- "속상하지. 그런데 우린 함께 이겨낼 수 있어."

울음은 품어주되, 룰은 지켜줘야 해. 그래야 아이는 '울어도 괜찮지만, 세상은 내 뜻대로만 흘러가지 않는다'는 걸 몸으로 배워.

> ✉️ **너에게만 귓속말**
>
> ○○야, 이번 챕터 하나로 너의 육아 실력, 진짜로 레벨업이야.
> 이건 고든 뉴펠트 박사의 유료 고급 강의 핵심이야.
> 울음에 쫄지 마. 불만에 흔들리지 마.
> 네가 차분히 중심만 잘 잡아주면, 아이는 반드시 돌아서 나와.
>
> 잘 안 풀릴 때마다 이 챕터를 몇 번이고 다시 읽어.
> 읽을 때마다 네 마음도 다시 단단해질 거야.
> 수면교육 때 익힌 이 마인드 세팅 하나만 잘 장착하면, 이유식, 훈육, 분리불안까지 다 통할 수 있어.
>
> 앞으로의 긴 육아 여정에서 이 챕터에서 말해준 바로 이 능력이 네 최고의 무기가 되어줄 거야.

애착에 대한 기본 마인드
이 부분도 덫에 빠지지 마.

기본 마인드는 이렇게 세팅하면 좋아.

'애착'이 굉장히 중요하잖아. 그런데 처음 해볼 때, 특히나 이 '애착'에 대해서 제대로 이해하지 못하고 있는 경우가 많아. 애착이 제대로 이루어지려면 양육자와 아이의 관계에서 이 '위계'라는 것은 분명히 있어야 해. 이때 위계는 복종하는 상하관계를 말하는 것이 아니라 상대가 나를 믿고 의지할 수 있도록 하는 부분인데, 굳이 "나한테 의지해도 돼"라고 겉으로 말하지 않더라도 행동과 분위기, 느낌, 아우라로 딱 그 믿음과 안정감을 선사해주는 것이 올바른 애착 형성에서 굉장히 중요하다고.

또한 부모와 자식 간의 관계를 친구 사이의 우정과 같은, 동등한 관계로 생각해서는 안 돼. 우리에게 중요한 것은 아이를 '성숙한 인간'으로 이끌어야 하는 그 책임감이라고. (누누이 말하지만, '사랑'은 기본이고 말이야. 자기 아이를 사랑하지 않는 사람이 어디 있겠니? 그런 기본적인 얘기는 굳이 안 할게.) 육아가 아무리 힘들더라도 아이 앞에서 너의 무력감을 드러내지 마.

물론 우리도 인간인 이상 육아를 하며 좌절감을 종종 느낄 수 있지. 그건 당연해. 이 일은 무지 힘드니까. 하지만 아이 앞에서는 그런 감정의 동요를 되도록 보이지 않도록 하자고.

육아에서의 문제는 이 애착관계에서의 위계가 뒤집혔을 때 생겨. 다시 말해서 아이가 양육자에게 의지하는 게 아니라, 오히려 어른인 양육자를 아이가 지배하고 가르치려 드는 상황이 되어버리는 거지. 이렇게 되면, 아이는 끊임없이 만족하지 못하게 되고, 요구도 점점 더 많아져.

우리 부모들이 단순히 아이의 요구에 수동적으로 맞춰주는 육아 방식을 취하게 되면 어떻게 될까? 어떻게 되냐면, 아직 자신에게 무엇이 필요한지, 무엇이 좋은지 아직 잘 모르는 아이가 자기 자신의 필요와 욕구를 스스로 챙겨야 하는 책임을 떠안게 되는 거야. 그로 인한 역효과는 여기저기서 팡팡~! 터지게 되고 말이지. 결국 아이가 부모에게 "부모야, 너는 나를 이러이러하게 보살펴야 하고, 이렇게 해줘야 해"라고 명령하는 체제가 되는 건데, 그렇게 되면 육아가 굉장히 힘들어져.

그래서 부모가 무엇이 내 아이에게 적합하고 좋은지를 현명하게 알고서, 안정감을 제공해 줘야 해. 그래야 아이가 푹 쉴 수 있게 되고, 그 토대 하에서 애착이 올바르게 형성되는 거야. 아이가 믿고 따를 수 있게, 환경과 분위기, 너의 케파(역량)를 만들어 나가야 되는 거야.

여기서 다시 한번 노파심에 주의사항! 이 얘기는 부모의 권위를 강요하는 방식으로 아이를 대하라는 뜻이 아니라는 것. 꼭 유의하도록 해. 단지 '내가 너의 부모다!' 혹은 무식하게 "내가 네 부모니 내 말을 따라라~"하는 식의 위에서 찍어 누르는 방식으로는 절대 아이의 신뢰를 얻을 수 없다고. 그렇다고 반대로 이 부모 노릇, 부모 job이 너무 힘이 든다고 아이의 계속된 요구에 굴복하고 주도권을 내주는 것 또한 양육자로서 책임감 제로인 거야. 그러지 마. 힘을 내. 내가 도와줄게. 할 수 있어.

너의 태도와 분위기에서 안정감을 느껴.

따스함과 넉넉함을 가지고 아이의 속상함과 화, 불안, 동요, 좌절감을 아이의 감정에 접속해서 어루만져 주는 동시에 한계를 명확히 주라고. 안 울리고 키울 수는 없는 일이야. 울음을 막을 게 아니라, 그 울음으로 지금 무엇을 해야 하는지 판단해야 해.

아이가 울어야 할 때는 울며 그 감정을 충분히 느끼고, 그 뒤 너의 안정감 안에서 충분히 쉴 수 있게 해주면 되는 거야. "덩덩쿵덕쿵" "덩기덕쿵덕" 이렇게 아이의 감정 주파수에 나의 장단을 똑게육아 하트법칙 접속으로 맞춰주었다가 방향과 교훈은 제대로 알려주면 돼. 바로 이런 예술 같은 느낌이 육아인 거야. 어른인 네가 아이의 든든한 버팀목임을 매 순간 너의 아이에게 그냥, 그 느낌으로, 상황으로, 너의 기, 바이브로 증명해 줘. 그러면, 아이가 여기서 편안함을 느끼게 되어있어.

어른과 아이의 이 관계, 육아에서 별 ☆ 100개를 줘도 아깝지 않을 만큼 중요해! 얘들아~ 올바른 관계를 맺도록 해. 애가 나에게 의지할 수 있게 만들라고. 어떤 상황에서건 우리가 어른인 거야.

양육자인 부모가 이끌고 아이는 따르는 체제를 나이스하게 만들어주도록! 그런데 이게 가능하려면 뭐가 중요하다고? 양육자인 부모가 스스로 '책임감을 가진 보호자'의 위치에 딱 서서 아이가 의지할 수 있도록 편안한 환경을 조성해 줘야지만 가능하다고.

그게 전제로 깔려야지만, 이러한 근사한 위계질서가 생겨.

"애착의 궁극적인 목표는 미성숙했던 아이가 자신을 책임지는 사람에게 의지하도록 이끄는 것이다." - by Gordon Neufeld

우리는 아이와의 '관계'를 일구어 나갈 때, 이 '애착'이라는 춤에서 리드를 잡아야 해. 어떻게 하면 춤의 리드를 잡을 수 있어?

바로 네가 양육자로서 아이의 욕구를 제대로 읽어낸 뒤, 그 부분을 또 넉넉하게 채워줌으로써 아이가 기꺼이 우리에게 기대고 의지할 수 있다는 생각이 들게끔 매사에 아이를 잘 격려해 줘야 하는 거야. (이 구체적인 훈육방법은 『똑게육아 하트법칙』을 참고해줘.)

애착이 올바르게 이루어졌다는 건 무엇일까? 단순히 '애가 양육자를 너무 좋아한다.' 이걸로는 충분하지 않아. 애착이 제대로 형성됐다는 건, **아이가 양육자인 어른을 자신의 보호자로 받아들이고 따르는 관계가 성립되었다는 것을 의미해.**

즉, 아이가 어른에게 자신을 어떠어떠하게 보살피라고 지시하는 관계. 이게 정말 🚨 삐빅! X야. X. 🚨 이거 너 애 더 키워보면 얼마나 안 좋은지 너무나 실감하게 된다. 나중에 땅을 치고 후회하지 말고 지금 이 마인드를 잘 정립해둬. 이 관계가 뒤바뀌면, 아이는 불안정해져서 제대로 쉴 수가 없게 된다고. 아이는 어른의 제대로 된 보살핌을 받으면서 쉬어야 하거든. 그런데 나를 이렇게 보살피라고 명령까지 해야 하면 애가 제대로 쉴 수가 없어. 네가 알아서 좀 끌고 나가면서 당연스레 해줘야지. 애는 모르잖아. 틀이 안 잡혀있고... 습관은 네가 직접 네 몸으로 보여주고 네가 만들어주기 나름인 거야.

> "부모는 아이를 보살피는 책임을 맡아야 하고,
> 동시에 아이가 자신의 보호자인 부모를 믿을 수 있도록 이끌어줘야 한다.
> 이게 되어야 '애착'은 서로 간의 합이 맞는 춤으로 완성된다."

부모에게 애착을 가진 아이는 부모를 전적으로 믿게 되고, 그로 인해 마음 편~히 쉴 수 있는 보살핌을 받을 수 있게 돼. 자신의 욕구를 건강하게 표현할 수 있게 되고, 그에 대한 부모의 가르침을 구할 수 있게 되고 말이야.

다른 사람에게 의지하려면 자신의 취약함을 보여주고 드러내야 하기 때문에, 누군가에게 의지한다는 건 그 사람을 신뢰하지 않고서는 불가능한 일이야. 애착에 대해 많은 사람들이 아직 모르고 있는 부분이 바로 이거야. 애착이라는 것은 부모에게 사랑을 받는다는 그 느낌만으로는 부족하거든. 아이는 건강하고 단단한 보살핌을 받는다고 느껴야 하고, 그 보살핌이 지속되리라 믿어야 해.

그러므로 아이를 돌볼 때 가장 먼저할 일은 아이가 나에게 기댈 수 있도록 올바른 관계를 쌓는 것이라고 할 수 있어. 아이의 믿음을 얻는 것, 아이의 마음을 여는 것은 엄마니 아빠니 하는 그저 내가 낳았다는 양육자의 직함가지고 할 수 있는 게 아니야. 어떠한 학위, 법적 권리나 사회상의 특정한 권위로 하는 게 아니라 올바른 관계가 성립되었을 때 가능한 것이니 이 부분은 노력해줘야 해. 우린 부모니까.

물론 이 job은 무척 힘들어. 알아. 그래서 그냥 굴복하고 아이 요구대로 해주고, 될 대로 되라지~ 가 더 편할 수도 있어. 실제로 그렇게 육아하는 사람들도 있고. 그래서 또 누누이 말하잖아. 부모 job이 그 어떤 전문 직업군보다 난이도 레벨 최~최최최상!이라고.
아이와의 상호 교류, 주고받는 에너지의 그 느낌에 공을 들여야 하는데 하트법칙 툴(tool)들을 마스터하다보면 좀 더 나아져.
마지막으로 이 얘기 한번 잘 들어봐. 전 세계 저명한 육아 전문가들이 한결같이 하는 말이야.

> "육아에서 중요한 것은 '부모가 아이에게 무엇을 해주느냐'가 아니라 '부모가 아이에게 어떤 존재가 되느냐'이다."

아이를 '부모의 사랑을 얻기 위해 노력해야 하는 존재'로 만들지 마. 그런데 네가 어쩔 때는 애한테 빽~! 소리 지르고, 또 어떤 날은 너 힘들다고 울어대고, 정신 이상자처럼 애 코너로 몰고 갔다가, 다시 너 컨디션이나 기분 좋을 때는 또 잠시 웃어주고.. 이러면은... 아이가 그런 상황에서는 안정감을 느끼기 힘들어져.

아이는 부모와의 관계에서 '안정감'을 얻을 때 그 사랑 속에서 편안히 쉬고, 마음껏 놀며, 건강한 자아를 형성할 수 있게 되는 거야.
그러면서 결국엔 온전히 성숙한 어른으로 커나가는 거지.

앞으로 애착을 떠올린다면, 이 부분을 유의하면서 마인드부터 잘 잡고 아이와의 올바른 관계를 쌓아나가도록 하자. 애착은 느끼는 기운으로 만드는 거야. 말하지 않아도 느껴지는 엄마 아빠의 자리, 흔들리지 않는 부모의 존재감. 느낌으로 전해지거든. 사랑만으론 부족해. 안정감을 줘야 따라와. 흔들림 없는 부모가 만드는 진짜 애착, 경험해봐. 너가 아무리 애를 사랑해도, 너 자신이 불안하면, 애착은 깨져.

아. 그리고 또 중요한 거 있어. 설령 우리가 그 여정에서 실수나 실패를 한다 한들, 그 실수나 실패가 우리의 모습을 정하는 것이 아니라는 거!! 우리가 그 실패에서 일어서는 모습, 그게 우리를 결정하는 거야. 내가 옆에서 열혈 응원할 테니 같이 힘내자!

멘탈은 타고나는 게 아니라 만들어지는 거야
-마음이 무너질 때마다 꺼내보는, 내 안의 회복 기술

　엄마가 된다는 건, 아이 마음을 돌보는 동시에 내 마음도 같이 챙겨야 한다는 걸 살면서 점점 더 알게 됐어.
사실 나도 무너졌던 순간들 많아. 울고 싶고, 도망치고 싶고, 그냥 이불 속에 숨고 싶은 날도 정말 많았지. 근데 나는 거기서 멈추지 않았어. 마음을 붙잡기 위해 책을 읽었고, 생각을 정리했고, 조금씩 내 멘탈을 만들어왔어. 진짜 수백 권의 책 속에서 나한테 맞는 문장 하나하나를 골라내듯이 말이야.

엄마가 된다는 건, 누구보다 단단한 사람이 되는 거야. 쏟아지는 아이의 감정들을 잘 안아주려면, 내 안의 나부터 야무지게 붙잡을 줄 알아야 하더라고.

그렇게 마음을 붙잡는 연습을 하면서, 조금씩 나만의 루틴이 생겼어. 무너질 때마다 꺼내보는, 작은 마음 지침 같은 거랄까. 그리고 그때마다 이 말이 내 안에 울렸어.

"우리는 고통을 지속시키거나 or 멈추도록 선택할 수 있다"
이 말이 내 안에 울릴 때, 나는 다시 선택했어. 지금 이 감정에 머물지, 아니면 나를 꺼내줄지를. 아래의 순서를 따라가봐. 조금씩, 천천히, 너도 마음의 방향을 바꿀 수 있을 거야.

> **마음 회복의 4단계 루틴**
> 1. 지금 내 마음속의 분노나 걱정을 인식하기.
> 2. 그 감정들을 솔직하게 들여다보고, 이야기하면서 충분히 느끼기.
> 3. 고통이 멈출 수 있도록, 내가 선택할 수 있다는 걸 기억하기.
> 4. 이제, 고통에서 벗어나기.

우리는 마음속에서 올라오는 갈등, 혼란, 좌절 같은 감정들을 더 깊이 알아야 해. 그냥 넘기지 말고, '이게 지금 내 안에서 일어나는 일이구나' 하고 정말 나라는 존재를 속속들이 경험해보는 거야.
그 고통을 제대로 느끼고 나서야 비로소 이렇게 말할 수 있어.
"그래, 이젠 나도 선택할 수 있어."

이 과정을 '벗어나기'라고 불러. 이게 바로 내면아이를 치유하는 인식 → 경험 → 해방 세 단계의 흐름이야.
그리고 그 여정에 이 문장들을 꼭 함께했으면 좋겠어. (정신건강의학 전문의 찰스 화이트필드의 '권리장전'에서 가져왔어.) 이건 누구에게나 마땅한 권리야. 꼭 적어보고, 소리내어 읽어봐. 네 안에 울림이 올 거야.

자신의 모습을 찾고, 자신의 삶의 작가가 되자.

- 나는 내가 우선시하는 것들을 결정하고 존중받을 권리가 있다.
- 나는 타인으로부터 내 욕구와 바람을 존중받을 권리가 있다.
- 나는 나를 깎아내리거나 모욕을 주는 사람과 대화를 끝낼 권리가 있다.
- 나는 다른 사람의 행동과 감정, 문제에 책임을 지지 않을 권리가 있다.
- 나는 실수를 할 권리가 있고, 완벽한 사람이 되지 않아도 될 권리가 있다.
- 나는 모든 감정을 느낄 권리가 있다.
- 나는 행복할 권리가 있다. 나는 무조건적인 사랑을 주고받을 권리가 있다.
- 나는 필요에 따라 개인적인 공간과 시간을 가질 권리가 있다.

피해자의 입장에서 벗어날 것.

피해자의 입장에서 벗어나 영웅의 여정을 따르자!

나는 이 부분을 영어로 말하는 것을 더 좋아해.

Victim → Creator

피해자가 아니라 **창조자**로 너의 위치를 바꿔봐.

이제 자기 이야기를 직접 만들어 나가 보는 거야.

삶을 변화시켜 보는 것, 가슴 뛰지 않아?

정체성 업데이트 중, 손대지 마세요
- 무의식도, 기억도, 내가 다시 세팅 할 수 있어.

아플수록, 힘들수록, 더 자주 이걸 읽어봐. 무의식도 바꿀 수 있어. 먼저 네가 선택한 '나'의 정체성과 '내가 가고 싶은 방향'을 한번 생각해 봐. 그 렌즈로 과거를 의도적으로 기억해 보는 거야.
(다른 사람들에게, 아니 스스로에게도 '불쌍한 사람'으로 인식되고 싶은 사람 있음, 손 들어봐. 네가 선택한 너의 정체성이 그거야? 직싸라게 X고생 하는 사람? 아니면 능력 있고 현명해서 "나는 이만큼은 누릴 자격이 있지~ 권리가 있지~" 라고 말할 수 있는 사람? 어느 정체성 원해?)

나의 경험에 의미를 부여하는 사람은 바로 '나'라는 사실을 기억하라고.
이야기를 만드는 사람은 바로 너 자신이야.
그렇다면 어떻게 '나'의 극본을 뒤집을 수 있을까?
과거를 다시 새롭게 기억하는 거야. 너도, 할 수 있어.

아까 세운 나 자신, 내가 선택한 정체성, 미래의 나라는 렌즈를 통해 과거를 걸러내봐. 그리고 아래의 질문을 스스로에게 던져봐.

- 더 성장한 나는, 이 사건들을 어떻게 볼 것인가?
- 어떻게 이 사건들이 지금의 내가 될 수 있게 해주었을까?

과거의 모든 일은 나에게 '그냥 단순히 일어난 일'이 아니라 '나를 위해 일어난 일'이야. 끔찍한 경험은 인생에서 중요한 것을 학습한 경험으로, 너 스스로가 작가가 되어 스토리 구성이 가능해. 그런 깨달음은, 돈을 수억원 준다해도 배울 수조차 없는 거잖아.

따분하고 지루했던 하루 역시 말하기에 따라, 내가 기억하기에 따라 얼마든지 특별하고 긍정적인 경험으로 이야기할 수 있는 거야. 그래. 자신의 진정한 모습을 찾고, 너의 삶의 총 감독, 작가, 프로듀서가 돼보라고.

기억도, 시선도, 스토리도 – 이제는 내가 고르는 거야.

　이야기에서 내가 무엇을 강조하고, 무엇을 무시하기로 하느냐에 따라 그 이야기의 초점과 영향력이 완전히 달라지는 법이야.
그러니까, 그 이야기에서 어디를 강조할지, 어디는 넘길지를 네가 정하면 돼. 이야기를 만들어내는 사람은 다른 누구도 아닌, 바로 너 자신이란 걸 잊지 말고 말이야.
이게 잘 되기 시작하면, 과거로부터 받는 부정적인 영향은 점점 줄어들고, 오히려 더 풍요로운 의미들이 생겨나기 시작할 거야. 나의 이야기를 바꿀 때, 비로소 나의 '새로운 가능성'이 보이게 돼.

나는 더 이상 과거 사건의 희생자가 아니야.
← 이 말, 되뇌어봐.

언제까지 땅굴 속에 묻혀서 우울해하고만 있을래?
이야기를 바꿔버려!

'무라카미 하루키'는 자신의 전기 영화가 만들어진다면 편집 단계에서 전부 커트해버릴 정도의 일이라는 표현을 썼어.
나는 동영상 편집도 주로 하기 때문에 인생에서 일어났던 사건들을 Ctrl + B (컷편집 때 주로 쓰는 단축키야.)를 누르고 날려버리는 이미지를 상상하기도 해. 중요치 않은 일은 너의 소중한 인생 영화에서 편집 단계에서 커트 & 날려버려.
스토리라인(Storyline)은 내가 짜. 내 영화야. 누가 간섭질이니?
이처럼 'Ctrl + B'를 치고 휙~! 날려버리는 그 장면! 을 떠올리는 것이 더 유용할 수도 있을 거야.

똑게육아 과거 치유하기 만트라문

나는 능동적으로

나의 경험에서

의미를 만들어내는 사람이다.

내 과거

또한 내가 만들어낸다.

나의 과거는

지금 내가 여기서 재구축하고 설계하고 만들어내는 이야기일 뿐이다.

과거 사건에 대한 의미도 다른 누가 아닌,

'나 자신'이 부여한다.

치유되고 건강해진 과거는 이제

내가 이용할 수 있는 나를 써포팅 하는 원천일 뿐이다.

나는 '과거의 조각들'을 가져다

어떤 것들을 버릴지 선택할 수 있다.

거기서 나아가 그걸 가지고 어떻게 구성할지,

어떻게 새로운 의미로 창조해낼지, 짜릿하게~

내가 생각하는 미래의 내 모습, 내 정체성 렌즈를 통해 만들어내는,

나는 내 인생의 작가다.

* 만트라 : 만트라는 잠재의식에 건네는 메시지.
우리 마음의 가장 깊은 곳에 전하는 컨텐츠

과거에 살지 않기

나는 과거에 살지 않아. 현재와 미래를 살려고 노력해. 내가 어떻게 생각하느냐에 따라 미래도 내가 창조할 수 있거든.
아무도 '과거에 살기'의 달인이 되고 싶진 않잖아?

트라우마적인 과거의 경험

사실, **트라우마적인 과거의 경험은 누구나 가지고 있어.**
문제는 그걸 **어떻게 받아들이고, 현재와 미래를 어떻게 살아가느냐야.**
우리의 몸은 과거에 벌어진 사건과 그 사건을 계속 떠올리는 경험, 그러니까 네가 기억해서 너의 머릿속에서 리플레이~ 하는 그 경험을 구분을 하지 못해.

그러니까,
- 과거의 트라우마를 자꾸 떠올리면,
- 우리 몸은 예전 그 사건이 일어났을 때 느꼈던 원초적이면서 부정적인 감정들을 똑같이 만들어내게 돼. 우리 몸 안에서는 **또다시 부정적인 화학물질**이 분비되는 거야.

그 트라우마적인 과거의 경험을 매번 소환하면서 너의 인생을 과거에 결박시키지 마. 내 건강에 손해다~ 이렇게 생각하고 '나'를 '내'가 누구보다 아껴주고 너 자신과 교제해.

사건 + 감정 = 이 스냅샷이 그대로 내 뇌에 저장돼
과거에 너에게 일어났던 어떤 사건이 **강한 부정적 감정**을 불러일으켰다면, 그 순간 **뇌는 화학물질을 분비해 몸 전체로 전달해.**
감정은 결국, **화학적 신호로서 뇌에 저장되는 것**이야. 특히 강렬한 감정은 **기억과 함께 뉴런 회로 속에 깊게 각인**되지.
예전에 tvN 드라마 〈호텔 델루나〉에서 어린 꼬마에게 트라우마를 주기 위해 놀이공원에서 일부러 엄마, 아빠 없이 혼자 있게 만들던 장면 기억나?

나는 그 장면을 보며, **뇌 속 회백질과 뉴런들이 그 기억을 이미지처럼 흡수해 저장하는 모습**을 떠올렸어. 그렇게 강렬한 사건과 감정은 **시간이 흘러도 뇌에서 떨어져 나가지 않고**, 그대로 엉겨 붙어버리는 거야.

과거에 갇히지 않기

트라우마적인 경험은 뇌의 신경회로에 각인되고, 그때의 감정은 고스란히 몸속에 저장돼. 문제는, 우리가 그 기억을 **무의식적으로 반복 재생**한다는 거야. 결국 **과거의 회로 안에서 생각하고, 과거에 갇히게 되는 거지**.

부정적인 감정에는 슬픔, 고통, 피해의식, 죄책감, 절망, 분노, 미움, 좌절, 원망, 공포, 불안, 수치심, 소외, 배신감 등이 있어. 이 부정적인 감정들은 우리의 뇌와 몸을 실질적으로 괴롭히는 놈들이야. **과거 속에서 묶여 그 안에서 생각하지 말고 현재와 미래로 나오라고.**

새로운 나로 거듭나기

나는 매일 아침,
눈을 뜰 때마다 나 자신의 새로운 정체성을 만들려고 노력해.

인생의 의미를 찾을 때도 새로운 건강한 습관을 하나씩 만들어가는 부분에 큰 비중을 두고 있어.
우리는 흔히 현재 상태에 대해 이야기할 때 과거 탓을 하기도 하지.
하지만 잘 생각해 보라고.

과거의 안 좋았던 기억을 떠올리면, **그때 느꼈던 고통과 비통함, 괴로움을 다시 불러내게 돼. 그러면서.. 그 당시 뇌 속에서 발산되었던 화학물질이 몸에 퍼지게 되잖아.**

> 떠올리더라도 이 부분을 의식적으로 자각하면서 **현명하게 떠올려야 해.**
> ✗ "그때 너무 힘들었어. 내 인생 왜 이래."
> ○ "그때 힘들었지만, 그 시간이 있었기에 나는 더 단단해졌어."
> 이제는 나 자신을 그 누구보다 '내'가 아껴주고 사랑해 주자고.

스트레스 모드에서 벗어나기

지금, 너를 가장 힘들게 하는 스트레스 요인이 뭐니?
사실, 우리가 스트레스 속에서 살아가면, **몸이 "싸우기 아니면 도망가기(Fight or Flight)"** 모드에 계속 머물러 있게 돼.
이게 만성화되면, 우리 몸은 저장된 에너지를 여기에 몽땅 써버리게 돼. 이렇게 되면 너의 건강과 면역체계까지 위태롭게 되는 거야.

우리가 어떻게 생각하고 느끼는지는 우리 몸, 건강, 삶 전체에 영향을 줘.
그리고, **이것이 바로 우리의 아이들과 가정에도 직접적인 영향을 끼치게 돼.** 우리가 세상을 바라보는 방식대로 그대로 아이도 바라보고 그 생각패턴 모두 닮게 되니까.
너의 뇌 속에 단단하게 장착되어 있는 무의식적인 생각과 감정, 자동적인 습관을 '나는 전두엽을 쓰는 사람이지'라고 주문을 외우면서 의식적으로 바꿔보는 거야.

멘탈 리허설

내가 넘 좋아하는 단어, 바로 멘탈 리허설! 한번 너희도 꼭 해봐.
과거에서 살지 말고, **원하는 미래의 모습을 현재로 끌어당겨와** 현재 이루어진 것처럼 살아봐. **그 감정을 가져오는 거야.** 마치 리허설처럼. 멘탈 리허설. 내가 바래왔던 미래가 진짜로 일어나기 전에, 우리의 몸과 뇌에게 알려주는 효과적인 방법이야.
이렇게 하면, 우리 뇌와 몸이 그 미래를 **현실처럼 느끼게 되고,** 그 감정이 **우리 몸속에 자리 잡게 돼.** 이게 바로 멘탈 리허설이야.

인수인계서 족보 Part 10.

놀아주기 업무

놀아주기가
고역이 되지 않으려면

붙어서 끊임없이 뭘 해줘야 한다는 착각,
이제 놓아도 돼

아기들은 혼자 놔둬도 배울 것을 배우거든. (스마트폰만 꼭 좀 조심해줘. 디지털 미디어 기기들 말이야. 부모가 조금만 신경써주면 되는데, 너무나 이른 나이에 노출된 아이들이 있어서 이런 경우는 아이들의 뇌발달에 정말 좋지 않아. 우리가 우리 아이들을 보호해야 해.)

'놀'에 있어서는 아이에게 특정 자극을 꾸준하게 줘야 한다는 강박을 버려야 살아. '내가 지금 제대로 된 자극을 주고 있는 게 맞나? 충분한 자극을 주고 있나?' 부담 백배 압박을 받는다면 정신 건강에 득이 될 게 없다고.

끊임없이 엄마가 맨투맨으로 아기 옆에 붙어서 즐겁게 해주는 것, 사실 이것이 더 위험한 거야. 아이의 발달에 좋지 않거든. 독립성이 없어지게 되고, 어디를 가든 엄마 껌딱지가 되어 낯선 장소에 가는 걸 무서워하게 돼. 또 엄마가 쉴 수 있는 시간까지 저당 잡히면서 지속적인 '노동력과 신경'의 착취가 발생되면 육아에서 제일로 중요한 엄마의 체력 소모가 커져서 아기에게 자애로운 미소를 짓기 힘들어져. 웃을 일이 있어도 썩은 미소가 나가게 되는 건 당연해. 내가 죽겠는데 무슨 미소고 나발이겠니.

그저 아이가 평안하고, 행복한 기운을 느끼게 하는 것이 제일이라는 점을 잊지 말라고! 아이에게 무언가를 '해줘야 한다'라고 생각하지 말고 함께 있는 이 순간을 즐기며 같이 행복한 바이브를 느끼는 게 최고야.

'놀'에서도 아기에게 자율성을 줘보는 거야.

아이에게 끊임없이 자극을 주어야 한다는 강박에 사로잡히다.

자갈밭 진입

첫째 아이 하나만 키울 때 보이는 부분
(경주마가 양 옆 시야를 가린 상황)
누구나 흔히 (똑게육아 알기 전의 부모라면)
걸리게 되는 덫에 걸린 상황

보통 처음 3주간은 아기의 '놀'과 '먹' 사이의 구분이 없어. 이 시기에는 '수유 소요 시간=아기가 깨어서 노는 시간'이야. 하지만 개월수가 지날수록 아이가 눈 뜨고 노는 시간이 많아지지. 사실 아기가 깨어 있을 때 놀아주는 것은 쉬워 보일 수 있지만, 실제로는 '먹이기'나 '재우기'에 비해 노동의 강도가 결코 가볍지 않아. 특히나 '내 아기 전용 풀타임 엔터테이너'가 될 준비가 되어 있는 엄마에게는 더더욱 그렇지. 종일 옆에서 책 읽어주기, 방 안 상황 생중계해주기, 벽에 붙어 있는 그림 포스터 보면서 설명해주기, 말 못하는 아이에게 독백하기, 제한된 장소 안에서 새로운 컨셉의 재미와 자극을 제공해야 한다는 압박감 등은 엄마 인생에서 웃음기를 싸악 사라지게 만들어. 아이의 무반응에도 굴하지

않는 강한 멘탈의 소유자라 할지라도 말이야.

첫째 때는 아이가 혼자 놀고 있으면 왠지 애처롭게 느껴지고 내가 '자극 제대로 주기' 임무 수행을 뭔가 덜하고 있는 듯해 찜찜하고 죄책감이 들었어. 교육에 대한 압박도 심해서 의미 없이 놀아줄 바엔 교육적으로 놀아주는 것이 좋다고 판단, 8개월 된 아이를 앉혀놓고 하루에 최소 30분~1시간은 플래시 카드로 단어를 가르쳐주는 시간을 가졌었지. 그때 아이는 표정으로 '엄마, 지금 뭐 하는 거예요?'라고 말하고 있었지만 콩나물이 물을 한번에 쫘악 흡수해서 크는 것이 아니듯 내가 하는 일련의 행위들이 쌓이고 쌓여 아이가 똑똑해지는 데 도움이 된다고 믿어 의심치 않았어.

이 시간이 과연 나와 아이에게 행복하고 교훈 넘치는 시간이었을까?

함께할 때 엄마의 기분이 가장 중요하다.

럭셔리 진입

경력직의 시선으로 다시 똑같은 일터에서 일하다.
둘째엄마 바이브 ❤

『리더는 마지막에 먹는다.(Leaders Eat Last)』에는 보스턴 컬리지 사회복지대학원에서 시행한 연구 결과가 나와. 이 연구에 따르면 아이들의 행복감은 '부모가 직장에서 얼마나 많은 시간을 보내느냐?'보다 '집에 돌아온 부모의 기분이 어떠한가?'에 더 큰 영향을 받는다고 해.

❶ 좋아하는 일을 '밤 늦게까지' 하는 부모를 둔 아이들

❷ 좋아하지 않는 일(싫어하는 일)을 '적은 시간' 하는 부모를 둔 아이들

❶ vs ❷ 를 비교해 봤어. 결과는?

좋아하는 일을 밤 늦게까지 하는 부모를 둔 아이들이 더 잘 지냈어. 결국 부모가 아이와 함께 있을 때 어떤 기분으로 있는지가 매우 중요하다는 거지.

우리의 기분에 영향을 미치는 변수는 여러 가지가 있어. 직장, 다른 가족, 이웃, 나랑 코드가 맞지 않는 조리원 동기 등등..

늦게까지 사무실에 머물고 자주 출장을 다니는 경우, 부모는 죄책감을 느끼고 아이는 부모를 그리워할 수 있겠지만 연구에 의하면 그것이 크게 문제 되지는 않는다고 해. 부모가 행복감을 느끼고 아이와 함께 있을 때 즐거운 시간을 보낸다면 말이야.

책에는 심지어 "현재 직장에서의 일이 힘들고 하기 싫은가? 그렇다면 여러분의 아이들을 생각한다면 집에 가지 마라!"라고 쓰여 있어.

결국 우리 자신의 '행복'에 관심을 기울여봐야 해. 괴로움을 참고 있으면 아이들에게 해를 끼치고 있는 셈인 거지.

『엄마도 놀이 전문가』라는 책에도 이런 내용이 있어.

> 좋은 놀이는 따로 있지 않다. 그저 엄마와 즐겁게 놀며
> 대화와 눈빛을 나누는 것만으로도 훌륭한 효과가 있다!

어때? 한결 명쾌하지?

'놀이'에서도 함께 놀아주는 '엄마의 태도'가 키포인트야. 아이와 놀아줄 때에도 유용한 똑게 스킬들이 있긴 하지만, 이것에 앞선 기본 대전제는 '엄마도 즐겁게 놀 수 있어야 하는 것'임을 잊지 말라고!

첫째 때는 플래시 카드 활용도 많이 했었는데, 지금 생각해보면 재미도, 교훈도, 감동도 없었던 시간들이었어. 일상 생활에서 상호 작용하고 자연스럽게 대화하면서 알려주면 되지, 아이 코앞에 플래시 카드를 들이밀고 '이건 사과다, 이건 책이다, 이건 피아노다' 알려주는 건 어색하고 작위적이지. 아이에게도 수동적인 시간이고, 말이야. 아기랑 엄마가 즐겁고 행복한 시간을 보내는 게 최고라고. 아기도 결국 나중에 기억하는 건 엄마와의 즐거웠던 시간이니까.

놀아줘야 한다는 강박, 시스템으로 갈아타
네가 행복해야, 아이도 마음껏 자란다

자갈밭 진입

첫째 아이 하나만 키울 때 보이는 부분
(경주마가 양 옆 시야를 가린 상황)
누구나 흔히 (똑게육아 알기 전의 부모라면)
걸리게 되는 덫에 걸린 상황

책 읽어주기 강박

　첫째 때는 아기가 잠에서 깨어나 가장 컨디션이 좋을 때 항상 책 읽기를 0순위로 해야 한다는 강박이 있었어. 기회를 엿봤다가 번개같이 아기가 좋아할 만한 책을 뽑아 와서 읽어줬지. 내 몸이 아무리 피곤해도 책 읽기를 거를 수는 없었어. 나 자신에게 이렇게 외치곤 했어.

"눈 떠! 이건 내 아이에게 유익한 시간이라고!"
그런데 사실 애들이 어릴 때는 뭘 읽어주느냐보다 앞서 말했듯이 무언가를 읽어주는 엄마의 밝고 즐거워하는 목소리 톤, 엄마의 그 다정한 목소리를 듣는 것만으로도 충분히 좋은 활동이 되는 거야. 같이 읽는 행복한 분위기가 중요한 거라고. 만약 재미없고 지루해서 더 이상은 읽기 싫은 책을 고문처럼 읽어주고 있다면 어떨까? 오히려 더 안 좋은 셈인 거지.

그림책을 의무감으로 읽어주기만 한다면 정지된 TV 화면을 보는 것과 큰 차이가 없다고 해. 그래서 책을 그대로 읽어줄 필요도 없고 아이와 눈을 마주치고 상호 작용을 하는 게 더 유익한 거야. 특히 어린 영유아 시기에는 그저 책을 아이와의 '소통의 도구'라고 생각하면 돼.

아가 시절 첫째 키울 때는 애가 하나인 체제였으니까 책을 정말 많이 읽어주었고, 둘째는 애가 둘인 상황이다보니 내가 첫째 대비해서 생각해보면 책을 거의 읽어주지 못했어. 그런데도 둘째는 말도 더 빨랐고, 상황파악 능력도 더 좋았지. 무슨 질문을 하면 "응, 아니" 이런 식으로 내가 한 말에 '대답'을 하면서 실제로 대화가 되는 것에 놀랐어.

둘을 같은 개월 수로 비교하면, 그 무렵 첫째는 둘째보다 대화가 서로 된다는 느낌이 덜했거든. 첫째는 우유를 달라고 할 때 나한테 "우유 줄까?"라고 말했어. "우유주까? 우유주까" 냉장고 앞에서 계속 그러더라. 처음에는 그게 우스웠고 매우 귀여웠어. 아, 내가 맨날 첫째에게 "우유 줄까?"이랬었구나~ 그저 내 말을 따라 했던 거지. 그런데 둘째는 같은 나이대, 같은 상황에서 "우유 주세요" 이렇게 말하더라고. 상호 간 대화가 되는 것이 참으로 신기했어.

둘째는 책 읽는 시간이라던지 엄마와 1:1로 보낸 시간이 첫째에 비해 훨씬 적었음에도 불구하고, 자연스럽게 삶 속에 스며들어가서 서로 소통하면서 배울 수 있는 환경이었던 셈인 거야. 사실 세명이 된다는 것 자체가 획기적으로 다르긴 해. 한 명이 나머지 둘 간의 서로 상호 교류하는 장면을 직접 지켜볼 수 있는 환경이 펼쳐지니까. 그래서 말과 인지 능력이 더 빠를 수 있었던 거야. 바로 이런 거야. 언어라는 것은 말이지. 일방적으로 주입식으로 넣는다고 해결되는 게 아니라 그에 맞는 '맥락'과 '상황 노출'이 같이 이루어져야 해.

똑게 '놀' 포인트 ①

순 암기가 아닌, 맥락을 이해하는 '배움'으로!

아기들은 플래시 카드나 단순한 책 읽기를 통해 배우는 게 아니라, **맥락을 이해하며 배우는 것**이 훨씬 더 효과적이야.

맥락 속에서 참된 배움을 이끌어내는 게 중요하지. 배움이라는 건 **전체적인 상황 속에서 자연스럽게 일어날 때** 가장 효과적이거든.

그러니까, 뭘 꼭 가르쳐야 한다고 생각하지 말고, 자연스럽게 **아기와 상호작용하는 그 순간을 즐겨봐**.

오히려 그 시간에 **스스로를 발전시키는 게 더 좋을지도 몰라**.

삶을 대하는 우리의 태도, 신념, 끈기, 그리고 학업이나 배움을 대하는 자세... 이런 것들이 고스란히 아이에게 드러나거든.

아이는 말보다 우리가 행동으로 보여주는 태도를 보고 배우니까, 의무감에 억지로 가르치려 애쓰기보다는, 우리 자신의 내면을 한 단계 더 업그레이드하는 시간으로 만들어보자.

그게 아이에게도, 우리 자신에게도 더 큰 선물이 될 거야.

럭셔리 진입

경력직의 시선으로 다시 똑같은 일터에서 일하다.
둘째엄마 바이브 ♥

럭셔리 진입 1. '놀' 시간을 3가지로 분류해서 생각해봐.

전문서적, 연구결과에서 한결같이 말하는 것이 있어. 아기가 발달하려면 '엄마, 아빠와 상호 작용하는 시간'도 필요하지만 '아기가 혼자 있는 시간' '독립적으로 놀 수 있는 시간' 또한 똑같이 중요하다고. 아이가 더 능동적으로 스스로 발견해나가며 배울 수 있으니까 말이야.

아래와 같이 '놀'을 세 가지 유형으로 나눠서 체계를 세워봐.

❶ 블렌딩 타임
   엄마, 아빠와 상호 작용하거나 자연스럽게 함께 공존하는 시간
❷ 스페셜 타임
   엄마, 아빠와 함께하는 질적으로 밀도 높은 1:1의 시간
❸ 혼자 노는 타임
   혼자 세상을 탐구하고, 여러 가지 능력을 계발해보는 시간

이렇게 세 가지로 분류해서 시간을 각각 분배해보는 것이 중요한 이유는 뭘까? 바로 이렇게 하지 않음 이 일터의 신입 근무자 분들의 경우 모든 '놀'을 스페셜 타임으로 해야한다는 의무감과 강박을 가지게 되기 때문이야. 내가 그 기분을 너무 잘 알아. 그러다 보면 죄책감도 배로 커지고, 악순환이 시작돼.

사실 '스페셜 타임'은 아이에게 영양제 한 알씩 먹이듯 계획해서 시간 정해서 애 컨디션 좋을 때 해주면 돼. 일상생활에서는 아이가 깨어있는 시간의 대부분은 ❷번 블렌딩 타임과 ❸번 혼자 노는 타임으로 거의 돌아가기 마련이야.

이번에는 아가 시절에 할 수 있는 스페셜 타임들을 알려줄게.

♥ **수유**

모유든 분유든 아기를 먹일 때는 안고 있지? 수유하며 아기의 눈을 들여다보고, 아기에게 말을 걸고, 부드럽게 아기의 얼굴과 몸을 쓰다듬어줘봐. 그러면서 1:1 스페셜 타임을 갖는 거야. 뭐 더 하려고 하지마. 옆에서 사랑스러운 기운, 파장 전달해주며 함께 있어 주는 것만으로도 충분해.

♥ **노래 불러주기**

아기는 태어난 후 얼마 안 돼서부터 엄마, 아빠 목소리에 반응을 해. 아기의 배움은 '항상' 일어나고 있다는 걸 기억하고 '말하는 것'과 '노래 부르는 것'을 즐겨보라고. 단순히 "랄라라라라~" 이런 식으로 짧은 음률을 만들어주어도 좋아. 아기들은 언어를 노래로 불러주면 더 빨리 기억하거든. 『베이비 브레인』에서는 '부모어'를 쓰면 아기가 더 잘 이해한다며 이 부모어를 소개하고 있어. 어조를 더 경쾌하게 하면서 "밥~먹~었~어~요~?↗" 이렇게 말하는 것이지.

똑게 '놀' 포인트 ②

부모어를 사용해봐.
조금은 과장된 표정과 함께 과장된 노랫소리와 같은 억양, 높은 음조로 '부모어'를 시도해보는 거야. 이 대화법은 만 3살까지 아기의 관심을 끌어올리는 데 효과적이라고 해. 미국 스탠퍼드대 심리학과 앤 퍼날드 교수가 생후 6개월 된 아기들을 대상으로 한 실험에서도 이 효과가 확인됐어.

기억할 점
- 다정한 내용이라도 거친 어조로 말하면?
→ 아기들은 화를 낼 수 있어.

- 다정하지 않은 내용이라도 부모어로 말하면?
→ 아기들은 웃는 얼굴로 옹알이를 하게 돼.

♥ 책 읽어주기/보여주기

아기는 다양한 어조와 억양의 엄마, 아빠 목소리를 듣는 걸 정말 좋아해. 현재 아이가 몇 개월이든 상호작용을 하면서 책을 읽어주거나, 좋아할 만한 그림책을 보여줘봐. 하지만 '강박'처럼 책을 보여주려고 노력할 필요는 없어. 아기들은 지금 이 세계 자체가 엄마 자궁 속과 비교하자면 그냥 가만히 있어도 매우 자극적인 상황이거든. 천으로 되어 있거나 입에 넣어도 안전한 것으로 만들어진 책들은 아기들이 초반에 책에 대해 탐험하기 좋아.

♥ 목욕하는 시간

처음에는 아기를 목욕시키고 나면 긴장돼서 땀을 한 바가지씩 흘리게 될 거야. 그러니 당연히 노래하거나 말할 여유가 없겠지. 하지만 곧 적응이 되니 걱정하지 마. 적응되면 아기를 목욕시킬 때 천천히 노래도 불러주고 말도 걸어보는 거야. 그냥 물을 튀기거나 첨벙거리는 것만으로도, 또는 목욕 장난감을 가지고도 함께 즐거운 시간을 보낼 수 있어.

♥ 유모차 산책 또는 걷기

유모차를 타고 신선한 공기를 마시며 산책하는 것은 아기에게 세상을 배울 수 있는 좋은 기회를 주는 활동이야. 엄마와 아빠에게도 걷기 운동이 되고, 아기는 새로운 광경, 사람들의 모습, 자연의 아름다움 등을 흡수하게 되지.

앞보기 자세가 가능한 아기띠나 힙시트를 이용할 수도 있어. 이러한 류의 캐리어를 착용하고 외출할 때는 아기가 목을 가누기 전인 3개월 전에는 조심해야 해. 착용한 띠가 아기의 등과 허벅지, 엉덩이 등을 제대로 잘 지탱해주는지, 엄마 몸에도 무리를 주지 않는지 체크해보도록 하자. 밖에서 걷기에 너무 춥거나, 덥거나, 습하다면 도서관이나 백화점, 미술관, 몰(Mall) 등을 가는 것도 좋은 방법이야. 아기와 같이 시간을 보내고 탐색할 수 있는 장소를 물색해봐.

럭셔리 진입

경력직의 시선으로 다시 똑같은 일터에서 일하다.
둘째엄마 바이브 ♥

내 일을 하면서 시간을 함께 보낸다. (블렌딩 기법 활용)

집안일도 즐기면서 아이와 함께할 수 있어. 비단 빨래를 하나 널더라도 같이 널 수가 있거든. 물론 애가 너무 다 헤집으면 아이를 업고 널 수도 있겠지만, 업고 널면 몸이 너무 힘든 날에는 체력 저하가 오게 되잖아. 되도록이면 아이는 그냥 내려놓고서 엄마가 빨래 너는 것을 보게 하는 게 좋아.

빨래를 베란다에 널거나 하면 아이가 기어 나오기 힘들겠지만, 방에다 너는 날에는 아이와 함께 재미나게 빨래를 널어봐. (물론 요즘은 건조기를 많이 쓰니까) 마른 빨래들을 다시 개는 것도 같이 지켜보게 하며 함께 활동해 보는 것도 추천해. 이것이 자연스러운 블렌딩 타임!이야.

아이는 칭찬만 제대로 구체적으로 해주면 더 신이 나서 잘 도와주거든. 활동을 같이하기 조금 무리가 있지 않나? 싶은 연령이라 하더라도 빨래의 순환을 보면서 배우는 게 많아. 아이가 세 돌만 지나도 제 몫을 좀 하게 돼. 빨래를 같이 개주고, 서랍이나 제자리에 넣어주는 게 되거든.

자기가 엄마에게 도움이 된다는 것 자체를 뿌듯하게 생각하고 칭찬받는 것을 좋아하니, 그 행위 자체를 즐거워해.

『How to Have Your Second Child First』에는 "첫째 엄마는 애가 자면 집안일을 시작하지만, 둘째 엄마는 애가 깨어 있을 때 집안일을 하고 애가 자면 자기 시간을 갖는다" 라는 문구가 나와. 나 또한 정말 맞는 말인 것 같다고 생각했어.

요리를 할 때도 아이를 참여시키면 즐거운 시간이 돼. 재료를 가지고 노는 수준으로 끝날 때가 다반사지만, 원재료를 보여주고 지금부터 이걸 잘라서 이렇게 요리하겠다고 말해주면 흥미로워하거든. 첫째만 하나 키울 때는 도대체 요리할 시간이 어디 있나 생각했는데, 그게 바로 하수의 마인드 그 자체라고. 그래서 경험이 더욱 이 분야는 중요한 거야. 딱 사람이 자기가 아는 만큼만 보이고 딱 그만큼의 깊이로만 산다잖아.

방법은? 간단해. 애가 깨어 있을 때 요리하는 걸 보게 하거나, 같은 공간에서 나는 요리를 하고 아이는 혼자 잠깐 놀게 하면서 간간이 얘기해주면 시간 따로 안 빼고 힘 안 들이면서 집안일을 할 수 있어.

죄책감 느끼지 마. 애랑 공존하는 거, 그거 자체가 얼마나 힘든 일인지 생각해봐. 지금 당장 인력 리크루팅 앱 열어서 대체 인력을 찾아봐도, 이게 보통 일이 아니야.

너는 아이 시야 안에서 아이에게 안정감과 평화로운 기운을 전달하면서, 네 시간을 저당 잡혀 함께하고 있는 거야. 그 자체로 이미 엄청난 일을 하고 있는 거야. 넌 거룩한 일을 하고 있어.

그리고 네 애도 그런 상황에서 잘못될 일 '0'이야! 애의 바운더리 안에서 네 자리를 꿋꿋이 지키고 있는 너 자신에게 프라이드를 가져. "나 육아 이렇게 잘하고 있어."라고 스스로에게 말해줘.

말했잖아. 나가서 일하는 게 더 쉬울 수도 있어. 그런데도 넌 묵묵히 자리를 지켰잖아. 네 애 옆에서. 그것만으로도 이미 1,000점 만점이야. 정말 대단한 거야.

청소도 즐기면서 애랑 같이 놀면서 할 수 있어. 꼭 옆에 붙어서 책을 읽어준다거나 교구로 교육시켜주는 것이 애를 '보는 게' 아닌데 처음 엄마가 되면 아기에게 올인하게 되어 삶의 균형이 그 한 아이에게로 완전히 치우치게 되니 조심해.

독서가 관심인 부모들을 위한 똑게 팁

❶ 읽기를 삶의 일부로!

부모인 우리가 독서에 열의를 가지고 있으면 돼.
책을 읽고 있는 모습을 아이에게 자연스럽게 계속 보여주는 것만으로도, 아이는 독서의 즐거움을 배울 수 있어.

❷ 아이는 똑같은 책을 듣고 또 듣고 싶어 해.

아이에게는 예측할 수 없는 큰 세상 속에서 '내가 예상할 수 있다'는 요소가 생기는 게 정말 멋진 일이야.
책을 읽으면서 '이 스토리에서 다음에 무슨 일이 일어날지 내가 알고 있어'라는 느낌이 아이에게 큰 즐거움이 되거든.
아이 스스로 읽고 싶은 책을 고를 기회를 주고, 같은 책을 계속 읽어줘도 백퍼 오케이야.
이 활동은 아이의 예측 능력도 키워줄 수도 있다고.

❸ 일상생활에서 읽을거리 활용하기

읽을 거리는 꼭 책에만 있는 게 아니야.
냉장고나 벽에 지도를 붙여놓거나, 외출하면서 간판이나 표지판을 읽으며 상호작용해봐. 식품 원재료명이나 성분표 같은 것도 좋은 읽을거리가 될 수 있지.

❹ 같이 이야기를 만들어 봐.

아이가 정말 좋아하는 활동 중 하나야. 첫째와 둘째가 잠자리에서 옛날이야기를 해달라고 하면, 가끔 내가 이야기를 지어내서 들려줘.
아이의 대화 능력이 발전하면서부터는 같이 누워서 도란도란 이야기하며 하나의 동화를 만들어보는 거야.

혼자 노는 타임

하루는 남편이 저녁에 둘째를 보는데 소파에 인어공주 자세로 옆으로 누워서 '표정' 하나만으로 육아를 하더라고. 둘째(처음부터 노선을 잘 타 보기가 다소 수월한 아기)는 혼자 잘 놀고 있었고 간혹 아이가 아빠를 쳐다보거나 반응을 요하면 손가락 하나 까딱 안 하고, 깜짝 놀란 표정이나 웃는 표정 지어주면서 말이야.

'놀'의 전부를 이렇게 할 수는 없겠지만 이런 자세도 필요한 거라고. 그런데 처음부터 계속 옆에서 맨투맨으로 열혈 집중 케어해주면 아이는 혼자 놀지 못해. 엄마가 옆에서 내 수발을 들어주지 않고, 관심 100%를 주지 않는 게 용납이 안 되니까 말이야. 애가 간헐적으로 던져지는 그 표정 하나만으로 만족을 못하게끔 이미 만족도 레벨이 최상위로 세팅되어 있으니까 그래.

그런데 처음부터 '혼자 노는 시간'을 일부러라도 주면 완전 달라지거든. 여기서 '혼자'라는 것은 아기의 시야에서 엄마가 완전히 사라져 아기가 방치되어 있는 상태를 의미하는 것이 아니라 아기 앞에서 엄마가 끊임없이 즐겁게 해주는 것에서 한 발 나아가, 아기 혼자 스스로 세계를 살펴보고 탐색할 수 있는 기회를 제공한다는 의미야.

처음 아기를 키우는 엄마라면, 아이에게 '혼자 노는 경험을 줘야겠다'라고 의식하지 않고서는 막상 그 기회를 주기는 힘들어. 그래서 이런 경우엔 계획을 세워서 점진적으로 주는 것이 좋아. 아기는 엄마, 아빠의 삶에 자연스럽게 편입된 것이지 우리 가족의 '왕'이 아니니까.

자연스럽게 우리 가족 문화를 배워나가야 되는 거라고.

> **똑게 '놀' 포인트 ③**
>
> 아이가 자유롭게 탐색하고 경험할 수 있도록 해주자. 이러한 '독립적인 놀이'들이 아이의 두뇌를 더 발전시켜주거든. 평범한 물건을 관찰하는 아이의 능력을 절대로 과소평가하지 마. 우리에겐 평범해 보일지라도 아이들에게는 절대 평범하지 않은 것들이거든. 집 안에서 아이가 혼자 놀고 있더라도 사실 주변에 관찰할 물건들은 엄청 많아. 꼭 교육적인 무언가를 해줘야만 한다는 구속감에서 자유로워져도 돼.

혼자 놀 기회를 주는 활동

❤ 배밀이 활동 (Tummy Time)

아기가 머리를 조금이라도 들 수 있다고 여겨지면(약 3~4주 이후) 터미 타임을 적극적으로 일과에 포함시켜봐. 이 자체가 아기에게 신세계를 선물하는 거야.

잘 때나 진정할 때의 많은 시간을 속싸개 쌈에서 번데기마냥 시간을 보내다가, 자세가 새롭게 바뀌면 지금껏 보던 세계가 다르게 보이면서 흥미로운 경험을 하게 되거든.

터미 타임의 전천후 시너지 효과와 그 구체적인 방법에 대해서는 똑게 육아 영유아 수면교육 책을 꼭 참고해줘.

아이의 터미 타임은 ❶ 블렌딩 타임 ❷ 스페셜 타임 ❸ 혼자서 노는 타임에 모두 활용 가능해.

나는 음식 준비 시에도 종종 터미 타임을 유용하게 활용했어. 터미 타임과 마찬가지로 아래의 도구들은 '혼자 노는 타임'뿐만 아니라 '블렌딩 타임'과 '스페셜 타임'에도 적절히 활용이 가능하니 참고해봐.

♥ 아기가 깨어 있는 '놀' 시간에 유용한 도구

[01] 실내 편

❶ 바운서류

신생아용부터 3~5개월용의 바운서나 베시넷류는 정말 실용적인 아이템이야. 약간 비스듬한 경사가 있어서 아기가 누워 있어도 편안하고, 새로운 세계를 충분히 볼 수 있는 위치에 있게 해주거든. 이동이 용이하기 때문에 엄마, 아빠가 있는 곳으로 이동시킬 수도 있고. 식사 시간에 식탁 위에 올려놓거나, 창문 쪽에 놓아 바깥세상을 보게 할 수도 있어. 신생아 시기에도 걱정 없이 눕힐 수 있고, 경사도 이상적인 견고한 것으로 골라봐. 아기를 먹이고서 잠시 여기에 내려놓으면 토할 염려가 덜하거든. 바운서류는 가벼운 역류성 토를 겪고 있는 아기에게도 좋아. 아기를 수직으로 10~15분 정도 안아준 뒤에 여기에 비스듬히 내려놓으면, 먹은 것이 잘 내려가고 토하는 것을 줄일 수 있어.

❷ 아기그네(스윙)

아기그네는 되도록 천천히 움직이게 해줘. 특히 초반에는 수건을 활용해서 속도를 더 늦춰 사용하는 게 좋아.
그리고 아기그네 안에서 잠드는 습관이 생기지 않도록 주의해줘.

❸ 쏘서(5개월 이상~), 점퍼루(6개월 이상~)

아기가 혼자 앉을 수 있고, 목을 스스로 가눌 수 있을 때부터 태우면 돼. '쏘서'나 '점퍼루'는 보통 길어야 20분 정도 사용하는데, 본체에 붙어 있는 장난감을 만지면서 아이가 탐험할 수 있어. 손과 눈의 협응력을 높여주고, 그 안에서 밀고 움직이면서 아이의 다리 근육을 강화시켜주는 아이템이야.

❹ 범보의자

스스로 목을 가눌 수 있는 시기인 백일 무렵부터 아기가 혼자 앉을 수 있도록 보조해주는 의자야. 목욕할 때도 유용하게 사용할 수 있어. 트레이 탈부착이 가능한 것도 있어서 먹일 때도 가끔 유용하게 활용할 수 있고. 등받이가 길고 튼튼한 것이 좋아.
(이유식 초반 시절에는) 식탁이 넓다면 식탁 위에 범보의자를 놓고, 어른이 식사할 때 아기와 마주 보고 이야기 나누며 식사하는 것도 가능해.

❺ 범퍼 매트, 베이비룸

아기가 뒤집기를 할 수 있고, 더 자라서 구를 수 있게 되면 범퍼 매트(울타리가 있는 매트)가 있으면 편해. 특히 엄마, 아빠가 긴박한 업무로 바쁘게 돌아다니고 있을 때 유용하지. 아기가 안전하게 놀 수 있는 환경을 제공해주니까. '혼자서 놀 기회'를 줄 때 전문 서적에서 필수템으로 꼽는 것이 바로 이 베이비룸이기도 해.

❻ 모빌, 아기체육관

노래가 나오면서 움직이는 모빌은 아기의 눈이 모빌의 움직임을 쫓아가는 걸 배울 수 있게 도와줘.
아기체육관은 아기가 누웠을 때 위에 장난감이 매달려 있어서 아기가 그것들을 당기거나 칠 수 있도록 만든 거야. 이때 아기가 물건을 치는 건, 손을 뻗어 물체를 잡기 위한 전 단계의 운동이야.

❼ 초점책, 병풍책, 파노라마북, 세워둘 수 있는 보드북

배밀이 활동을 할 때나 아기 침대 옆에 둘러주면 아기가 신기해서 제법 오래 응시를 해. 아기들은 바로 근처만 볼 수 있게 태어나고, 먼 거리의 물체들을 집중해서 보는 데까지 시간이 걸리거든.
한 주 한 주 지나면서 아기의 시력이 점차적으로 발전하며 6개월쯤 되면 화려한 색깔의 책에 호기심을 갖게 될 거야.

❽ 아크릴 거울

깨질 위험이 없는 아크릴 거울을 구매해서 양면테이프로 벽에 붙여봐. 거실에 크게 붙여놓으면 가끔 운동할 때도 좋고, 아이들이 그 거

울을 보며 춤도 추고, 웃긴 표정을 짓기도 하며 굉장히 좋아해. 아기일 때도 자기 얼굴을 보며 잘 놀고, 울 때도 진정 효과가 있어. 특히나 거울은 짜증 나 있는 아이를 안고 있을 때, 어부바하며 아이 표정을 살필 때도 유용해.

[02] 실외 편

❶ 디럭스 유모차

　가능하면 유모차는 조립도 혼자 해보고, 늘리고 줄이는 방법을 스스로 마스터하도록 해봐. 유모차는 애 낳기 전에 이미 접고 펴는 것까지 마스터해서 한 템포 일찍 적응시키는 것 잊지 마. 남편만 믿고 있지 말고 말이지. 유모차를 제일 많이 쓰게 되는 사람은 엄마니까. 그러니까 우리가 꼭 체화해둬야 해. 다른 사람이 해줄 것 같지? 나도 임산부 시절엔 막연히 육아.. 누군가 다른 사람이 해줄 수도 있을 거라 생각하는.. 정말 이 세계 진입 후에 보니 그야말로 어처구니 없는 생각을 했었는데 말이야. 누누이 말하지만, (물론 예외의 경우도 없는 것은 아니지만) 대신 해줄 사람 아무도 없어. 결국 다 내 몫이야.

❷ 휴대용 유모차

　외출할 때는 휴대용 유모차가 필요해. 아무래도 견고함은 덜하겠지만, 애를 한 손으로 안았을 때 접고 펴는 것이 간단하며 가벼운 것이 좋아. 누르면 접혀질 수 있도록 말이야. 휴대용 유모차는 '원터치 폴딩'과 '가벼움'이 키 포인트야! 유모차 들고 택시, 지하철 탈 때 등을 생각해

보자. 택시 잡았지? 근데 애 앉혀야 하잖아. 그때 애 안고서 한 손으로 접고 펼 수 있는 원터치 폴딩이 유용한 거야. 머릿속으로 계속 상상해 봐. 자. 외출했어. 피할 수 없는 계단이 나왔어. 애 안고 한 손으로 유모차를 접어야 해. 그때 어떤 것이 유용할지 생각해보라고.

❸ 카시트

자동차 안에서 아기의 자리는 카시트 위야. 차 타고 외출하는 것 겁내지 마. (뒤에서 '똑게로 차 안 신세계 맛보기 전략'에 관한 자세한 설명이 나오니 꼭 읽어봐.)

지금 너무 힘들다면 아이에게 무언가를 '해주려고' 생각하기보다는 즐겁게 '함께 하는 것'에 초점을 맞춰 생활해보는 것을 추천할게.

똑게 '놀' 포인트 ④

1. 심심해하면서 창의성을 기를 수 있어.
항상 누군가가 다음 해야 할 놀이를 알려주기까지 기다리고만 있는 수동적인 아이 X, 창의적으로 주체적으로 놀면 좋아.

2. 자연과 함께 활기찬 현장을 느낄 수 있도록 해주자.
그저 집 바깥의 화단에서도 아이에게 귀중한 자극을 줄 수 있어. 멀리까지 갈 필요도 없어. 아이들에게 '밖'은 굳이 우리가 노력하지 않아도 자연, 색상, 과학에 대한 학습의 세계라는 것을 잊지 말라고.

3. 아이가 몰두해 있을 때 방해하지 마.
아이들에게는 모든 것이 새로워. 우리 아이들이 뭔가에 심취해 있을 때는 그 관심에 초점을 두자.

아이와 함께 못 갈 곳은 없다

자신의 영혼을 살찌우는 행위를 하루에 하나씩은 꼭 스케줄에 넣도록 해. 돈만 가계부 쓰며 계획하지 말고, 반나절, 몇 시간 혹은 단 몇 분만이라도 우리 자신의 시간을 어디에 쓸지 꼭 돈처럼 계획해보는 거야. 이것을 타임 블로킹(time blocking)이라고 해.

꼭 아이가 없거나 아이가 자야지만 그런 시간을 가질 수 있는 것은 아니야. 육아를 하면서도 내가 하고픈 일을 할 수 있는 방법이 아예 없는 건 아니니까 꼭 힘내라고. 하루하루가 다람쥐 쳇바퀴처럼 지나간다고 하더라도 엄마가 하고 싶은 일을 가미해 스케줄을 계획해본다면 그래도 조금은 다르게 보일 거야.

♥ 아이와 같이 가고 싶은 장소들 적어보기

각자 사는 지역에 어디가 있을지 한번 찾아보라고. 요즘은 SNS가 발달되어 있어서 찾는 것이 크게 어렵지 않아. 사실 똑게육아를 읽고 키운 아기라면 어디를 같이 가든 크게 부담스럽지는 않을 거야.

아이와 함께 행복하고 즐거운 '똑게 데이트'를 마음껏 즐겨보자. 아직까지도 그 무렵 아이와 함께 데이트 하던 시절 추억들 잊지 못해. 아이들도 그렇다고 하고.

집에서도 내 영혼에 물을 줄 수는 있지만, 한때 엄마도 사회적 동물이었으므로 아이와 무슨 짓을 해도 단둘이 집에만 있는 것 자체가 힘들어지는 순간이 당연히 찾아오기 마련이야!
이럴 땐 역발상을 해봐. 바로 아이와 함께 못 갈 곳은 없다고!
내가 정말 그 무렵 돌아버리기 일보 직전!에 아기자기한 그림들과 함께 아기와 함께 할 수 있는 활동들을 모아놓은 루키맘(The Rookie Mom's Handbook)이란 해외 서적에서 얻은 귀중한 팁이라고.
아이와 함께 못 갈 곳은 없다!!
아이가 들어갈 수 없는 곳이 아니라면, 게다가 아이가 한 명인 상태라면 애 때문에 못 갈 곳은 없어. (나는 둘 데리고도 잘 다녔어. 못할 거 없어. 안 해본 거 해보는 재미가 있잖아. 사실 별거 아니야. 둘째 유모차 타던 시절에 혼자서 둘 데리고 KTX도 탔지.)

이번엔 스스로에게 질문을 한번 아래와 같이 던져봐.
친한 외국 친구가 한국에 놀러 온대. 그 친구랑 갈 곳으로 어디 생각해?
나는 저 질문만으로도 너무 설레이더라. 외국에서 만났던 내 친구들이 생각나고 말이야. 자자~ 그 친구를 어디로 데려가고 싶어? 생각났어? 바로 그 곳! 아기와 가지 못할 곳이니? 한번 도전해봐.

아무래도 이벤트성이 강한 곳(예를 들자면, 경복궁, 광화문, N서울타워, 인사동 거리, 박물관, 근사한 레스토랑, 롯데월드타워, 여의도, 명동, 코엑스 등)이 떠오를 거야. 그런데 이곳을 아기와 함께 가지 못할 이유가 없다고. 이게 바로 역발상이지. 이렇게 생각하고 하루하루를 임해보자. 해피하게. 난 아직도 첫째랑 대학로의 한 유명한 피자집, (내가 대학시절 친구들과 갔던 곳이었어.) 거기 단둘이 가서 데이트한 날의 뭉클함과 색다름을 잊지 못해.

굿&뉴 (Good&New)

외서를 읽다보면 Good&New 라는 프로그램이 있어. 이 굿&뉴 놀이는 외국의 정신과 클리닉에서 사람들을 기분 좋게 만들기 위해 주로 하는 게임같은 놀이치료 기법이야. 바로 24시간 이내에 있었던 좋은 일(Good) 또는 처음 했거나 경험해본 일(New)을 말하는 시간을 의미해.

- ★ 처음으로 은교랑 외식했던 날! (비록 동네 돈까스집에 가서 은교가 밥알을 여기저기 다 묻혔지만 그때 그렇게 신날 수가 없었어!)
- ★ 처음으로 내가 은교를 유모차에 앉히고 끌던 날! (유모차 처음으로 운전한 날!)
- ★ 처음으로 은교의 이가 빠진 날!
- ★ 연우 처음으로 파마한 날!
- ★ 연우 처음으로 축구뛴 날~!
- ★ 은교 처음으로 어린이집 등원하던 날~! 등등... 잊혀지지가 않아.

누구나 자신에게 즐거웠던 일을 말하는 시간을 가지면 그로 인해 180도 기분이 변할 수 있거든. 또한 그렇게 기분이 바뀌면 정말 행운이 찾아오기 시작해.

육아에서도 우리가 경험할 수 있었던 좋았던 일(굿)과 새로운 일(뉴)을 찾다보면 모든 일상에서 좋은 면들을 많이 보게 될 거야.
굿(Good)이든, 뉴(New)든 하나를 꼽아서 말해보고, 스스로에게 박수를 쳐줘. 약간은 호들갑스럽게~ 기뻐해보는 거야. 웃으면서!!
이걸 게임화해서 말하다 보면 하루하루가 재미있어질 거라고!

매직컬한 방법
'똑게타이머'의 신세계 속으로~!

앞서 먹이기 챕터에서도 잠시 소개했던 내용이지만 그만큼 육아에 도움이 많이 되기 때문에 우리의 육아를 신세계로 만들어줄 이 도구를, 먹이기 외의 상황에선 어떻게 활용하면 좋을지 하나씩 알려줄게.

🍀 한 활동에서 다른 활동으로의 전환에 사용해봐

'선호하는 활동'에서 ➡ '선호되지 않는 활동'으로의 전환과 '선호되지 않는 활동'에서 ➡ '선호하는 활동'으로의 전환에서 똑게타이머를 써봐.

• '선호하는 활동 ➡ 선호되지 않는 활동' 전환 예시

아이들은 저녁마다 컴퓨터나 핸드폰(게임, 유튜브 등)을 정말 좋아해. 그냥 두면 밤새 스크린 앞에 앉아 있을지도 몰라. 당연히 취침은 물 건너 가겠지. 하지만 '잠'은 아이에게 꼭 필요한 영양분이잖아?

이럴 땐 갑자기 끄기보다는, 미리 똑게타이머를 세팅해서 남은 시간을 스스로 인지할 수 있게 도와주는 게 좋아. 알람이 울리기 전, 10분

전, 5분 전, 1분 전... 단계적으로 예고하면서 자연스럽게 잠자리로 이어지게 하는 거야.

"○○야, 이제 잘 준비해야 해."

• 주의: 잠자기 1시간 전엔 스크린 타임을 멈춰야 해. 블루라이트는 수면을 방해해.

• '선호되지 않는 활동 → 선호되는 활동' 전환 예시

민지는 아침마다 옷 입기, 침대 정리, 양치처럼 별로 하고 싶지 않은 일과들을 별로 안 좋아해. 그런데 이 과제들을 똑게타이머로 정해진 시간 안에 스스로 해내고, 그 보상으로 15분의 자유 놀이 시간을 얻을 수 있다면 어떨까?

이럴 때 똑게타이머는 강력한 동기부여 도구가 돼. 시간 안에 과제를 마치고 긍정적인 결과를 경험하는 것 자체가 아이에게 자율성과 성취감을 동시에 안겨주거든.

🍑 선호하지 않는 활동을 하게 만들어줘

'중요하지만 아이가 좋아하지 않는 활동'도 똑게타이머 덕분에 자연스럽게 하게 돼. 시간이 정해져 있다는 걸 알게 되면, 아이도 부담 없이 시작할 수 있거든. 그래서 아이가 인생을 살아가면서 필요한 스킬들을 하나씩 연습해 나갈 때, 똑게타이머가 든든한 도구가 되어줄 수 있어.

● **업무 수행을 도와줘 / 한 활동에 집중할 수 있게 해줘**

특히나 주의력이 떨어지는 아이들은 내가 지금 뭐하고 있는지를 까먹을 때가 있거든. 이럴 때 똑게타이머는 작업을 계속 지속해나가는데 이상적인 해결책이 되어 줄거야.

● **낮잠 시간**

낮잠을 재우는데 아이들이 잘 안 자고, 그야말로 낮잠과 싸울 때가 있어. **아이 연령**에 따라, 또 **낮잠 회차**에 따라 **어느정도 자야하는지**는 달라질 수 있지만, 이번 낮잠은 45분만 자도 된다고 가정하고 예를 들어볼게. 사전에 똑게타이머를 45분으로 맞춰놓은 뒤에 아이에게 타이머가 울릴 때까지 침대에 있어야 한다는 것을 알려주는 거야. 이럴 때는 알람 소리는 꼭 끄고 말이야. 보통 똑게타이머가 시간이 다 지나서 알람이 울리기 전에 아이는 잠에 들어. 만약에 아이가 잠들지 않는다고 해도 적어도 자신의 잠자리에서 요가에서의 송장 자세처럼 45분 동안의 릴랙스하는 휴식 시간을 가질 수 있다고.

마찬가지로 **깨는 시간**, **취침시간**에도 활용할 수 있어.

● **취침 시간**

아이가 크면 클수록 이 **밤잠 들어가는 시간**, 일명 '**밤들시**'라고 불리우는 **취침 시간**이 많은 분쟁을 일으키곤 해. 하지만 우리는 '똑게타이머'로 저녁시간을 좀 더 부드럽게 보낼 수 있어. 밤잠에 들어가야 할 시간이 가까워지면, 수면의식을 시작하는데 이때 타이머를 맞추는 거야. 아이는 잠자리에 드는 것이 서운할 수도 있지만, 이렇게 시각적으로 보여주면 왈가왈부 하지 않아. 여기에 똑게 시트지 **'잠자기 전 해야 할 일 시각적 체크리스트'**까지 활용을 해봐. 똑게타이머에서 시간면적이 사라지는 것이 한눈에 보이기 때문에 아이들이 다가올 다음 일들에 대해 대비하는 데 큰 도움이 돼.

🔴 깨는 시간 (아이가 잠자리에서 나오는 시간, 기상시간 등)

아침 일찍 자신만의 시간을 보내려고 하는 부모님들이 계실 거야. 또는 우리가 일을 하려고 했는데, 아이가 너무 일찍 일어나서 힘드신 부모님들을 위해! '똑게타이머'가 또 한 몫 해주지. 비록 시간을 알 수 없더라도, 아이들은 아직 시간면적이 남아있다면, **잠자리에 머물러 있어야 한다**는 사실을 직관적으로 알게 되어있어. 아침 시작이 아직 아닌 거야. 그걸 똑게타이머로 시그널 줄 수 있고.

🔴 단둘의 접속시간, 1:1로 노는 시간!

우리 부모님들이 아이와 노는 걸 싫어하진 않겠지만, 우리 인정할 건 인정하자. 그 시간이 항상 막 재미있고 즐겁지만은 않잖아? 힘들 때도 많고. 그래서 이럴 때 타이머를 한 15분 정도 맞춰두고 **스페셜 타임**을 가지면, 밀도 높은 놀이시간을 함께 보낼 수 있어. 이럴 때는 알람 소리를 같이 켜놔. 그래서 알람이 울리면 우리가 놀고 있는 달콤한 스페셜 타임이 끝났다는 걸 자연스럽게 알게 되고, 그걸 아이도 잘 받아들일 수 있거든. 아니면 **똑게육아 사운드 스페셜 타임용 트랙들**을 똑게육아 유튜브를 활용해 백그라운드로 틀어두고 해도 좋아.

● **휴식 시간, 미(me) 타임**

엄마에게도 휴식시간은 꼭 필요해. 그래서 우리 자신을 위해서라도 똑게타이머를 맞추고 그 시간이 다할 때까지 '미 타임' 꼭 가지도록 하자.

● **배변 훈련 시**

배변 훈련을 하다 보면, 변기에 아이를 올려놓는 순간 변기에서 내려오려고 하는 아이들이 있어. 이럴 때, 적어도 몇 분 동안은 변기 위에 머물러야 한다는 것을 알려주기 위해 똑게타이머를 활용할 수 있어.

● **양치 시**

양치는 정말 중요해. 나중에 아이 이 썩고나면 소 잃고 외양간 고치는 격이거든. 양치습관 잘 들이자. 내가 만든 **똑게육아 양치질 시트지 QR코드**도 넣어둘 거야. 바로 출력해서 쓸 수 있도록 준비해 둔 자료라, 아
이와 함께 양치 루틴을 만들어줄 때 자연스럽게 도움 될 거야.
양치 시간, 순서, 놓치기 쉬운 부분들을 아이와 함께 보면서 체크해주면 훨씬 수월하게 습관화돼.
아이들은 '보이는 구조'가 있을 때 더 잘 따라오니까 말이지.

양치할 때는 똑게타이머를 활용해 정해진 시간 동안 집중해서 양치하는 루틴을 만들어줘.

돌아다니면서 양치하는 건 No!

치과 선생님들도 늘 강조하는 부분인데, 양치는 세면대 앞에서 멈춰서, 그 시간만큼은 '양치'라는 하나의 활동에 집중하는 게 정말 중요하거든.

● 시계보는 법 자연스럽게 터득

이 '시계보는 법' 나중에 가르치는 것이 생각만큼 그렇게 쉽지가 않아. 초등학교 2학년 수학 교과서에 나오는데, 선생님들도 시계 읽는 법 가르치는 게 아이들이 제일 힘들어하는 주제라고 종종 말씀하시거든. 그런데~! 이것 또한 똑게타이머로 어렸을 때부터 자신의 시간을 자기주도적으로 관리한 아이들에게는 다른 얘기지. 시계 보는 법 알려줄 때 쓰기 좋은 내가 직접 만든 똑게육아 시트지도 있어.

출력해서 놀이 시간에 활용해봐. 아이가 훨씬 쉽게 배우는 데 도움이 될 거야. 너희 애도 시계 읽는 법 만렙 가능하다고 내가 장담해!

♥

똑똑하고
게으르게

인수인계서 족보 Part 11.

해본 자만이 말해줄 수 있는 살아있는 꿀팁들

엄마가 된 당신,
이제는 에너지를 똑똑하게 지켜야 해요.

아기를 낳고 나면
에너지는 더 이상 내 것만이 아니게 돼요.
하루하루 소진되면서도
'더 잘해야 한다'는 마음에 눌릴 때가 많아요.

하지만 기억해요.
당신의 에너지가 곧, 가정의 에너지예요.

이제는 무엇을 하든
'내 에너지를 지키는 방법'을
항상 마음에 품어야 해요.

대화도, 육아도, 살림도
모두 체력과 에너지를 쓰는 일이에요.
중요한 순간마다
'지금 이 일에 내 에너지를 얼마나 쓸까?'
스스로에게 다정히 물어보세요.

엄마는 신이 아니에요.
모든 걸 완벽하게 해낼 필요도 없어요.

당신이 더 건강하고 행복할 때
아기도, 가정도 함께 행복할 수 있어요.

이제부터는 '나의 에너지'를 아끼고 더 현명하게 쓰기로 해요.
이 책이 그 시작이 되기를 바래요.

시간 관리팁, 엄마의 사생활

Hell Yeah~ 가 아니면 모두 No다

'시간관리'에 대한 질문은 매번 있어왔고 오늘까지도 계속 이어지고 있어. 이것에 대한 답은 "헬, 예~ 가 아니면 모두 노(No)! 다"야. 씸플하지?
이걸 조금 더 와닿게 한국어로 표현해볼게.
자, 어떤 제안을 들었을 때
"와. XX (성향에 따라 비속어나 센 단어 넣어봐) 좋아!!" 이런 생각이 안 들면 싹 다 No처리 해버려. 그게 우리같은 사람들한텐 딱 좋긴 하더라. 물론 현실에서 이렇게 하기는 힘들 수도 있어. 특히 순둥이 성격의 경우엔 더 그렇겠지. 하지만, 딱 저걸 맘속에 새겨두도록 해.

딱 들었을 때
"와!!! 하고 싶다!!"
"와!! 이건 해야지~!!"

이런 생각 말이야. 이게 바로 Hell Yeah!! 아니겠니?
이렇게 생각이 안 들면 다 No를 하는 게 나아.

왜냐?
우리는 엄마잖아.
이 '엄마'라는 걸 '일'이랑 병행하는 게 쉽지가 않아. 누가 100% 엄마일을 위임받아 해줄 거 아니면, 엄마일 외에 뭔가를 추가로 한다는 건, 참… 너의 몸을 혹사, 좀먹게 되고… 너무나 큰 희생이 뒤따르게 돼.

또한 이 '헬~예~! 오아 노' 시스템으로 운영하지 않음 더 큰 문제가 생기지. 뭐냐고? 결국 이 체제 없이는 정작 꼭 해야 할 일을 못하게 되거든. 그리고, 또 어떻게 보면 '제안'이라는 건 왜 제안하겠니? 뭐 솔직히 나만을 위해서 제안하겠니?
아무래도 제안하는 상대측이 생각할 때 자신들에게 더 이득이 되니 제안하지 않겠니?

물론 win win할 수 있는 제안들도 있을 거야. 하지만 제안하는 측에서 자신에게 도움이 되지 않을 것 같으면 제안 자체를 애초에 하지를 않아. 이걸 염두하고 너에게 오는 제안들에 임해봐. (이건 내가 반대 입장에서도 매번 이렇게 생각하려고 하는 포인트야. 예를 들어 내가 다른 사람에게 제안 혹은 부탁을 하게 된다면 꼭 그 상대가 생각하는 것 그 이상을 그 사람에게 줄 수 있거나 win win할 수 있는지를 생각하게 되지.)

일단 기본 마인드를 그렇게 가지고서 딱 바라봐야 돼. 어찌 보면 당연한 건데 원래 인생살이, 세상사는 그런 거니까, 사실 비즈니스에 있어서는 이 부분이 기본 상식이야.

No를 외치지 못해서 그런 거 다 장단 맞춰주고 그렇게 살다보면 너의 인생이 아니라 그 다른 사람 인생을 네 귀한 시간 들여 살고 있는 그런 형국 된단다.
타인을 위해 사는 거야?
한 번뿐인 귀한 너 자신의 인생이잖아.
아무튼, 굳이 네가 어떤 특정 일을 하진 않더라도 걍 너의 시간, 에너지를 가져가려는 사람이 어떤 제안을 하고 그러면은...
딱 "Hell Yeah or No!"
"와~ XX(비속어 맘껏 넣어) 좋아!!!" 이 느낌 안들면 노"
그러니까 꼭 저 문장을 맘속에 새기고 다 No 처리 하도록 해.

오늘도 나는 No를 주로 하려고 노력했어. 너희들도 꼭 No를 주로 하려고 노력해봐. 잘 안되더라도, Yes를 내뱉지 말라고.
걍 디폴트 값을 No라고 해놔.
그래야 네가 정말 해야만 하고, 하고 싶어하는 일을 할 수 있고 할 시간이 생겨.
모든 사람을 기쁘게 해줄 수는 없어. 만약 그렇게 하려고 애를 쓴다면 기쁘게 해주지 못할 단 한 사람은 바로 너 자신이 된다. 이걸 명심해.

엄마는 조수석에
아기는 카시트

　차를 타고 아기와 이동할 때 뒷좌석에서 아이와 뒤엉켜 가지 않고 쉽게 갈 수 있다는 '어메이징한 사실'을 알고 있을까?
아무리 코치를 해주어도 처음 맞닥뜨리면 거의 99.9%는 머뭇거리게 돼. 사실 방법은 단순하디 단순한데 말이야.

❶ 아기는 무조건 카시트에 태우고, 아빠는 운전석에 엄마는 조수석에 앉는다.
❷ 엄마가 운전이 능숙하다면 처음부터 아기를 뒷좌석 카시트에 태우고 당당하게 운전해본다.

아이는 엄마가 앞에 앉는 체제(운전석/보조석)를 '당연한 것'이라고 인식하게 돼. 육아라는 장기전에서 차 안에서 만큼은 엄마가 자신만의 '휴식 시간'을 가질 수 있게 되는 것이지.

엄마가 운전이 가능한 상태더라도 아이를 홀로 뒷좌석에 태우는 것이 걱정된다면 ❶번 체제로 해보다가, 아이가 익숙해지면 ❷번 체제로 가도 돼. (얼마 안 가 익숙해져. 걱정하지 마.)

이 체제가 잡히면 차로 이동할 때 서로 편해질 거야. 나도 첫째 때는 아이를 카시트에 잘 앉히지 못했어. 태우려고 하면 일단 애가 울기 시작했거든. 그런데 애는 차에 타면 무조건 카시트에 태워야 돼. 어리면 어릴수록 좋지. (세상의 빛을 본 지 20일 내외인 아이는 봐줄게. 하지만 기억하자. 외국에서는 차 안에서 카시트에 아기를 태우지 않는 것은 위법일 정도로 위험한 일이야. 소중한 내 가족의 안전을 지킬 수 있는 가장 보편적이며 효과적인 방법이 아기를 카시트에 앉혀 가는 거라고.)

처음 엄마가 된 경우 50일 촬영이 대부분 이벤트성으로 무료로 제공되다 보니 그때 아이와 차를 타는 첫 외출을 감행하게 될 확률이 높아. 그만큼 첫째 때는 차를 타거나 외출하는 시기가 늦고, 가능하면 거의 안 하게 되거든. 나의 경우 첫째는 5개월부터 카시트에 앉히면 앉긴 했는데 앉히는 데는 성공했더라도 첫 습관이 무섭다고 뒷자리에 내가 같이 앉지 않거나 약간만 수가 틀리면 어김없이 울기 시작했어. 그래서 나는 운전하는 것은 꿈도 못 꿨어.

"엄마, 날 어서 여기서 탈출시켜줘"
"지겨워~ 내 옆에 와서 어서 수발을 들어달란 말이야~"
하는 울음 때문에 젖을 물렸다, 안아줬다를 반복했지.
이럴 경우 신체적, 정신적 노동의 강도를 비교해보면
'운전 〈〈〈〈〈〈 바로 옆에서 애 보기'라서,

당연히 차를 타고 갈 때는 차라리 운전자가 되는 게 편한 상황이야. 처음부터 카시트에 다소 적응을 잘 못 시킨 경우라도 애가 24개월 정도(최대한 봐줬다고 쳐서) 지나면 그냥 별 문제없이 카시트를 잘 타긴 할 거야. 어떤 날은 갑자기 카시트를 거부하기도 하고, 심지어 운전자석에 앉겠다고 하여 진땀을 빼기도 할테지만 말이지.

육아에서 항상 마르고 닳도록 나오는 말이 있지?
'시간이 해결해준다!'는 바로 이 말.
그런데 이것만큼 위험하며 가정하기에 따라 진실도 거짓도 아닌 말이 없단다. 생각해봐.
'왜 그 24개월 동안 엄마가 차 안에서까지 그토록 고생을 해야 하나?'
'왜 간만에 정상인처럼 나왔는데,
아이의 눈물+침+모유로 너덜너덜해져 차에서 내려야 하나?'
쉬운 길이 있는데, 꼭 그렇게 힘들게 키워야 할까?

두번째 해보며 뒤통수 맞은 듯 깨닫게 된 현실, Tip
'아~ 이렇다면 그때 이럴 수 있었겠구나~'

첫째 때 고생을 하고 나서 둘째 때는 아이가 태어나자마자 뒷좌석에 나란히 카시트를 설치했어. 물론 처음에는 뒤에서 그 좁은 두 카시트 사이에 앉아도 봤지. 그런데 말이야. 여기서부터가 일단 변화 시작이었어. 물론 심적으로도 둘째가 운다고 한들 카시트에서 빼줄 것도 아니었지만, 내가 그 사이에 앉아있는 그 상황/현실에서는 말이야. 옴짝달싹할 틈도 없었어. 그래서 이 체제에서는 둘째를 빼서 안고 달래는 행위 자체가 원천적으로 불가능했거든. 카시트에서 빼낼 팔각도가 안나와. (구겨진 차렷 자세로 아이 우는 소리만 더 가까이 들으면서 가야 되는 상황)

큰 변화 시작

그래서 한두 번 시도해보고는 마음을 접고 조수석에 앉기 시작했어. 당연히 몇 번 둘째가 울었어. 근데 무슨 수가 있겠니? 그저 듣고 있을 수밖에!
아기가 아무리 울더라도 물리적으로도 꺼내줄 수가 없는 상황이거든.
차를 세우기 전까지는 말이야.
그런데 대강 정황을 보면 왜 우는지 파악이 돼. 졸리거나, 배고프거나, 기저귀가 축축하거나.
물론 울음소리가 너무 높게 찌르거나 오래 가면 잠깐 세워서 확인은 해야겠지.(엄마 자리에서 '카시트에 앉은 아이 얼굴'이 잘 보이는 거울을 부착하는 것도 유용해. '카시트 거울'로 검색해서 적당한 걸로 구비해두어도 좋아.)
하지만 대개 둘째부터는 베테랑이 돼서 고개 한번 휙~ 돌려 애 얼굴을 확인해보면 그냥 우는 채로 달려도 될지, 나의 어떠한 리액션이 필요한 상태인지 바로 답 나와.
둘째부터는 애 울음소리에 첫째 때만큼 예민하게 반응이 안 되거든.
애는 원래 우는 거야.

우는 게 대화하는 방법이기 때문에 그 이유를 파악하고 후속 조치만 잘 해주면 겁낼 게 없어.

만약 울음소리를 정 못 견디겠다면 이렇게 생각해봐.
'당장 카시트에서 꺼내서 안고 있다가 사고가 나면 애는 더 크게 다친다!'
차 안에서는 카시트가 제일 안전한 장소야.
아주 어릴 때부터 카시트에 앉아 외출을 3~4번 해보면 '차 안에서 내 자리는 카시트다', '아무리 울어도 어차피 차 안에서는 카시트 위다'를 아이가 깨닫게 되어 있어. 보통 첫 애가 발버둥을 치며 울기 시작하면 엄마들은 멘탈부터 붕괴되어 이성적인 판단이 어려운데, 사실 이것이야말로 처음부터 버릇들이기 나름인거야.
차에 태우자마자 자연스럽게 '여기가 바로 네 왕좌야, 네 보금자리지~^^'
이런 모드로 웃으면서 애를 앉히도록 해.
애가 울더라도 절대 여유를 잃고서 흔들리지 마.
엄마의 여유로운 포스.
'여기 앉는 것이 너에게도 좋은 일이란다. 아가야~,
넌 여기 앉아서 차를 탈 수 있는 능력을 이미 가지고 있어.^^' 이 마인드가 느껴지게끔 액션을 취하라고.
둘째는 첫째 때와 달리, 어릴 때부터 카시트 체험 찬스가 많이 주어져. 엄마나 둘째의 의지와는 상관없이 말이지. 첫째가 나가야만 하니까! 또한 엄마도 살아야 하니까! 그냥 별생각 없이 나가게 되는 거야.
그때 바로 느꼈어.

깨달음 강타

'만약 첫째를 처음부터 카시트에 앉히고 내가 조수석에 탔으면 얼마나 편했을까?'

그런데 지금 생각해보면 차 안에서 아이의 발광이 터져 나올까 노심초사하며 수발을 드는 하인 신세였는데도 불구하고, 첫째를 키우는 시절 '그래도 차에서는 나만의 시간이 잠깐은 생겨서 다행이다'라는 생각을 했었다는 거.

일단 기본적으로 차 안에서는 카시트에 애가 묶여 있기는 하니까. 다들 뭔말인지 알지? 그러니 처음부터 애를 카시트에 앉히고 너는 앞좌석에 앉아서 간다면 그냥 만사 OK에 차원이 다른 신세계가 펼쳐지는 거야. 한번 해봐.

아기는 자기 자리가 처음부터 거기였기 때문에 아무 불.만.이 없고 매우 만.족.한 상태로 자동차 자기 자리 카시트에 안전하게 탑승한 채 가게 돼. '아기의 안전과 만족, 엄마의 편안함' 이 3가지를 챙기는 일석삼조의 선택!

엄마는 그 '편함'으로 인해 육아의 육탄전에서 총알 한 방 덜 맞고 아이한테 자비로운 미소와 자애로운 리액션이 가능해지는 거야.

Epilogue
에필로그

글이라는 게, 책이라는 게 참 그래요. 저의 온 마음 다해 집필하였는데도 '이 부분에서의 나의 의도를 잘 아시겠지?' 하며 이 책을 읽으시는 여러분들이 멋지게, 찰떡같이 이해해주었으면 하는 기도를 매번 드리게 되어요. 활자를 읽기 힘든 특수한 육아 job 근무 수행 중임을 누구보다 잘 알고 있기에 여러분과 저의 접속률, 여러분의 집중도를 끌어올려 보고자 반말도 활용해 보았어요.

여러분, 똑게육아가 말하고 있는 '본질'에 대한 이해가 없이는 왜 이러한 것들을 하고 있는지도 모르게 되거든요. 그런 경우에는 단순히 방법론적인 부분만 표면적으로 적용하게 되는 경우도 생길 수 있어요.

우리는 조금만 더 노력해 보는 거 어때요? 깔린 why와 맥락을 이해해 보는 거예요. 사실 이에 대한 '경험'을 해보지 않았기 때문에 머리로만 이해하는 것이 힘들긴 해요. 아직 한 시즌 완주를 안 해봐서 그래요. 육아 job에는 특정 시즌이 시작되고, 또 끝나고, 다시 다른 시즌 진입하고, 하며 계속 과업들이 떨어지거든요.

여러분, 자신이 경험해 보지 못한 영역을 말로 설명을 들어 깨닫는 사람의 비중은 굉장히 낮은 편이에요.

그래서 우리가 경험해 보지 못한 영역을 책으로, 말로 간접적인 설명만 듣고 그것을 마치 해본 것처럼 깨닫게 된다는 건 참 어려운 일이라는 걸 알고 읽으셔야 해요.

'그렇겠지~~' '남들 다 하는데~~' 하면서 대강 넘겨 짚었던 것들,, 엄마 되고 보면 전혀 다르실 거예요. 막연하게 생각했던 것들과 내 앞에 닥친 실제의 현실 세계는 너무나도 다르거든요.

임산부 시절에 『똑게육아』책을 열심히 읽어 개념적으로는 머리에 정리가 잘 되어있다고 해도 그걸 실제로 적용해볼 때는 완전히 다른 것이에요. 실전에 하나씩 적용해 보시면서 비로소 이해가 되실 거예요.

'첫키스'에 대해 그것을 어떻게 '말'로 설명하면 이해를 할 수 있을까요? 직접 경험해보지 않고 말과 설명을 듣고 첫키스란 이런 것이로구나~ 이해한다? 어렵겠지요. 그렇기에 책을 읽었다면, 똑게육아를 실제 삶에 적용해보며 직접 경험해 보시기를 바라요.

똑게육아를 읽고 계신 지금, 똑게육아를 만나게 된 것은 여러분들이 이 육아 job을 효율적으로 잘 해낼 수 있는 길을 선택한 것과 다름없으니 자부심을 가지세요. 여러분들은 이 육아의 길을 감에 있어 내비게이션과 엔진은 훌륭하게 잘 선택하셨어요. 이를 만든 장인으로서 부디 여러분이 똑게육아를 리얼로 적용해 보시면서 첫키스의 짜릿한 감정을 느끼실 수 있기를 바랍니다. 백번 제가 말로 설명하느니 스스로 성취감을 짜릿하게 맛보시면서 이를 직접 경험해 본 선배맘으로 거듭나시길 바라는 마음이에요.

"이게 될까요?" "원래 이런 걸까요?" 이런 의구심들, 궁금증들은 이게.. 그걸 스스로 경험한 커리어가 없어서 그래요. 직접 해보시면 여러분의 육아체로 남습니다. 마치 나의 지문처럼요.

지금 주어진 시간을 소중히 여기세요.
어떻게 시간을 보내고, 누구와 함께 하느냐가 중요해요. 여러분은 지금 저와 시간을 함께하며, 같은 파장 속에서 육아라는 여정을 공유하고 계세요. 우리 지금 이 힘들어 죽겠는 시기를 행복한 시간으로 같이 꾸려나가봐요.

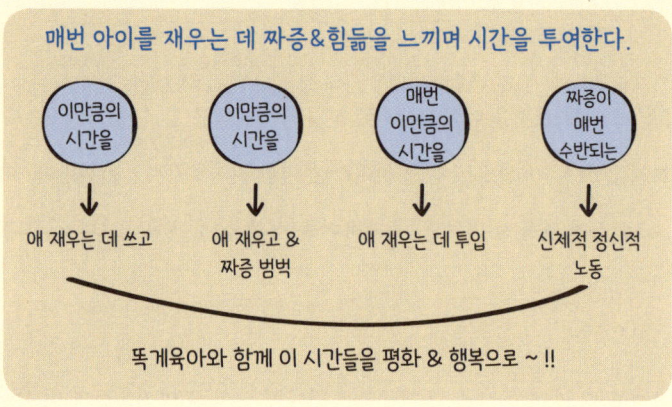

잘 공부해서 성과를 보게되면 (한번 제대로 시간과 노력을 들인다면) 행복한 시간들이 이어집니다.

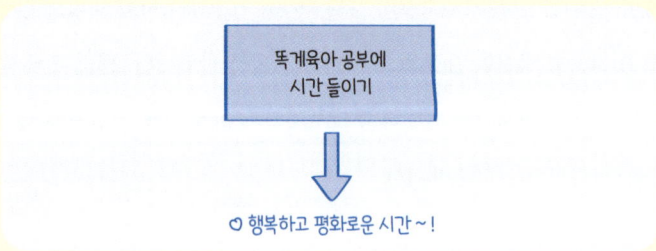

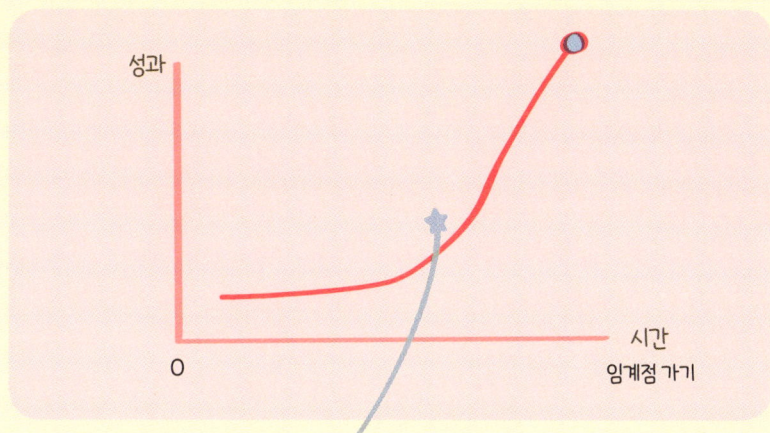

무엇이든 노력과 시간을 들여 그 임계점을 넘어서면 성과가 보이는 법이에요. 포기하지 말고, 아이와 나를 위해 조금만 노력해 보자고요. 그로 인해 그 뒤에 펼쳐지는 여러분의 육아 시즌들, 그 시간의 질이 달라집니다.

★저 성과가 튀는 저 순간! 임계점 넘어 행복의 문이랄까요. 나의 그 다음 챕터 인생의 시간의 '질'을 달리 만들 수 있는 그런 경험! 그게 첫키스의 설레이고 가슴 뛰는 경험과 같지 않나 싶어요.

그런 짜릿한 경험! 똑게육아로 같이 임계점을 넘어서고, 여러분의 시간을 행복으로 만들어 나가시면 좋겠어요.

📩 아, 그리고 마지막으로-

    이 책을 끝까지 함께 읽고, 같이 웃고, 고개 끄덕이고,
    때로는 마음 졸이며 따라와 준 너에게 이제 나는 이렇게 부르고 싶어.
    똑게너스(ddokeners)라고 말이야.

'똑게육아'에 마음을 담아 함께해준 사람,
감과 본능도 소중히 여기되
더 나은 방향을 고민하고,
지식과 구조, 전략으로 아이와 함께 성장해가는 사람,
바로 너 같은 사람 말이야.

육아는 늘 처음이고, 늘 낯설고,
그래서 더더욱 누군가의 따뜻한 말 한 줄이
진심으로 위로가 되는 여정이니까.

그 길 위에서, 나와 같은 파장을 가진 너를 만나 정말 고마웠어.
이건 분명히, 내게도 큰 선물이었어.

앞으로 내가 어떤 글을 쓰든,
어떤 이야기를 전하든,
항상 마음속엔 똑게너스인 너를 떠올리며 쓸게.

이 긴 여정을 함께 걸어준 너.
정말, 고마워. ♥

앞에서 말했듯이, 육아는 터널들이 시즌제처럼 이어져.
하나 통과하면, 또 다른 깜깜한 터널이 기다리고 있고.

계속 한 시즌 끝나면 또 다른 터널 진입...

어두컴컴한 암흑 속을 운전... 너무 위험해.

(생각해봐. 앞도 안 보이고 뭐가 튀어나올지도 모르는데 내가 이 터널을 무사히 지나갈 수 있을까… 얼마나 막막하겠어.)

똑게육아는 그 컴컴한 터널을 환하게 비춰주는 짱짱한 헤드라이트 같은 거야. 지금 내가 어디쯤 와 있는지, 앞에는 어떤 길이 펼쳐질지, 뭘 타고 어떻게 지나가야 할지 훤~히 볼 수 있도록 말이야. (나도 그때는 진짜, 컴컴한 터널 속에서 길을 헤매며 X고생하면서 하나하나 터득했거든…)

다음 터널도 기대해줘, 우리 똑게너스. 나 초등 터널은 넘었고, 중등 터널에 진입해서 열심히 운전 중이야. 초등이 끝나고 나니까, 그제야 이 시즌이 어떤 구조였는지, 어떤 맥락이었는지가 보이더라. 체력과 시간이 허락된다면, 다음 터널을 함께 지나갈 너희를 위해 또 하나의 짱짱한 헤드라이트, 꼭 만들어볼게.

우린 이제 같은 팀이니까. 내가 조금 먼저 지나온 길을,

너랑 함께 다시 걸어갈 수 있다면 그건 내겐 더없이 기쁜 일이야.

그리고 그때도, 우리가 함께라면

분명 길은 더 환하고, 덜 외로울 거라고 나는 믿어.

참고문헌

오리엔테이션 01. 엄마 세계 입수 / 워밍업

- Ginott, H. G. (2003). Between parent and child. Three Rivers Press.
- Borucki, R. (2019). Managing the motherload: A guide to creating more ease, space, and grace in motherhood. Hay House.
- Wilder-Taylor, S. (2008). The sh!t no one tells you: A guide to surviving your baby's first year. Da Capo Press.
- Carter, H. (2020). What no one tells you about having a baby: A diary about the first year of motherhood... and all its surprises!
- Grahame, P. (2021). Tales of a first time mom: A collection of all the crap the baby books didn't tell me..
- Maushart, S. (2004). Mother shock: Loving every (other) minute of it. Penguin Books.

오리엔테이션 02. 일터랑 업무 파악

- Ledley, D. R. (2009). Becoming a calm mom: How to manage stress and enjoy the first year of motherhood. APA LifeTools.
- Raphael, V. (2007). The second nine months: One woman tells the real truth about becoming a mom. Penguin Books.
- Greenberg, A., & O'Neal, R. (2007). I was a really good mom before I had kids: Reinventing modern motherhood. Chronicle Books.
- Kendall-Tackett, K. (2005). The mother-to-mother postpartum depression support book. New Harbinger.

인수인계서 족보 Part 1. 업무환경 세팅 및 구조 이해

- Berg, T. (2006). Rattled: Surviving your baby's first year without losing your cool. Integrity Publishers.
- McNamara, C. (2015). From 'Ahh' to 'Zzz': Surviving the first 18 months of motherhood with a smile.
- Tiemann, A. (2005). Mojo mom: Nurturing yourself while raising a family. Gotham Books.
- Stanton, M. (2008). The stay-at-home survival guide. Seal Press.
- Redrick, M. (2009). Time for mom-me: 5 essential strategies for a mother's self-care. Health Communications.
- Denay, J. (2010). The hot mom to be handbook: Look and feel great from bump to baby. Harper Wave.

인수인계서 족보 Part 2. 먹이기 업무 - 수유

- Plooij, X., Plooij, F. X., & van de Rijt, H. (2019). The wonder weeks: A stress-free guide to your baby's behavior (6th ed.).
- 질병관리청. (n.d.). 소아청소년 성장도표 (2022 개정). https://www.kdca.go.kr/youth/pchart/pchart.do
- Satter, E. (1987). How to get your kid to eat: But not too much. Bull Publishing Company.
- Satter, E. (2000). Child of mine: Feeding with love and good sense (3rd ed.). Bull Publishing Company.
- Brown, A., & Harries, V. (2015). Infant sleep and night feeding patterns during later infancy: Association with breastfeeding frequency, daytime complementary food intake, and infant weight. Maternal & Child Nutrition, 11(2), 229–239. https://doi.org/10.1111/mcn.12027
- Kent, J. C., Prime, D. K., & Garbin, C. P. (2012). Principles for maintaining or increasing breast milk production. Journal of Obstetric, Gynecologic & Neonatal Nursing, 41(1), 114–121. https://doi.org/10.1111/j.1552-6909.2011.01312.x
- Odom, E. C., Li, R., Scanlon, K. S., Perrine, C. G., & Grummer-Strawn, L. (2013). Reasons for earlier than desired cessation of breastfeeding. Pediatrics, 131(3), e726–e732. https://doi.org/10.1542/peds.2012-1295

인수인계서 족보 Part 3. 먹이기 업무 - 이유식/유아식

- Satter, E. (1987). How to get your kid to eat: But not too much. Bull Publishing Company.
- Satter, E. (2000). Child of mine: Feeding with love and good sense (3rd ed.). Bull Publishing Company.
- Rapley, G., & Murkett, T. (2019). Baby-led weaning (10th Anniversary ed.). The Experiment.
- Helwig, J. (2023). Baby-led feeding. Houghton Mifflin Harcourt.
- Potock, M. (2022). Responsive feeding. The Experiment.
- Fernando, N., & Potock, M. (2022). Raising a healthy, happy eater. The Experiment.
- Fraker, C., Fishbein, M., Cox, S., & Walbert, L. (2007). Food chaining. Da Capo Lifelong Books.
- Shah, A. (2018). Super easy baby food cookbook. Rockridge Press.
- Lvova, Y. (2020). Stage-by-stage baby food cookbook. Rockridge Press.
- Middleberg, S. (2016). The big book of organic baby food. Sonoma Press.
- Van't Zelfden, S. (2020). Make-ahead baby food cookbook. Rockridge Press.
- Bodenbach, L. (2023). Brain food for your baby. Zeitgeist.
- Malkani, M. L. (2024). Safe and simple food allergy prevention. Rockridge Press.
- Potock, M. (n.d.). Responsive Feeding: Video Course Library [Online Course]. https://www.melaniepotock.com/video-course-library

인수인계서 족보 Part 4~8. 재우기 & 하루 운영 전략

- Appleton, A. L., et al. (2023). Maternal sleep, parenting stress, and behavioral sleep interventions: A meta-analytic review. Journal of Pediatric Psychology, 48(1), 10–25. https://doi.org/10.1093/jpepsy/jsac094
- Werner, H., et al. (2022). Cognitive outcomes of behavioral infant sleep interventions: A systematic review. Sleep Health, 8(4), 375–384. https://doi.org/10.1016/j.sleh.2022.05.002
- Pennestri, M. H., et al. (2021). Impact of sleep interventions on maternal mental health: A longitudinal randomized controlled trial. BMC Pregnancy and Childbirth, 21(1), 1–10. https://doi.org/10.1186/s12884-021-04002-4
- Hall, W. A., et al. (2020). Behavioral interventions for sleep problems in infants: An updated review of randomized controlled trials. Sleep Medicine Clinics, 15(2), 143–159. https://doi.org/10.1016/j.jsmc.2020.01.002
- Pantley, E., & Sears, W. (2002). The no-cry sleep solution. McGraw-Hill.
- Mindell, J. A., et al. (2006). Behavioral treatment of bedtime problems and night wakings in infants and young children. Sleep, 29(10), 1263–1276.
- Hiscock, H., et al. (2008). Long-term mother and child mental health effects of a population-based infant sleep intervention. Pediatrics, 122(5), e621–e627.
- Price, A. M. H., et al. (2012). Five-Year Follow-up of Harms and Benefits of Behavioral Infant Sleep Intervention: Randomized Trial. Pediatrics, 130(4), 643–651.
- Stremler, R., et al. (2013). Effect of behavioral-educational intervention on sleep for primiparous women and their infants in early postpartum: a randomized controlled trial. BMJ, 346, f1164.
- Gradisar, M., et al. (2016). Behavioral interventions for infant sleep problems: a randomized controlled trial. Pediatrics, 137(6), e20151486.
- Blunden, S. L., et al. (2011). Behavioral sleep treatments and night time crying in infants: challenging the status quo. Sleep Medicine Reviews, 15(5), 327–334.
- Middlemiss, W., et al. (2012). Asynchrony of mother–infant HPA axis activity following extinction of infant crying. Early Human Development, 88(4), 227–232.
- Neufeld, G. (n.d.). Making Sense of Sleep [Online Course]. Neufeld Institute. https://neufeldinstitute.org/course/making-sense-of-sleep/
- Neufeld, G., & Maté, G. (2004). Hold on to your kids: Why parents need to matter more than peers. Alfred A. Knopf Canada.

인수인계서 족보 Part 9. 업무능력 향상 (멘탈, 애착, 감정, 울음)

- Kennedy, B. (2022). Good inside: A practical guide to resilient parenting prioritizing connection over correction. Harper Wave.
- Bryson, T. P., & Siegel, D. J. (2014). No-drama discipline. Bantam.
- Siegel, D. J., & Bryson, T. P. (2011). The whole-brain child: 12 revolutionary strategies to nurture your child's developing mind. Delacorte Press.
- Karp, H. (2002). The happiest baby on the block. Bantam.
- Luis, J. (2020). Baby bliss.
- Whitfield, C. L. (1987). Healing the child within. Health Communications.
- Fernald, A. (1985). Acoustic determinants of infant preference for motherese speech. Infant Behavior and Development, 8(2), 181–195.
- Dispenza, J. (2012). Breaking the habit of being yourself. Hay House.
- Dispenza, J. (2017). Becoming supernatural. Hay House.
- Dispenza, J. (n.d.). Progressive Online Course: A Foundational Program for Personal Transformation With Guided Meditations. https://drjoedispenza.com
- Neufeld, G. (n.d.). Making Sense of Attachment [Online Course]. Neufeld Institute. https://neufeldinstitute.org/course/making-sense-of-attachment/

인수인계서 족보 Part 10. 놀아주기 업무

- Ezzo, G., & Bucknam, R. (2019). On becoming babywise: Giving your infant the gift of nighttime sleep (25th Anniversary ed.). Parent-Wise Solutions.
- Tamis-LeMonda, C. S., et al. (2021). Parental responsiveness and infant play: Contributions to early cognitive development. Child Development, 92(3), 1026–1042. https://doi.org/10.1111/cdev.13454
- Hirsh-Pasek, K., et al. (2020). The case of play: Building a strong foundation for learning. The Brookings Institution.
- Gopnik, A. (2020). The gardener and the carpenter: What the new science of child development tells us about the relationship between parents and children. Picador.
- Harvard Center on the Developing Child. (2022). Serve and return interaction shapes brain architecture. https://developingchild.harvard.edu/resources/serve-and-return-interaction-shapes-brain-architecture
- NYU Infant Action Lab. (2023). Independent play in infants and toddlers: Foundations for executive function. https://infantactionlab.com

- Colburn, K., & Sorensen, R. (2010). How to have your second child first. Chronicle Books
- Medina, J. (2014). Brain rules (Updated and Expanded). Pear Press.
- Korhnak, S., & Schwamberger, B. A. (2015). Time management mama. Audible.
- Kaye, N. J. S. (2018). Items may have shifted: How to travel with your baby or toddler.
- George, E. (2012). Life management for busy women.
- Pierucci, S. (2021). Go baby go: Baby travel like a boss.

인수인계서 족보 Part 11. 해본 자만이 말해줄 수 있는 살아있는 꿀팁들

- Sivers, D. (2015). Hell yeah or no: What's worth doing. CD Baby.

이 책의 집필 과정에서 참고한 유료 강의, 프로그램, 다큐멘터리 등의 주요 자료

- Yale University – Parenting Across Cultures Project
  (https://medicine.yale.edu/lab/parenting/)
- Harvard Center on the Developing Child – Foundational Concepts in Early Childhood
  (https://developingchild.harvard.edu/resources/)
- Stanford Medicine – Pediatric Sleep Center Parent Resources
  (https://med.stanford.edu/pediatrics/patient-care/sleep.html)
- University of Oxford – Oxford Babylab: Infant Learning and Sleep Studies
  (https://www.psy.ox.ac.uk/research/oxford-babylab)
- Neufeld, G. (n.d.). Making Sense of Sleep [Online Course]. Neufeld Institute.
  https://neufeldinstitute.org/course/making-sense-of-sleep/
- Neufeld, G. (n.d.). Making Sense of Attachment [Online Course]. Neufeld Institute.
  https://neufeldinstitute.org/course/making-sense-of-attachment/
- Kennedy, B. (n.d.). Good Inside Membership Program [Online Program].
  https://goodinside.com
- BBC Studios. (2019). Babies: Their Wonderful World [Documentary Series].
  https://www.bbc.co.uk/programmes/m0001y8p
- Dispenza, J. (n.d.). Progressive and Advanced Retreats [Online Courses].
  https://drjoedispenza.com
- McCready, A. (n.d.). Positive Parenting Solutions [Online Course].
  https://www.positiveparentingsolutions.com
- Potock, M. (n.d.). Responsive Feeding: Video Course Library [Online Course].
  https://www.melaniepotock.com/video-course-library

여기까지 함께해줘서 고마워, 우리 똑게너스.
덜 막막하고, 더 웃는 날들을 위해
내가 옆에서 꼭 건네고 싶었던 이야기였어.

다음 터널에서도 또 만나자.

이건 그냥 책이 아니야.
너를 위한 응원이고,
너와 함께 걷는 마음이야.

우린 함께하고 있어. 지금 이 순간에도.

- 로리 *Juliet* -

똑똑하고 ♥ 게으르게
똑게육아 올인원

ⓒ 로리(김준희), 2025

초판 5쇄 발행 2025년 12월 15일
지은이 로리(김준희)
글·그림·기획 김준희

발행인 박성현
편집장 윤서진 ㅣ 편집 최다온 ㅣ 모니터링 민지수
디자인 총괄 첫번째별디자인
마케팅 총괄 배서연 ㅣ 마케팅 유시연, 이한나, 안재민
경영지원 박민영

펴낸곳 북로스트
출판등록 2020년 4월 23일
팩스 02-2179-8214
전자우편 bookroasting@gmail.com
ISBN 979-11-976721-7-0 (13590)

※ 이 책에 실린 모든 내용, 디자인, 이미지, 편집 구성의 저작권은 지은이와 북로스트에 있습니다. 허락 없이 복제하거나 다른 매체에 옮겨 실을 수 없습니다.
※ 이 책 내용의 전부 또는 일부를 재사용하려면 반드시 양측의 서면 동의를 얻어야 합니다.